网络信息法学研究

Journal of Cyber and Information Law

主编
周汉华
执行主编
周辉

2020年 第1期
【总第7期】

中国社会科学出版社

图书在版编目（CIP）数据

网络信息法学研究．2020年．第1期：总第7期／周汉华主编．—北京：中国社会科学出版社，2020.6

ISBN 978－7－5203－7042－4

Ⅰ．①网…　Ⅱ．①周…　Ⅲ．①网络信息资源—信息法—研究—中国
Ⅳ．①D922.84

中国版本图书馆CIP数据核字（2020）第158270号

出 版 人　赵剑英
责任编辑　许　琳
责任校对　鲁　明
责任印制　李寡寡

出　　版　中国社会科学出版社
社　　址　北京鼓楼西大街甲158号
邮　　编　100720
网　　址　http://www.csspw.cn
发 行 部　010－84083685
门 市 部　010－84029450
经　　销　新华书店及其他书店

印　　刷　北京君升印刷有限公司
装　　订　廊坊市广阳区广增装订厂
版　　次　2020年6月第1版
印　　次　2020年6月第1次印刷

开　　本　710×1000　1/16
印　　张　18
字　　数　283千字
定　　价　99.00元

《网络信息法学研究》编辑委员会

卷 首 语

周汉华

互联网是一场革命，正在引发经济、社会、政治生活全面变革，无远弗届。互联网扁平化、去中心化的结构及不断进步的信息技术，带来了信息传播方式的巨大变化，推动了平台经济和网络社会的快速发展，给传统生产方式、销售方式及社会结构造成直接冲击，从而使政府管理方式面临巨大挑战。

法律规则是现实社会关系的反映，需要稳定和可预期。而相对于不断变化发展的社会生产，法律规则又具有一定的滞后性。在规则的稳定性与社会的变动性之间，需要通过立法、执法、司法活动寻求某种平衡，以减小两者之间的张力。在互联网时代，法律的滞后性更加显著，传统法律理念、制度、技术等面临全面挑战，很多法律规定已不适应互联网时代的现实。法律人需要去认识、理解和研究互联网，跟上时代进步步伐。

首先，互联网具有泛在性、融合化与跨边界特点，使传统的法律效力理论与管辖制度受到挑战。从地域效力来看，在互联网环境下，行为人、行为地、结果发生地、管辖地等发生分离，地域效力难以确定。从对人效力看，目前的法律制度设计是以对人效力理论作为支撑的，而在互联网环境下信息本身成为规范对象，很多情况下只需要管理信息，并不一定需要具体落地到行为人，为此，需要设计一套针对信息进行管理的法律规范，以反映互联网信息管理的现实。

其次，网络中间平台的发展亟须互联网法治的有力回应。作为典型的双边市场，网络中间平台融合生产与消费、信息制造与信息消费的边界，推动大众供给与大众需求的结合，推进交换经济向分享经济过渡，改变了传统生产方式、信息传播方式及社会组织形式，进而引发了传统法律诸多的不适应。其中比较突出的问题有网络中间平台责任认定问题、大数据的使用和隐私权的保护等等，这些问题反映了传统法律观念与网络时代新观念的冲突，对传统法律制度的适应性和韧性形成挑战。如何为平台经济发展营造良好的法治环境，以实现产业、市场主体、用户的“多元共赢”，考验着立法者、执法者和司法者的智慧，并成为互联网法治发展的最大驱动力。

再次，传统执法制度是以生产与消费的划分为前提的，执法的主要作用对象是供给端，主要执法手段是事前审批加违规之后的事后制裁。以平台经济为主要内容的互联网经济解构了传统的生产与消费的划分，要求管理环节延伸而不越位，更多通过信息化手段实现过程性监管、信用监管、实时在线监督等，以生产与消费的划分为前提的执法制度因此全面滞后。当前，行政体制改革涌现出很多创新举措，早已超出现行法律对于传统执法的理解和制度设计，而现行法律规定仍然停留在过去，学术研究更是全面落后于现实，新兴学科、交叉学科在传统法学划分中根本找不到位置。互联网法治建设亟须吸收国内外行政管理理论与实践创新成果，实现改革与法治的统一，缩短理论与实践的距离。

最后，随着大数据、云计算、物联网的发展，人工智能时代正以远远超出人们预期的速度来临，主体客体边界将进一步融合，传统法律制度面临更深层次挑战。法律规则与制度如何适应人工智能时代的要求，已成为各国法治领域最为前沿的探索领域。

未来已来。人工智能时代，包括法学研究在内的很多工作都会逐步被机器代替，留给法律人独立从事法学研究工作的时间窗口不会太长，我们更有责任留下对这个时代重大挑战的思考。《网络信息法学研究》作为中国法学会网络与信息法学研究会的会刊，将致力于推动跨学科、跨领域、跨部门融合，促进理论与实务对接，催生新理念新思想，为我国网络信息法学研究与网络信息法律实务打造一个交流互动的平台。

目　　录

特稿

无数字　不人权 …………………………………………… 张文显（ 3 ）

个人信息保护

"隐私"与"公共健康"的决策平衡
——疫情下各国个人信息保护的十个共识、
差异与挑战 ………………………………… 王　融　闫锦麟（ 11 ）

欧洲数据保护委员会：关于在新型冠状病毒
（COVID－19）疫情爆发的背景下使用位置
数据和接触追踪工具的指南 …………………………… 洪延青　译（ 24 ）

论对《网络安全法》第67条中"个人信息"的理解 …… 方　禹（ 41 ）

网络监管与网络治理

网络治理中的平台责任：类型化的困境及展开 …………… 孙益武（ 57 ）

网络环境下著作权权项兜底条款的适用研究 …………… 宋雅馨（ 73 ）

网络恶势力犯罪刑事治理困境及路径探索 ……………… 徐　持（ 85 ）

网络谣言在我国的刑事规制：创新、困境与
优化 ………………………………………… 徐洋洋　刘诗楦（ 99 ）

新科技与法律

锚定与超越：Libra所代表的秩序模式对主权秩序的挑战与
启迪 ……………………………………………………… 刘　刚（129）

互联网精准营销中的算法规制问题初探 …………………… 伦　一(136)
司法科技：实现正义的新选择及其不足
——以三家互联网法院为视角 …………………………… 陈旭辉(152)
企业数据竞争的法治出路
——由企业数据竞争裁判规则切入 ……………………… 葛　迎(172)
从计算社会科学到计算法学：重新检视因果关系科学之范畴 ……………………………………………………………… 王　伟(191)
物格理论视角下人工智能的法律地位 …………………… 王子逊(215)
区块链融入社会治理体系的法律审视 …………………… 焦园博(237)

域外经验

美国版权局关于《数字千禧年版权法》之第 512 条报告摘要 …………………………………………………… 王　伟　译(259)

Special Article

特稿

无数字 不人权*

张文显

（中国法学会党组成员、学术委员会主任 吉林大学哲学社会科学资深教授 浙江大学国家制度研究院首席专家）

内容摘要 随着以数字科技为代表的第四次科技革命和经济社会的急剧变革，人民对美好生活的需要最广泛体现为对数字科技的需要，“数字人权”同时成为最重要的新兴权利。“数字人权”要求数字科技以人为本，要求以人权的力量和权威强化对数字科技开发及其运用的伦理约束和法律规制。提出“数字人权”概念，是引领新一代人权的战略需要，也是为提升中国法学界在国际社会的话语权所必需。

关键词 人权 数字人权 科技法理

当今世界正在进入数字时代，以互联网、大数据、云计算、人工智能等为代表的数字科技成为这个时代的标识，中国也正在加速建设成为“数字中国”。数字科技与社会生产和人民生活深度融合，数字科技的广泛使用已经成为人民生活、生存和发展须臾不可或缺的一部分。在这样的时代背景和社会场域中，“数字人权”脱颖而出。这里，我就“数字人权”概念和相关命题进行简要论证，希望引起大家的关注和重视。“数字人权”这个概念有着坚实的法理基础、现实需要和重大意义。

---

* 本文是作者 2019 年 5 月 25 日在“知识产权及相关权利的法理学术研讨会”上的发言节选。

一 在当今中国，人民对美好生活的需要最广泛体现为对数字科技的需要

数字生活已成为人们真实生活的重要组成部分。人类生活和生存对数字科技高度依赖，越来越多的平民百姓通过互联网生产生活、买进卖出、结识好友、交流情感、表达自我、学习娱乐，开启了人类在信息空间中的数字化生存方式。根据《中国互联网发展报告2018》，中国网民数量达到了8.02亿，其中手机网民为7.88亿，第三方互联网支付达到143万亿元。互联网、物联网、即时通讯、社交网络、移动支付、共享经济等已经成为人们生存的条件，人类对数字科技的依赖性越来越大。在这种背景下，把对数字科技的掌握和运用奉为“权利”并将其归属于“人权”，提炼出“数字人权”概念，普及“数字人权”理念，既十分必要、甚为迫切，也顺理成章、水到渠成。实际上，人民群众早就深深地感受到并逐渐理性地认识到“无数字，不人权”。

提出“数字人权”，就是要在价值上申言数字科技必须以人为本，必须把人的权利及尊严作为其最高目的，并以人权作为其根本的划界尺度和评价标准。同时，提出“数字人权”，就是要在制度上强调科技企业尊重和保障人权的责任，以及政府尊重、保障和实现“数字人权”的义务。这种责任和义务，一方面表现为对公民（用户）数字化生活中隐私权、数据权、表达权、人格尊严权等权利和自由的尊重与保护；另一方面也表现为对互联网基础设施及其他数字化设备的提供，尤其是对弱势群体所面临“数字鸿沟”的填补，以公共资源和集体行动确保社会成员平等、充分地享有接入互联网世界、过上数字化生活的条件和机会，进而真正实现其上网权或数字化生活权。提出“数字人权”，就是要增加政府保障“数字人权”的义务，强调数字科技企业尊重和保障人权的责任。数字科技必须以人为本，必须把人的利益进而把人的权利作为其最高价值，以人权尺度为其划界，以人权作为评价科技进步的根本标准。正如习近平总书记所指出的：要坚持以人民为中心的发展思想，推进“互联网+教育”“互联网+医疗”“互联网+文化”等，让百姓少

跑腿、数据多跑路，不断提升公共服务均等化、普惠化、便捷化水平。要坚持问题导向，抓住民生领域的突出矛盾和问题，强化民生服务，弥补民生短板，推进教育、就业、社保、医药卫生、住房、交通等领域大数据普及应用，深度开发各类便民应用。要加强精准扶贫、生态环境领域的大数据运用，为打赢脱贫攻坚战助力，为加快改善生态环境助力，总之，要让亿万人民在共享互联网、大数据、云计算的发展成果上有更多获得感。

二 提出“数字人权”概念的意义在于，以人权的力量和权威强化对数字科技开发及其运用的伦理约束和法律规制

数字科技是一把双刃剑，数字化带来的不仅是权利的福音，还伴随着权利的危机。人们在享受大数据技术、人工智能技术等数字科技所带来的个性解放、生活便利、经济增长、民主进步、文化多元、社会安全等福祉时，也在面临因个人数据被过度采集和不当使用而招致的隐私泄露、不平等对待（歧视）、非法监管等风险。

在数字科技面前，我们必须警惕和防范数字科技的滥用，杜绝数字科技对人权的侵害。当下，数字科技广泛运用于国家治理和社会治理当中，如何确保作为国家和社会治理之重器的数字科技是善用善治，如何把数字科技成果的使用限制在自由、正义、安全、秩序的底线之内，就需要选择或构造一个盾牌，这个盾牌毫无疑问就是崇高的“数字人权”。任何一种数字科技侵犯人权，都必须被认定为非法，并以保护人权的盾牌将其抵挡回去。针对数字科技的研发、产业化生产以及社会应用，国家和相关行业应对其数字科技的人权意涵进行审慎的评估、审查和规制。国家将数字科技用作社会治理的工具或手段时，应秉持尊重和保障人权的理念，将其局限于社会利益所必须的限度内，并严格遵从法律所规定的范围和程序。在以数字科技驱动数字经济和数字社会的语境中，对科技研发公司的知识产权保护应恪守尊重公民隐私权、数据权、知识利益均享权等人权的原则和底线；数字科技和数字经济发展中知识产权

与人权的冲突与协调也是我们应予关注的重要议题。

三 提出"数字人权"概念，是引领新一代人权的战略需要

按照国际学术界的说法，迄今，世界范围内人权形态发生了三次历史性转型，先后出现过第一代人权、第二代人权、第三代人权，目前正在迎来第四代人权。引领第四代人权的正是"数字人权"。随着以数字科技为代表的第四次科技革命和经济社会的急剧变革，新兴人权大量涌现，"数字人权"是其中最显赫、最重要的新兴权利。它不仅是一项新兴人权，而且引领着新一代人权。尤其是"数据权"，更是其中最耀眼的一项引领性新兴人权。如果说农业社会最基本的战略性资源是土地、工业社会最基本的战略资源是资本，那么第四次科技革命后最基本的战略资源就是数据，自主知识产权与数据主权的捍卫、数据权利的合理配置与保护，将成为未来社会最基本的权利景象。

四 提出"数字人权"概念，也是为提升中国法学界在国际社会的话语权所必需

中国目前经济的硬实力显著增强，但面临着严重的话语缺失和"话语逆差"问题。话语与话语权的基础在于真正的理论创新和话语质量。因此，建构自己的学术话语体系和思想体系，对于争夺话语权是至关重要的。话语权的基础在于我们能否提炼出标识性概念，打造出易于为国际社会所理解和接受的新概念、新范畴、新表述，设计出引导国际学术界展开研究和讨论的新议题。经过反复论证和讨论，我认为"数字人权"概念很有可能成为一个可以产生出具有世界影响力的标识性概念。"数字人权"的内涵十分丰富，既包括"通过数字科技实现人权""数字生活或数字空间中的人权"，也包括"数字科技的人权标准""数字人权的法理依据"等。进入 21 世纪，尽管有许多国家、国际组织、学术机构把与互联网相关的人权问题列入重要议程（如 2017 年 6 月 27 日

联合国人权理事会通过一项决议《互联网上人权的促进、保护与享有》)，但迄今尚未明确地提炼出“数字人权”概念，更没有赋予“数字人权”自主性的科学内涵。中国的数字科技水平位于世界前列，中国的数字科技运用能力更是领先于其他国家和地区。我们应该抓住这个有利时机和学术空档，以对“数字人权”的科学阐释和制度构建来引领新一代人权，引领国际社会的“数字人权”研究，并以此牵引知识产权的理论、制度和实践创新。

（责任编辑：刘灿华）

Personal Information Protection

个人信息保护

“隐私”与“公共健康”的决策平衡

——疫情下各国个人信息保护的十个共识、差异与挑战

王　融　闫锦麟

（王　融，腾讯研究院资深专家；
闫锦麟，腾讯研究院助理研究员）

内容提要： 新型冠状病毒（COVID－19）的全球性爆发对各国医疗健康体系乃至公共安全带来持续挑战。针对个人信息，尤其是个人健康信息、位置信息的快速收集与分析，能够帮助决策者把握疫情发展状况，积极采取适当措施。但隐私、个人信息保护、数据安全等问题也成为挥之不去的担忧。

如何在公共安全与个人信息保护之间找到平衡，考验着各国政府决策能力。我们梳理分析了欧盟成员国、韩国、新加坡、美国、加拿大、阿根廷、澳大利亚等40多个国家在疫情期间围绕个人信息处理的规则与做法，总结了十项已凝聚的共识、尚存的差异以及面临的共同挑战。

关键词　公共健康　个人信息保护　COVID－19

一　个人信息保护法律不会妨碍疫情管理措施

疫情背景下，控制疾病蔓延、保障公共健康毫无疑问成为更优先项。欧盟数据保护委员会在《新型冠状病毒爆发期间处理个人数据的正式声明》开篇就表明：“数据保护规则（例如GDPR）并不妨碍针对病毒大流行采取的措施。与传染病做斗争是所有国家共同的宝贵目标，因

此，应以最佳方式予以支持。”① 爱尔兰数据保护专员（Data Protection Commissioner，DPC），英国数据专员办公室（Information Commissioner's Office，ICO）和西班牙数据保护局（Agencia Espanola Proteccion Datos，AEPD）等各国数据保护机构也在各自的指南中提出了相同观点。

GDPR（*General Data Protection Regulation*）第6条、第9条为公权力机关（如公共健康机构）处理个人数据乃至敏感个人数据提供了正当化的依据，如果数据处理是为了公共利益（art. 6. 1. e，如控制流行病及其传播）或者处理对于保护数据主体或另一个自然人的核心利益是必要的（art. 6. 1. d），数据处理可以不经当事人同意。②

二　法律基本原则仍应得到遵循

与此同时，欧盟各国数据保护机构也强调：GDPR 以及其他法律确定的隐私保护原则仍然需要被遵守。爱尔兰数据保护专员的疫情指南明确了透明性、机密性、数据最小化等合规性要求。该指南要求收集数据的组织必须以简洁、易于理解的语言向个人提供有关其个人数据处理的信息。任何数据处理都必须以保证安全的方式进行。③西班牙数据保护局的报告特别指出，即使在紧急卫生情况下，个人数据的处理也必须继续依照目的限制、准确性等 GDPR 和国内立法确立的原则。疫情之下仍然强调个人信息保护原则与欧盟隐私文化传统一脉相承。

① European Data Protection Board（2020），Statement on the processing of personal data in the context of the COVID－19 outbreak，available at：https：//edpb. europa. eu/our-work-tools/our-documents/other/statement-processing-personal-data-context-covid-19-outbreak_ en.

② Agencia Espanola Proteccion Datos（AEPD）（2020），Report from the State Legal Service Deparment（The Spanish DPA）on Processing Activities Relating to the Obligation for Controllers from Private Companies and Public Administrations to Report on Workers Suffering from Covid-19，available at：https：//www. aepd. es/es/prensa-y-comunicacion/notas-de-prensa/la-aepd-publica-un-informe-sobre-los-tratamientos-de-datos-en.

③ Ireland Data Protection Commissioner，Data Protection and COVID-19，March 06 2020，available at：https：//dataprotection. ie/en/news-media/blogs/data-protection-and-covid－19.

三 在许多国家，雇主是除了卫生部门之外最主要的疫情信息节点，对雇主收集信息的规范成为重点

疫情期间，除特定的公权力机关收集个人信息之外，雇主是最主要的收集渠道。在欧洲很多国家的社会组织中，社区地位被弱化，因此，雇佣关系构建了主要的信息网络节点。正因如此，欧盟成员国的法律规制大多关注了雇主与雇员间的个人信息处理。然而，各国目前在基本共识之外，也就具体规则存在分歧。

在雇主是否可以主动收集雇员个人健康信息的问题上，法国国家信息与自由委员会（Commission nationale de l'informatique et des libertés，CNIL）对雇主提出了严格要求。雇主不得系统地、普遍地或通过个人询问收集雇员及其亲属与新型冠状病毒感染有关的信息。非法处理的示例包括：强制性地每天测量每个员工和访客的温度；从所有员工那里收集医疗档案或问卷。①

相比之下，更多国家在这个问题上采取了较为平和、中立的立场。雇主在遵守相应原则、限制的前提下，出于对工作场所健康、安全的考量，可以收集雇员以及访客的个人健康数据。英国数据专员办公室认为，雇主可以要求雇员或访客告知其是否曾经去过特定国家或是否有感染症状（但不能要求详细的旅行行程）。在不超出所需范围并确保所收集的任何信息都得到适当保护的前提下，雇主可以收集特定的健康数据。②

在是否以及在如何公开确诊员工个人信息的问题上，英国数据专员办公室、爱尔兰数据保护专员和德国联邦数据保护和信息自由专员都指

① Commission nationale de l'informatique et des libertés, Coronavirus（Covid – 19）：les rappels de la CNIL sur la collecte de données personnelles, March 06 2020, available at：https：//www. cnil. fr/fr/coronavirus-covid – 19-les-rappels-de-la-cnil-sur-la-collecte-de-donnees-personnelles.

② UK Information Commissioner's Office, Data protection and coronavirus：what you need to know, https：//ico. org. uk/for-organisations/data-protection-and-coronavirus/（last visited on March 30 2020）.

出，若有员工被确诊或者被判定为疑似病例，出于公共健康的考量，雇主应当告知全体员工，以便及时采取防护措施，但在一般情形下应避免通过公布姓名等方式让其他员工对应到具体的个人。非确诊或疑似情形下，雇员在家中隔离不需要说明具体原因。

四　疫情推动跨部门数据共享

及时、准确、充分的信息共享可以有效助力疫情决策。但整体而言，许多欧盟成员国仍将疫情健康数据限制在公共卫生部门范围内。法国国家信息与自由委员会指出，卫生部门可以收集健康数据，并有资格采取适合于具体情况的措施。[①] 西班牙数据保护局同样认为，公共卫生部门是受命收集和管理与病毒传播有关的健康数据的组织，其他个人数据处理者需要遵循公共卫生部门的指示。[②]

很多国家都试图通过紧急状态下的立法打通信息共享。3 月 9 日，意大利政府发布的最新法令授权公共卫生部门和民防部门之间数据共享，以管理紧急情况。

美国卫生与公共服务部（U. S. Department of Health and Human Services，HHS）3 月发布公告：将在全国范围的公共卫生紧急状态期间，在特定情形下豁免《健康保险流通与责任法案》隐私规则（*Health Insurance Portability and Accountability Act*，HIPAA）的制裁和处罚。[③] 允许医疗服务提供者在公告列举的情况下，无需新型冠状病毒感染者授权即

---

① Commission nationale de l'informatique et des libertés，Coronavirus（Covid – 19）：les rappels de la CNIL sur la collecte de données personnelles，March 06 2020，available at：https：//www. cnil. fr/fr/coronavirus-covid-19-les-rappels-de-la-cnil-sur-la-collecte-de-donnees-personnelles.

② Agencia Espanola Proteccion Datos（AEPD）（2020），Report from the State Legal Service Deparment（The Spanish DPA）on Processing Activities Relating to the Obligation for Controllers from Private Companies and Public Administrations to Report on Workers Suffering from Covid – 19，available at：https：//www. aepd. es/es/prensa-y-comunicacion/notas-de-prensa/la-aepd-publica-un-informe-sobre-los-tratamientos-de-datos-en.

③ U. S. Department of Health and Human Services（2020），COVID – 19 & HIPAA Bulletin：Limited Waiver of HIPAA Sanctions and Penalties during a Nationwide Public Health Emergency，available at：https：//www. hhs. gov/sites/default/files/hipaa-and-covid – 19-limited-hipaa-waiver-bulletin – 508. pdf.

可将其健康信息共享给执法机构、护理人员、其他急救人员和公共卫生部门。[①]

五　相比亚洲，欧盟对位置数据的利用更为谨慎

尽管面临很多争议，但许多国家已经启动了基于位置信息的追踪，以监控人口流动和传染源位置，以此抑制病毒传播，但具体措施的激进程度有所不同。

韩国、新加坡、以色列等国家在疫情初期就采取了基于位置信息的管控措施，这些措施大部分具有很强的隐私侵入性。在韩国，政府机构利用监控录像、智能手机定位数据和信用卡购买记录，帮助追踪冠状病毒患者最近的活动，并建立病毒传播链[②]。

韩国政府机构广泛的权力来自于近年来对传染病立法的修订[③]。2015 年，传染病 Mers 爆发后，韩国的病例数量仅次于沙特阿拉伯，位居全球第二。政府被批评隐瞒包括患者轨迹在内的相关信息。此后，韩国修订了《传染病控制和预防法》（*Infectious Disease Control and Prevention Act*，IDCPA），该法第 76 - 2（2）条赋予卫生部长广泛权力，可以在没有授权的情形下收集已经确诊和潜在患者的个人数据；私人电信公司和国家警察局应按照公共卫生机构的要求与其共享患者和潜在患者的位置信息。第 6 条和第 34 - 2 条专门规定公众的“知情权”，要求卫生部长立即向公众披露传染病患者的移动路径、运输工具和接触历史等信息。因此，当检测到新病例时，韩国政府会向公众发送警报短信，同时在网站上公布感染者被收治前的

① U. S. Department of Health and Human Services，Office for Civil Rights（2020），COVID - 19 and HIPAA：Disclosures to law enforcement，paramedics，other first responders and public health authorities，available at：https：//www. hhs. gov/sites/default/files/covid - 19 - hipaa-and-first-responders - 508. pdf.

② https：//www. nytimes. com/2020/03/23/technology/coronavirus-surveillance-tracking-privacy. html.

③ https：//www. lawfareblog. com/lessons-america-how-south-korean-authorities-used-law-fight-coronavirus.

详细行程信息，以提醒访问过该区域的人监视和报告疑似症状。①

相似地，新加坡也推出了一款 TraceTogether 的应用程序，使用蓝牙信号探测附近的移动电话，如果一名该应用程序的用户后来检测出病毒阳性，卫生当局可能会检查该应用程序的数据日志，以找到与他曾经接触的人。②

在以色列，政府已批准采取紧急措施，使用最初为反恐目的而开发的手机定位技术来追踪疑似或确诊病例。收集到的位置信息将提供给卫生部，用以提醒与感染者密切接触过的人进行隔离。紧急措施的有效期已经从 30 天延长至紧急状态结束，收集到的数据将保存 60 天。③ 当然，以色列的做法仍然可以被看做是个案。在疫情爆发之前，以色列已经是一个长期处于战争状态的社会。迅速进入紧急状态，启动庞大的手机定位网络用于防疫对于以色列人来说也并不意外。

相比于亚洲国家，欧盟国家在位置信息的处理与使用上更为谨慎，目前主要集中于地理位置信息的匿名化数据、聚合数据分析。欧盟数据保护委员会在《新型冠状病毒爆发期间处理个人数据的正式声明》中提出建议，公共机构应首先寻求以匿名方式处理位置数据，生成有关特定位置移动设备集中度的报告。如果不可能仅处理匿名数据，成员国可以依据《电子隐私指令》第 15 条（ePrivacy Directive），在采取适当保障措施、遵循比例原则的前提下，采取立法措施对非匿名位置数据进行处理。④

---

① Nemo Kim, "More scary than coronavirus": South Korea's health alerts expose private lives, March 05 2020, available at: https: //www. theguardian. com/world/2020/mar/06/more-scary-than-coronavirus-south-koreas-health-alerts-expose-private-lives.

② Saheli Roy Choudhury, Singapore says it will make its contact tracing tech freely available to developers, available at: https: //www. cnbc. com/2020/03/25/coronavirus-singapore-to-make-contact-tracing-tech-open-source. html (last visited on March 30 2020).

③ Israel: Security service may use patients' smartphone data for contact tracing, available at: https: //privacyinternational. org/examples/3423/israel-security-service-may-use-patients-smartphone-data-contact-tracing (last visited on March 30 2020).

④ European Data Protection Board (2020), Statement on the processing of personal data in the context of the COVID – 19 outbreak, available at: https: //edpb. europa. eu/our-work-tools/our-documents/other/statement-processing-personal-data-context-covid – 19 – outbreak_ en.

在此框架下，意大利数家电信公司已经通过其行业协会向意大利政府提供了匿名用户位置数据集。[①] 同时，德国移动运营商德国电信（Deutsche Telekom）宣布其已将用户的移动数据匿名共享给联邦政府下属的罗伯特·科赫研究所（Robert-Koch Institute），以统计德国公民在多大程度上遵循政府的抗击疫情政策。[②] 近期，欧盟委员会敦促与德国电信（Deutsche Telekom）、Orange、意大利电信（Telecom Italia）、西班牙电信（Telefonica）、沃达丰（Vodafone）等欧洲电信运营商共享来自该地区的移动手机匿名元数据，以帮助预测这种冠状病毒的传播。[③]

截止到目前，对位置信息的利用方式上的差异，典型反映了不同国家对待隐私问题的不同态度。韩国、新加坡基于真实的位置信息对个体实施类似于“监控”程度的跟踪，这在欧盟国家来看，显然有着难以逾越的规则和文化障碍。但随着疫情蔓延，态势走向严重，欧洲国家也开始探索折衷方式。英国政府与牛津大学研究人员合作开发智能手机跟踪系统应用程序，以提醒与感染者接触的人。[④] 该应用程序将与国家卫生服务局（National Health Service）相关联。同时，为做好隐私平衡，该应用程序依靠公众自愿分享位置数据，但不会仿照韩国发布感染者的活动路径。

六　随着疫情升级，更具侵入性的人脸识别、无人机投入应用

除了位置信息应用，人脸识别、无人机、热成像相机等人工智能技

① Facebook：Italian Ministry seeks to leverage big data with help from Facebook and telcos，available at：https：//privacyinternational. org/examples/3421/facebook-italian-ministry-seeks-leverage-big-data-help-facebook-and-telcos（last visited on March 30 2020）.

② Coronavirus：Deutscher Mobilfunkbetreiber gibt Bewegungsdaten weiter，available at：https：//frask. de/coronavirus-deutscher-mobilfunkbetreiber-gibt-bewegungsdaten-weiter/（last visited on March 30 2020）.

③ Mark Scott，Laurens Cerulus and Laura Kayali，Commission tells carriers to hand over mobile data in coronavirus fight，available at：https：//www. politico. eu/article/european-commission-mobile-phone-data-thierry-breton-coronavirus-covid19/（last visited on March 30 2020）.

④ Jennifer Valentino-DeVries，Translating a Surveillance Tool into a Virus Tracker for Democracies，March 19 2020，available at：https：//www. nytimes. com/2020/03/19/us/coronavirus-location-tracking. html.

术在疫情之下也被广泛采用。这些技术可以有效减少人与人的接触，及时发现体温异常、可能感染的人，并监督公民减少外出。

在美国，总部位于奥斯汀的雅典娜安全公司（Athena Security）表示，其产品安全摄像头可以使用热成像和计算机视觉技术来检测疑似感染的发烧患者。① 这些摄像头可以探测到身体12个不同部位的热度，精确度在1摄氏度以内。同时，它使用人工智能模型来放大受试者的内眼，因为内眼最能反映人体的实际温度。与每次只能在近距离工作的体温计不同，雅典娜安全公司的安全摄像头探测系统更适合扫描机场、超市、医院等人员聚集的场所，其每小时可以读取1000个温度读数。该公司的热成像相机已经在美国德州奥斯汀的一个办公场所投入使用，并将于未来几周内部署在一些大型企业和机场。为缓解隐私担忧，雅典娜公司强调，它的系统不会记录从镜头捕捉到的人脸数据，也不会记录捕捉到的皮肤颜色。

在欧洲，伴随着感染人数和死亡人数的激增，无人机正越来越多地被应用于政府防疫政策的落实。在法国，警方已经开始使用无人机，以加强公园等公共场所的锁定与监督。在英国，北安普敦郡警察正计划扩大无人机队的规模，并为其配备扬声器，以传播公共信息，提示人们回到室内。在意大利，为有力执行限制措施，航空管理局（ENAC）授权意大利警方使用无人机监控市民活动。② 无人机同样出现在西班牙马德里的街头。

监控类人工智能技术的应用虽然会引发公众对于隐私担忧，但是在新型冠状病毒死亡率和感染人数持续攀升，公共卫生系统早已超负荷的背景下，为加大政府防疫措施的执行力度，这些技术应用也被列入应对措施清单。但在另一方面，为将此类应用限制在必要范围内，应在事前予以评估，并制定相关规范，在特定期限内及时删除相关数据。

---

① Mark Sullivan, Updated: This AI camera detects people who may have COVID – 19, March 19 2020, available at: https://www.fastcompany.com/90479220/this-ai-camera-detects-people-who-may-have-covid – 19.

② Sharon Braithwaite, Italian police can now use drones to monitor people's movements, aviation authority says, March 24 2020, available at: https://edition.cnn.com/world/live-news/coronavirus-outbreak – 03 – 24 – 20 – intl-hnk/h_ b5c13ce244635a6e5b945f6462b4a374.

七　大型科技公司积极参与抗击疫情，但谨慎处理用户数据

大型科技公司积极参与疫情抗击。提供资助、开放算力资源乃至直接参与医疗物资生产（特斯拉已宣布切换部分汽车生产线生产呼吸机）。据《华尔街日报》报道，美国政府主动寻求与微软、谷歌、Facebook 等科技企业就新型冠状病毒的预防控制展开合作。但截至目前，这些公司对用户数据仍然持十分谨慎的态度，一般采取匿名化或聚合数据来提供趋势分析。

谷歌：谷歌母公司 Alphabet 旗下的 Verily 推出测试网站，美国加州用户可以在该网站上填入位置等相关信息后，随后会被筛选指引到最近的新型冠状病毒测试地点。针对用户使用谷歌账户登录该服务而产生的隐私担忧，谷歌声明：“用户提供的信息可能与收集用户标本的卫生保健机构等机构共享。但所有数据都是单独存储的，与谷歌的任何产品和服务都没有关联，数据也不会用于广告目的。”

苹果：苹果公司与美国疾控中心（Centers for Diease Control and Prevention，CDC），白宫新型冠状病毒工作组（the White House Coronavirus Task Force）和联邦紧急事务管理局（FEMA）合作推出了一款应用程序（包括网站），用户可以在上面回答有关症状、密切接触史等问题，应用程序会根据美国疾控中心的指南基于用户的回答告知其如何密切监测症状，是否应进行核酸检测或就医等信息。苹果公司承诺：该应用程序和网站旨在保护所有用户数据的私密性和安全性，这些工具不需要登录或与用户的 Apple ID 关联，并且用户的个人回复不会发送给苹果公司或任何政府组织。

脸书：脸书也正在考虑匿名化分析数百万用户活动，以确定病毒是如何在美国蔓延的，并衡量社交距离措施（social distancing）的有效性。这些结果可能会与政府机构分享，以阻止未来几周可能出现的紧急情况。此外，Facebook 正为意大利政府提供匿名数据协助，同时也为哈佛大学公共卫生学院等科研机构提供汇总和匿名化的流动性数据和人口密

度图，以帮助他们建立病毒传播的预测模型。在提供匿名数据时，科技公司强调不会收集任何有关用户的识别信息，也不是为了长期跟踪用户。

也有一些大型平台，在做好隐私保护的前提下，向用户提供疫情相关预警帮助。优步（Uber）向消费者发出了额外的隐私通知，称只要发现有乘客或司机感染新型冠状病毒，优步就会在一定时间内通知与该车辆有过联系的司机和消费者。

八　教育、医疗等在线服务常态化带来的隐私挑战

疫情之下，不少国家选择暂时关闭学校，停止面对面教学活动，取而代之的是远程在线教育。线上教育一方面缓解了疫情对学生学业的影响，另一方面也引发了学生隐私保护的担忧。

在美国，考虑到数千万学生在学校停课后上网学习，一些美国参议员正敦促政府采取措施保护学生个人数据。参议员指出：许多在线教育课程收集了大量的学生数据，却没有采取足够的隐私或安全措施。教育软件行业普遍缺乏透明度，在隐私和安全方面的做法也不一致。美国联邦调查局（FBI）警告称，对学生数据的非法利用可能导致霸凌、追踪、身份盗窃及其他针对儿童的犯罪。①

美国教育部下属的学生隐私政策办公室（Student Privacy Policy Office，SPPO）发布了疫情期间针对学生网上教育的指导。② 其中强调，学校或教育机构在线上教育过程中处理学生教育记录中的个人身份信息（PII）时，需要严格依照《家庭教育和隐私权法案》（FERPA）的规定。同时，根据隐私技术中心（Privacy Technical Assistance Center）的建议，

① https：//www. washingtonpost. com/education/2020/03/24/senators-urge-trump-administration-protect-student-data-rush-online-schooling/（last visited on March 30 2020）.

② Student Privacy Policy Office（March 2020），FERPA & Coronavirus Disease 2019（COVID－19）Frequently Asked Questions（FAQs），available at：https：//studentprivacy. ed. gov/sites/default/files/resource _ document/file/FERPA% 20and% 20Coronavirus% 20Frequently% 20Asked% 20Questions_0. pdf.

教育机构应以易读易懂的方式向学生和家长传达其私隐政策，不应削弱学生在家上网课的隐私保护，不得出售或以其他方式利用学生数据牟利。[①]

与此同时，远程医疗也因其减少人员接触、避免医院人满为患而被推荐。为鼓励远程医疗，美国卫生与公共服务部在3月发表声明：将在疫情期间免除部分远程医疗服务违反《健康保险流通与责任法案》隐私规则的处罚。[②] 这种豁免适用于基于任何理由提供的远程医疗，无论其是否与新型冠状病毒的诊断和治疗有关。该声明还鼓励医疗服务提供者使用 Apple FaceTime、Facebook Messenger video chat、Google Hangouts video、Skype 等主流视频通话应用程序开展远程医疗，而无需担心受到惩处。对于该举措，世界隐私论坛表示支持，但同时也呼吁提供远程医疗服务的科技公司对于病人医疗数据保持克制，保障其安全性。

在此次疫情推动之下，教育、医疗行业所涉及的未成年人、医疗等敏感个人数据，将可能迈向大规模地、常态化的收集处理模式，对该领域的隐私和数据安全带来全新挑战。

九 疫情下对"隐私"和"公共健康"的决策平衡，更深层地反映了一国文化和认知传统

数据共享、位置信息追踪、人工智能技术等数字科技的规模化应用在有效抑制新型冠状病毒快速传播方面发挥积极作用。然而，即使是同一种技术应用，各国在接受程度和推广范围方面都存在巨大差异，尤以韩国、新加坡、中国为代表的亚洲东方国家和西方国家的差异，这种差

① Student Privacy Policy Office (2014), FERPA and Virtual Learning Related Resources https: //tech. ed. gov/wp-content/uploads/2014/09/Student-Privacy-and-Online-Educational-Services-February - 2014. pdf.

② Department of Health and Human Services, Office for Civil Rights, Notification of Enforcement Discretion for Telehealth Remote Communications during the COVID - 19 Nationwide Public Health Emergency, available at: https: //www. hhs. gov/hipaa/for-professionals/special-topics/emergency-preparedness/notification-enforcement-discretion-telehealth/index. html.

异往往根植于不同地域、文化和认知传统。

在外在“法律形式”上，韩国、新加坡接近于欧盟，但其隐私观念的内核仍然是东方式的。韩国、新加坡的《个人信息保护法》都是以欧盟 GDPR 为模板，特别是近年来，韩国积极争取欧盟对其个人信息保护法律制度的认可。2018 年 11 月，韩国议会提交了个人数据保护法修订，新的修订将使韩国数据保护执法系统获得独立地位，这将有望为韩国期待已久的欧盟白名单充分性认定铺平道路。但通过疫情可以看到，尽管具备形式上的相似性，但植根于社会文化土壤的隐私观仍然有着巨大的不同。

新加坡、韩国等亚洲国家深受儒家文化的熏陶，集体主义是人们思想观念的一部分。当与公共利益关联更为密切的“健康”和更加注重私人自由保护的“隐私”两种价值发生冲突的时候，亚洲人更倾向于将重心放在公共利益上。普通网民也利用政府网站披露的患者数据，通过人肉搜索等方式识别和追踪特定个人。

而对于欧洲国家而言，深厚的隐私文化传统早已被立法者融入 GDPR 等隐私保护规范当中。面对数字监控，强大的隐私观念让欧洲人犹豫不前。即使企业向政府共享的位置信息已经经过匿名化处理，欧盟议会议员仍然对未来可能出现的大规模监视表示担忧。①

十　激进的“隐私侵入性”管理措施的退出问题

截至目前，法国、西班牙等 60 多个国家已经宣布了战争状态或者紧急状态。在战争状态或紧急状态下，自由民主秩序被暂时中止，激进性的管理措施大大扩展了国家的权力并限制了人民的权利。② 不能否认，

① Dave Perera, Matthew Newman, and Hyung-jo Choi, Covid – 19 pressures privacy as pandemic spreads globally, March 19 2020, available at: https://mlexmarketinsight.com/insights-center/editors-picks/Data-Protection-Privacy-and-Security/cross-jurisdiction/covid – 19 – pressures-privacy-as-pandemic-spreads-globally.

② Cas Mudde, Coronavirus outbreak ‘Wartime’ coronavirus powers could hurt our democracy without keeping us safe, March 24 2020, https://www.theguardian.com/commentisfree/2020/mar/24/wartime-coronavirus-powers-state-of-emergency.

这些措施在应对公共健康危机中是必要的。然而与此同时，也需关注：当危机结束之后，各国将如何从这些激进的管理措施中退出。有学者表达了这样的担忧：人们越来越依赖数字工具来监测疾病的传播，在健康危机消退之后，如何防止政府使用这些工具来追踪个人或用于其他目的？①

人类社会已经迈向了史无前例的数字化进程，根据Statista统计，目前全球智能手机用户的数量为35亿，这意味接近一半的世界人口拥有智能手机，且这一数字仍在飞快上涨。如果这种监控被允许的话，不仅电信运营商能够精确跟踪用户，智能手机上基于位置信息的应用也将能使监控发挥到极致。

目前来看，亚洲国家对疫情处理明显好于欧美国家。韩国已经渡过最艰难的时期，新加坡等其他亚洲国家也在很大程度上控制了疫情，这其中部分得益于早期实施的监控类技术应用，但在疫情结束之后也仍需反思和重新评估相关应用的合理性，在隐私和“公共健康”之间重新确立平衡点，防止紧急措施的“常态化”。

对此，全球发展中心（Center of Globel Development，CGD）提出建议：如果社会一致认为在危机时期制定绕过同意的措施是合法的，那么一旦情况发生变化，就必须有适当的机制来放松这些措施。世卫组织应敦促各国政府制定相应条款，以在特定时候自动终止紧急监视措施。②

而在尚未看到疫情彻底结束的曙光之前，利用用户数据的疫情管控措施仍应当坚持最小化和必要原则，并防止利用于其他目的。

（责任编辑：徐玖玖）

① Michael Pisa，COVID - 19，Information Problems，and Digital Surveillance，March 20 2020，available at：https：//www. cgdev. org/blog/covid - 19 - information-problems-and-digital-surveillance.

② Michael Pisa，COVID - 19，Information Problems，and Digital Surveillance，March 20 2020，available at：https：//www. cgdev. org/blog/covid - 19 - information-problems-and-digital-surveillance.

欧洲数据保护委员会：关于在新型冠状病毒（COVID－19）疫情爆发的背景下使用位置数据和接触追踪工具的指南

洪延青　译

（北京理工大学副研究员）

一　简介和背景

1. 各国政府和私人行为者正在转向使用数据驱动的解决方案，作为应对 COVID－19 大流行的一部分，这引起了许多隐私问题。

2. EDPB 强调，数据保护法律框架的设计是灵活的，因此，它既能在限制疫情方面有效地应对，又能保护基本人权和自由。

3. EDPB 坚信，当处理个人数据是管理 COVID－19 大流行的必要条件时，数据保护对于建立信任、为社会接受任何解决方案能够创造条件，对保证这些解决方案的有效性而言是必不可少的。由于病毒不分国界，似乎最好的办法是制定一个共同的欧洲应对当前危机的办法，或者至少建立一个可操作的框架。

4. EDPB 认为，用于帮助打击 COVID－19 的数据和技术，应用于增强个人的能力，而不是控制、污名化或压制个人。此外，虽然数据和技术可以是重要的工具，但它们有其内在的局限性，只能借助其他公共卫生措施才能发挥效力。成员国或欧盟机构采取的任何涉及处理个人数据以打击 COVID－19 的措施，都必须遵循有效性、必要性和相称性的一般原则。

5. 本准则阐明了为以下两个具体目的而适度使用位置数据和接触追踪工具的条件和原则：

·利用位置数据来模拟病毒的传播情况以支持对疫情的应对措施，以便评估隔离措施的总体效果；

·接触追踪，其目的是通知个人他们曾与最终被确认为病毒携带者的人接近，以便尽早打破传染链条。

6. 接触追踪应用程序对管理大流行病的效率取决于许多因素（例如，需要安装该应用程序的人的百分比；关于“接触”的临近程度和持续时间的定义）。此外，这类应用需要成为抗击大流行病的综合公共卫生战略的一部分，除其他外，还包括测试和随后为消除疑虑而进行的人工的接触追踪。在部署这些应用程序的同时，应采取辅助措施，确保向用户提供的信息符合实际情况，并确保警报对公共卫生系统有用。否则，这些应用可能无法达到其全部效果。

7. EDPB 强调，《通用数据保护条例》和第 2002/58/EC 号指令（“电子隐私指令”）均有具体规定，允许使用匿名或个人数据，以支持国家和欧盟各级的公共当局和其他行为者监测和控制 SARS－CoV－2 病毒的传播①。

8. 在这方面，EDPB 已经采取了以下立场：使用接触追踪应用程序应是自愿的，不应依赖追踪个人的行踪，而应依赖有关用户的近距信息。②

二 使用位置数据

（一）位置数据的来源

9. 位置数据有两个主要的来源，可用于模拟病毒的传播和禁闭措施的总体效果：

·电子通信服务供应商（例如移动通信运营者）在提供服务时收集

① See the previous statement of the EDPB on the COVID 19 outbreak.

② https：//edpb. europa. eu/sites/edpb/files/files/file1/edpbletterecadvisecodiv-appguidance_ final. pdf.

的位置数据；及

· 信息社会服务提供者的应用程序收集的位置数据，其功能需要使用这些数据（如导航、交通服务等）；

10. EDPB 回顾，从电子通信提供商处收集的位置数据①只能在“电子隐私指令”第 6 条和第 9 条的范围内进行处理。这意味着，这些数据只有在供应商对这些数据进行匿名化处理后，才能传送给当局或其他第三方，或对于显示用户终端设备的地理位置的数据，因为这些数据不属于流量数据，应在用户事先同意的情况下，才能传送给当局或其他第三方②。

11. 关于直接从终端设备收集的信息，包括位置数据，适用于“电子隐私指令”第 5（3）条。因此，只有在（i）用户同意③或（ii）用户明确要求使用的信息社会服务所严格必需的信息存储和/或访问，才允许在用户的设备上存储信息或访问已经存储的信息。

12. 但是，根据第 15 条，“电子隐私指令”规定的权利和义务可以克减，即根据第 15 条的规定，当克减本身构成民主社会中为实现某些目标而采取的必要、适当和相称的措施④。

13. 至于为建模而二次利用信息社会服务提供者所（例如通过操作系统或以前安装的某些应用程序）收集的位置数据，必须满足其他条件。事实上，当数据的收集符合“电子隐私指令”第 5 条第（3）款的规定时，只有在得到数据主体的额外同意，或根据联盟或成员国的法律，在民主社会中为保障 GDPR 第 23（1）条所述的目标而采取的必要和相称的措施，才能进一步处理这些数据。⑤

---

① See Art. 2（c）of the ePrivacy Directive.

② See Art 6 and 9 of the ePrivacy Directive.

③ The notion of consent in the ePrivacy directive remains the notion of consent in the GDPR and must meet all the requirements of the consent as provided by art. 4（11）and 7 GDPR.

④ For the interpretation of article 15 of the “ePrivacy” Directive, see also, CJEU Judgment of 29 January 2008 in case C－275/06, Productores de Música de España（Promusicae）v. Telefónica de España SAU.

⑤ See section 1. 5. 3 of the guidelines 1/2020 on processing personal data in the context of connected vehicles.

（二）对使用匿名化的位置数据的关注

14. EDPB 强调，在使用位置数据时，应始终优先考虑处理匿名数据而不是个人数据。

15. 匿名化指的是使用一套技术，以消除数据与已识别或可识别的自然人之间的联系的能力，即便经过任何“合理”的努力也无法恢复这种联系。这种“合理性测试”必须考虑到客观方面（时间、技术手段）和场景因素，这些因素可能因个案而异（包括人口密度、性质和数据量等现象的稀有性）。如果数据没有通过这一检验，那么就没有被匿名化，因此仍在 GDPR 的范围内。

16. 评价匿名化的稳健性取决于三个标准。（i）“单拎”（根据数据将一个人从一个较大的群体中分离出来）；（ii）可联系性（将有关同一人的两条记录联系在一起）；（iii）推理（以显著的概率推断出有关一个人的未知信息）。

17. 匿名化的概念容易被误解，经常被误认为是假名化。虽然匿名化允许不受任何限制地使用数据，但假名化数据仍在 GDPR 的适用范围内。

18. 有效的匿名化有许多选择[①]，但有一个注意事项。单个数据本身不能被匿名化，这意味着只有数据集作为一个整体，才可能被匿名化。从这个意义上说，对单一数据模式的任何干预（通过加密或任何其他数学转换）最多只能被视为假名化。

19. 匿名化过程和重新识别攻击是一个活跃的研究领域。任何实施匿名化解决方案的控制者必须监测这一领域的最新发展，特别是关于位置数据（来自电信运营商和/或信息社会服务），众所周知，这些数据很难匿名化。

20. 事实上，大量的研究表明[②]，被认为是匿名的位置数据可能实

① （de Montjoye et al.，2018）“On the privacy-conscientious use of mobile phone data”.

② （de Montjoye et al.，2013）“Unique in the Crowd：The privacy bounds of human mobility” and（Pyrgelis et al.，2017）“Knock Knock，Who's There? Membership Inference on Aggregate Location Data”.

际上并不是匿名的。个人的流动痕迹本来就具有高度的相关性和唯一性。因此，在某些情况下，这些数据很容易被重新识别。

21. 通过一个单一的数据模式来追踪个人在一段长时间因位置而产生的数据，不能完全匿名化。如果所记录的地理坐标的精度降得不够低，或者如果删除了行踪轨迹的细节，即便只保留了数据主体长时间停留的地点，不能完全匿名化的结论可能仍然成立。这也同样适用于汇总不全的位置数据。

22. 为实现匿名化，必须对位置数据进行仔细处理，以满足合理性测试。从这个意义上说，这种处理包括将位置数据集作为一个整体来考虑，以及利用现有的强有力的匿名化技术处理来自合理数量的个人的数据，前提是这些技术得到充分和有效的实施。

23. 最后，鉴于匿名化过程的复杂性，非常鼓励匿名化方法的透明度。

三　接触追踪应用

（一）一般性的法律分析

24. 对自然人之间的位置和/或接触进行系统的大规模监测是对其隐私的严重侵犯。只有依靠用户出于各自的目的而自愿采用，才能使其合法化。这尤其意味着，决定不使用或不能使用这些应用的个人，不应受到任何不利影响。

25. 为确保问责，应明确界定任何接触追踪应用的控制人。EDPB 认为，国家卫生主管部门可以成为这类应用的控制者①；也可以设想由其他控制者负责。在任何情况下，如果部署接触追踪应用程序涉及不同的行为体，必须从一开始就明确规定其作用和责任，并向用户解释。

26. 此外，关于目的限制原则，目的必须足够具体，以便排除与

① See also European Commission "Guidance on Apps supporting the fight against COVID 19 pandemic in relation to data protection" Brussels, 16. 4. 2020 C (2020) 2523 final.

COVID－19 健康危机管理无关的（如商业或执法目的）的二次处理。一旦明确界定了目的，就必须确保个人数据的使用是充分、必要和成比例的。

27. 在接触追踪应用的场景下，应仔细考虑数据最小化原则，以及通过设计和默认设施实现数据保护的基本原则：

·接触追踪应用程序不需要追踪单个用户的位置。相反，应该使用近距数据。

·由于接触追踪应用程序可以在没有直接识别个人身份的情况下运作，因此应采取适当的措施防止重新识别；

·收集到的信息应存在于用户的终端设备上，只有在绝对必要时才收集相关信息。

28. 关于处理的合法性，EDPB 指出，接触追踪应用涉及存储和/或访问已经存储在终端中的信息，这受“电子隐私指令”第 5（3）条的约束——如果这些操作对于应用程序的提供者来说是绝对必要的，以便提供用户明确要求的服务，则处理不需要得到用户的同意。对于非严格必要的操作，提供者需要征得用户的同意。

29. 此外，EDPB 指出，仅仅是在自愿的基础上使用接触追踪应用程序并不意味着处理个人数据必须以同意为基础。当公共当局根据法律规定的任务和要求提供服务时，最相关的数据处理的法律依据似乎是为了公共利益执行任务的需要，即：第 6（1）（e）条。

30. GDPR 第 6（3）条明确规定，其第 6（1）（e）条所述处理的依据应由控制者所依据的联盟或成员国的法律来规定。处理的目的应在该法律依据中确定，或者，就第 1 款（e）项所述的处理而言，处理的目的应是为执行公共利益或为控制者行使官方所赋予的权力所必需的任务[1]。

31. 然而，为使用接触追踪应用程序提供合法基础的法律依据或立法措施，应包含有意义的保障措施，包括使用应用程序的自愿性质。应包括明确说明目的和关于进一步使用个人数据的限制，并明确指出所涉

① See Recital（41）.

的控制者。还应确定数据的类别以及向哪些实体披露（以及个人数据可能被披露的目的）。根据侵扰的程度，应考虑到处理的性质、范围和目的，纳入额外的保障措施。最后，EDPB 还建议，在可行的情况下，尽快纳入判断何时应用程序应当取消的标准，以及由哪个实体负责作出这一决定。

32. 然而，如果数据处理是基于其他法律依据，例如同意（第6（1）（a）条）①，控制者必须确保符合该等法律依据的严格要求。

33. 此外，使用应用程序以抗击 COVID－19 大流行，可能导致收集健康数据（例如受感染者的状况）。如果出于公共卫生领域的公共利益的原因，在符合第9（2）（i）条②的条件时，允许处理这类数据，或出于 GDPR. 9（2）（h）条所述的医疗保健目的，允许处理此类数据③。根据法律依据，也可能是基于明确的同意（GDPR 第9（2）（a）条）。

34. 根据最初的目的，GDPR 第9（2）（j）条还允许在科学研究或统计目的必要时，处理健康数据。

35. 不应利用当前的卫生危机为契机，规定过度的数据留存要求。存储限制应考虑到真正的需求和医学上的相关性（这可能包括流行病学上的考虑，如潜伏期等），个人数据只应在 COVID－19 危机期间保留。此后，作为一般规则，所有个人数据应被删除或匿名化。

36. 据 EDPB 的理解，这类应用程序不能取代，而应支持由合格的公共卫生人员进行的人工接触追踪，因为他们可以辨别出密切接触是否可能导致病毒传播（例如，当与有适当设备保护的人——收银员等——接触时，是否可能导致病毒传播）。EDPB 强调，程序和过程，包括接触追踪应用程序实施的相应算法，应在合格人员的严格监督下进行，以限制任何假阳性和假阴性的发生。特别是，随后提出建议的任务，不应仅仅依靠自动处理。

---

① Controllers（especially public authorities）must pay special attention to the fact that consent should not be regarded as freely given if the individual has no genuine choice to refuse or withdraw its consent without detriment.

② The processing must be based on Union or Member State law which provides for suitable and specific measures to safeguard the rights and freedoms of the data subject, in particular professional secrecy.

③ See Article 9（2）（h）GDPR.

37. 为了确保算法的公正性和可问责制，以及更广泛地确保其符合法律，算法必须是可审计的，并应由独立专家定期审查。应用程序的源代码应予公开，以便进行最广泛的审查。

38. 假阳性总是会在一定程度上出现。由于识别感染风险可能会对个人产生很大的影响，例如在检测为阴性之前一直处于自我隔离状态，因此纠正数据和/或随后的分析结果的能力很有必要。当然，这只能适用于数据的处理和/或存储的方式能够在技术上支持纠正，且确实可能发生上述不利影响的场景和实施。

39. 最后，EDPB 认为，在实施这类工具之前必须进行数据保护影响评估，因为该工具的处理被认为可能存在高风险（健康数据、预计大规模采用、系统监测、使用新技术解决方案）①。EDPB 强烈建议公布数据保护影响评估报告。

（二）建议与功能性的要求

40. 根据数据最小化原则，以及通过设计和默认设置保护数据的其他措施中②，应将处理的数据严格减少到最低限度。应用程序不应收集不相关或不需要的信息，这些信息可能包括公民身份、通信标识符、设备目录项、信息、通话记录、位置数据、设备标识符等。

41. 应用程序广播的数据必须只包括一些由该程序生成的和专门针对该程序的独特和假名标识符。这些标识符必须定期更新，更新的频率必须与控制病毒传播的目的相一致，并足以限制识别和实际跟踪个人的风险。

42. 接触追踪的执行工作可以采用集中式或分布式的方式③。这两种方法都应被认为是可行的选择，但前提是要有适当的安全措施，每一种方法都有一系列的优点和缺点。因此，应用程序开发的概念阶段应始终包括彻底考虑这两种概念，并仔细权衡各自对数据保护/隐私的影响

① See WP29 guidelines（adopted by the EDPB）on Data Protection Impact Assessment（DPIA）and determining whether processing is “likely to result in a high risk” for the purposes of Regulation 2016/679.

② See EDPB Guidelines 4/2019 on Article 25 Data Protection by Design and by Default.

③ In general, the decentralised solution is more in line with the minimisation principle.

和对个人权利可能产生的影响。

43. 任何接触追踪系统所使用的服务器，必须只收集经卫生当局适当评估和用户自愿行动而被诊断为受感染的用户的接触记录或假名标识符。另外，服务器必须保留受感染用户的假名标识符清单或其接触记录，并仅在告知可能受感染的用户其接触的时间内保存，不得试图识别可能受感染的用户。

44. 在某些情况下，实施全球接触追踪方法，包括应用程序和人工追踪，可能需要处理额外的信息。在这种情况下，这些额外信息应保留在用户终端上，只有在严格必要时并经用户事先具体同意后才应进行处理。

45. 必须采用最先进的加密技术，以确保服务器和应用程序中存储的数据、应用程序和远程服务器之间的交换的安全。还必须在应用程序和服务器之间进行相互认证。

46. 在应用程序上报告用户为 COVID－19 感染者，必须得到适当的授权，例如，通过与感染者的假名身份绑定并与测试站或卫生保健专业人员挂钩的一次性使用代码。如果不能以安全的方式获得确认，则不应进行任何假定用户身份有效的数据处理。

47. 控制者要会同公权力机关，明确告知下载国家官方的接触追踪 APP 的链接，以降低个人使用第三方 APP 的风险。

四　结论

48. 世界正面临着一场重大的公共卫生危机，需要采取强有力的应对措施，这些措施的影响将超过这次紧急事件。自动化数据处理和数字技术可以成为防治 COVID－19 的关键组成部分。然而，人们应该警惕“棘轮效应”。我们有责任确保在这些非常情况下采取的每一项措施都是必要的、有时间限制的、程度最低的，且定期和真正的审查以及科学评估这些措施。

49. EDPB 强调，人们不应该在有效地应对当前危机和保护我们的基本权利之间做出选择：我们可以同时做到这两点，而且数据保护原则可以在对抗病毒的斗争中发挥非常重要的作用。欧洲数据保护法允许为健康管理目的负责任地使用个人数据，同时也确保个人权利和自由不会在这一过程中受到损害。

附件——接触追踪应用程序分析指南

0. 声明

以下指南既非规定性的，也非详尽无遗。本指南的唯一目的是为接触追踪应用程序的设计者和实施者提供一般性指导。除了这里描述的解决方案外，还可以使用其他解决方案，只要符合相关法律框架（即 GDPR 和“电子隐私指令”），这些解决方案都是合法的。

还必须指出，本指南是一般性的。因此，本文件所载的建议和义务不能视为详尽无遗。任何评估都必须逐案进行，具体的应用可能需要采取本指南中未包括的额外措施。

1. 总结

许多成员国的利益攸关方正在考虑使用接触追踪 * 应用，以帮助民众发现他们是否曾接触过 SARS－Cov－2 * 感染者。

目前尚未确定这种应用在何种条件下能够有效地促进对这一流行病的管理。这些条件需要在实施这种应用程序之前确定。然而，有必要将相关信息带到上游，即向开发团队提供指导，以便从早期设计阶段就能保证对个人数据的保护。

必须注意的是，本指南是一般性的。因此，本文件中的建议和义务不能被视为详尽无遗。任何评估都必须在个案的基础上进行，具体应用可能需要采取本指南中未包含的额外措施。本指南的目的是为接触追踪应用的设计者和实施者提供一般指导。

有些标准可能超出了数据保护框架的严格要求。这些标准的目的是确保最高水平的透明度，以利于社会上对这种接触追踪应用的接受。

为此，接触追踪应用程序的发布者应考虑到以下标准：

· 使用这类应用必须是完全自愿的。它不得将获取法律保障的任何权利作为条件。个人在任何时候都必须对其数据有充分的控制权，并应能自由选择使用这种应用。

·接触追踪应用可能会对自然人的权利和自由造成很大的风险，需要在部署前进行数据保护影响评估。

·可以在不定位用户位置的情况下，获得应用程序用户之间的距离信息。这类应用不需要，因此，也不应涉及位置数据的使用。

·当用户被诊断为感染了SARS-Cov－2病毒时，只应告知在流行病学相关保留期内与之密切接触的用户，以便进行接触追踪。

·根据所选择的架构，这类应用的操作可能需要使用集中式服务器。在这种情况下，根据数据最小化和数据保护的设计原则，集中式服务器处理的数据应限制在最低限度：

当用户被诊断为受感染时，只有在用户同意的情况下，才可以收集有关其以前的密切接触者或用户应用程序所播放的标识符的信息。需要建立一种验证方法，以便在不识别用户身份的情况下，确认该人确实已感染。从技术上讲，这可以通过在保健专业人员的干预下，例如通过使用特殊的一次性代码来提醒密切接触人来实现。

中央服务器上储存的信息既不能让控制者识别被诊断为受感染或曾与该用户接触过的用户，也不能借此推断出确定就相关接触者来说所不需要的接触模式。

·这类应用的操作需要，广播数据以便其他用户的设备能够读取该数据，并收听这些广播：

在用户的移动设备（电脑、平板电脑、联网手表等）之间，例如通过广播（例如通过蓝牙低能量技术），交换假名标识符就足够了。

标识符应使用最先进的加密程序生成。

必须定期更新标识符，以减少物理跟踪和链接攻击的风险。

·这类应用必须保证技术过程的安全。特别是：

应用程序不应向其他用户发送允许他们推断他人身份或诊断的信息。中央服务器既不能识别用户的身份，也不能推断用户的信息。

免责声明：上述原则只涉及接触追踪应用程序所宣称的目的，并且只限于此目的，其目的是自动通知可能接触到病毒的人（但不需要识别他们）。遵循这些准则的全部或部分内容并不一定足以确保完全遵守数据保护框架。

2. 定义

接触人	对于接触追踪应用来说，接触者是指参与过与被确认为病毒携带者的用户进行互动的用户，互动的持续时间和距离会诱发严重的病毒感染风险。 接触时间和人与人之间的距离等参数必须由卫生部门估算，可在应用中设定
位置数据	它是指电子通信网络内或电子通信服务所处理的，能表明使用公开提供的电子通信服务的用户的终端设备的地理位置（如“电子隐私指令”所定义）的所有数据，以及来自其他潜在来源的数据，这些数据涉及到 ·终端设备的经纬度； ·用户的行进方向； ·位置信息记录的时间
互动	在接触追踪应用的背景下，互动被定义为在所使用的通信技术（如蓝牙）范围内（在空间和时间上）相互接近的两个设备之间的信息交换。这个定义不包括互动的两个用户的位置
病毒携带者	在本文件中，我们认为病毒携带者是指经过病毒检测呈阳性并得到医生或保健中心正式诊断的用户
接触追踪	P 与病毒感染者密切接触（根据流行病学家确定的标准）的人，有很大的风险，他们也有可能被感染并反过来感染其他人。 接触追踪法是一种疾病控制方法，它将所有与病毒携带者密切接触的人列在一起，以便检查他们是否有感染的风险，并对他们采取适当的卫生措施

3. 一般性要求

GEN－1	该应用程序必须是传统的接触追踪技术（特别是对感染者的访谈）的补充工具，即是更广泛的公共卫生方案的一部分。在人工接触追踪技术能够单独控制新的感染时，不必使用接触追踪应用
GEN－2	最迟在公共主管部门决定“恢复正常”时，必须制定流程，停止收集标识符（全局停用应用程序、卸载应用程序的指示、自动卸载等），并启动从所有数据库（移动应用程序和服务器）中删除所有收集的数据
GEN－3	应用程序及其后台的源代码必须是公开的，技术规范必须公开，以便任何相关方都可以审核代码，并在相关的情况下——有助于改进代码，纠正可能出现的错误，确保个人数据处理的透明度。
GEN－4	应用程序的部署阶段必须使人们能够从公共卫生角度逐步验证其有效性。为此目的，必须在上游确定一个评估协议，具体说明衡量应用效果的指标

4. 目的

PUR－1	该应用追求的唯一目的应当是进行接触追踪，以便对可能接触到 SARS-Cov－2 病毒的人发出警报并加以注意。它不得用于其他目的
PUR－2	不得为监测检疫或禁闭措施的遵守情况和（或）社会疏远的目的而改变应用的主要用途
PUR－3	该应用程序不得根据用户的互动和/或任何其他手段，对用户的位置做出结论

5. 功能性考虑

FUNC－1	该应用程序必须提供一种功能，使用户能够被告知他们有可能接触到病毒，这种信息的依据是在筛查试验呈阳性之前的 X 天内（X 值由卫生当局确定），与受感染用户的距离
FUNC－2	该应用程序应向被确认为有可能接触到病毒的用户提供建议。它应转达有关他们应采取的措施的指示，并允许用户要求提供建议。在这种情况下，必须进行人工干预
FUNC－3	算法通过考虑到距离和时间等因素来衡量感染的风险，从而确定何时必须将接触者记录在接触追踪列表中，必须考虑到关于病毒传播的最新知识，以安全地进行调整
FUNC－4	在病毒潜伏期内，必须及时告知用户是否接触过病毒，或必须定期获取是否接触过病毒的信息
FUNC－5	该应用程序应与欧盟成员国之间开发的其他应用程序具备互操作性，以便在不同成员国之间旅行的用户可以得到有效的通知

6. 数据

DATA－1	该应用必须能够通过蓝牙低能量等近距离通信技术进行广播和接收数据，以便进行接触追踪
DATA－2	该广播数据必须包括由应用程序生成的和特定于应用程序的强加密伪随机标识符
DATA－3	伪随机标识符之间发生碰撞的风险应该足够低

续表

DATA－4	伪随机标识符必须定期更新，更新频率应足以限制任何人（包括中央服务器操作员、其他应用程序用户或恶意第三方）对个人进行重新识别、物理跟踪或联系的风险。这些标识符必须由用户的应用程序生成，可能是基于中央服务器提供的种子
DATA－5	根据数据最小化原则，应用程序不得收集除严格意义上的接触追踪所需的数据以外的其他数据
DATA－6	应用程序不得为追踪接触人的目的而收集位置数据。处理位置数据的唯一目的是为了使应用程序能够与其他国家的类似应用程序进行互动，位置数据的处理应严格限制在为这一唯一目的所必需的范围内
DATA－7	应用程序不应收集除应用目的严格必要的健康数据之外的其他健康数据，除非是完全可选的，且唯一的目的是为了协助如何告知用户的决策过程
DATA－8	用户必须被告知所有将被收集的个人数据。这些数据只有在用户授权的情况下才会被收集

7. 技术特性

TECH－1	应用程序应采用现有技术，如使用近距离通信技术（如蓝牙低能量）来发现运行应用程序的设备附近的用户
TECH－2	应用程序应该在预定的限定时间内，在设备中保留用户的接触人的历史记录
TECH－3	该应用程序可以依赖中央服务器来实现其部分功能
TECH－4	应用程序必须基于尽可能多地依赖用户设备的架构
TECH－5	在被报告为病毒感染者的用户主动提出，并经适当认证的卫生专业人员确认其身份后，应将其接触史或自己的身份标识符传送到中央服务器

8. 安全

SEC－1	必须有一个机制来核实应用程序中报告为 SARS-CoV－2 阳性的用户的状态，例如，提供一个与检测站或卫生保健专业人员相连的单次使用代码。如果不能以安全的方式获得确认，则不得处理数据
SEC－2	发送到中央服务器的数据必须通过安全通道传输。对操作系统平台供应商提供的通知服务的使用，应仔细评估，不应导致向第三方披露任何数据

续表

SEC－3	请求不能被恶意用户篡改
SEC－4	必须采用最先进的加密技术，以确保应用程序和服务器之间以及应用程序之间的信息交换安全，并作为一般规则保护存储在应用程序和服务器上的信息。可以使用的技术实例包括：对称和非对称加密、散列函数、私密成员测试、私密集交叉、Bloom过滤器、私密信息检索、同态加密等
SEC－5	中央服务器不得保留任何用户的网络连接方面的标识符（如IP地址），包括那些已经被确诊的用户，以及传输了接触人历史记录或自己的标识符的用户
SEC－6	为了避免冒名顶替或创建虚假用户，服务器必须对应用程序进行身份验证
SEC－7	应用程序必须对中心服务器进行身份验证
SEC－8	服务器的功能要防止重播攻击
SEC－9	中心服务器传输的信息必须经过签名，以验证其来源和完整性
SEC－10	对所有存储在中央服务器中而非公开的数据的访问必须仅限于经授权的人员
SEC－11	设备在操作系统层面的权限管理系统只能请求必要的权限，以便在必要时访问和使用通信模块，将数据存储在终端中，并与中央服务器进行信息交换

9. 保护自然人的个人数据和隐私

提醒：以下准则涉及的是以追踪接触为唯一目的的应用。

PRIV－1	数据交换必须尊重用户的隐私（特别是尊重数据最小化原则）
PRIV－2	在使用应用程序时，不能让用户直接被识别
PRIV－3	应用程序不能让用户的行踪被追踪
PRIV－4	应用的使用应该不会让用户了解到其他用户的任何信息（特别是是否是病毒携带者）
PRIV－5	对中央服务器的信任必须受到限制。中央服务器的管理必须遵循明确规定的管理规则，并采取包括确保其安全的一切必要措施。中央服务器的本地化应允许主管监督机构对其进行有效监督
PRIV－6	必须进行数据保护影响评估，并应予以公布
PRIV－7	该应用程序应只向用户透露他们是否接触过病毒，如果可能的话，在不透露其他用户的信息的情况下，只向用户透露接触病毒的次数和日期
PRIV－8	应用程序所传达的信息不得让用户识别携带病毒的用户，也不得让用户识别病毒携带者的行踪

续表

PRIV－9	应用程序所传达的信息不得让卫生当局在未经用户同意的情况下识别可能暴露的用户
PRIV－10	应用程序向中央服务器提出的请求不得透露任何有关病毒携带者的信息
PRIV－11	应用程序向中央服务器提出的请求不得透露任何关于用户的不必要的信息，但可能的情况下，只有在必要时，才可以透露用户的假名标识符和接触人名单
PRIV－12	关联攻击必须是不可能的
PRIV－13	用户必须能够通过应用程序行使自己的权利
PRIV－14	删除应用程序必须同时删除所有本地收集的数据
PRIV－15	该应用程序应仅收集该应用程序或可互操作的等同应用程序的实例所传输的数据。不应收集与其他应用程序和/或近距离通信设备有关的数据
PRIV－16	为了避免中央服务器重新识别，应采用代理服务器。这些非合谋的代理服务器的目的是将多个用户的标识符（包括病毒携带者的标识符和请求者发送的标识符）混合在一起，然后再与中央服务器共享，以防止中央服务器知道用户的标识符（如 IP 地址）
PRIV－17	应用程序和服务器必须谨慎开发和配置，以避免收集任何不必要的数据（例如，服务器日志中不应包含标识符等），并避免使用任何第三方 SDK 收集数据用于其他目的

目前讨论的大多数接触追踪应用，当用户被宣布感染时，基本上遵循两种方法：他们可以将自己通过扫描获得的近距离接触人的历史记录发送给服务器，也可以将自己曾广播的标识符列表发送给服务器。下面的原则是根据这两种方法来排列。虽然这里讨论了这些方法，但这并不意味着其他的方法不可能，或不好，例如实现某种形式的 E2E 加密或应用其他安全或隐私增强技术的方法。

9.1 仅在应用程序向服务器发送接触列表时才适用的原则：

CON－1	中央服务器必须收集 COVID－19 报告为阳性的用户的接触记录，在用户自愿上报的前提下
CON－2	中央服务器不得维护或分发携带病毒的用户的假名标识符列表
CON－3	存储在中央服务器上的接触记录必须在通知用户与被确诊的人接近后立刻删除

续表

CON－4	除了被检测为阳性的用户与中央服务器共享其接触历史记录，或者用户向服务器提出请求，以了解自己可能接触到的病毒外，任何数据都不能离开用户的设备
CON－5	纳入本地历史的任何标识符必须在收集 X 天后删除（X 值由卫生部门确定）
CON－6	不应进一步处理不同用户提交的接触记录。如：交叉关联，建立全球近距离地图
CON－7	必须尽量减少服务器日志中的数据，并且必须符合数据保护要求

9.2 仅在应用程序向服务器发送自己的标识符列表时才适用的原则：

ID－1	中央服务器必须收集确认感染 COVID－19 用户的应用程序所广播放的标识符，在用户自愿上报这些标识符的前提下
ID－2	中央服务器不得维护或传播携带病毒的用户的接触记录
ID－3	存储在中央服务器上的标识符一旦被分发到其他终端的应用程序后，就必须被删除
ID－4	除了被检测为阳性的用户主动与中央服务器共享其标识符外，任何数据都不能离开用户的设备，或者当用户向服务器提出请求以发现自己是否可能感染病毒时，任何数据都不能离开用户的设备
ID－5	必须尽量减少服务器日志中的数据，并且必须符合数据保护要求

（责任编辑：周　辉）

论对《网络安全法》第67条中“个人信息”的理解

方　禹

（中国信息通信研究院互联网法律研究中心主任）

内容摘要　《网络安全法》第67条中采用“概括+列举”的方式对个人信息做出了界定，但是操作性存在争议，如何对“包括但不限于”“结合”“识别”等用语进行界定，是需要进一步厘清的问题。本文结合个人信息保护的立法宗旨，以及文义分析，寻求有效划分个人信息和非个人信息界限的路径，从推动权利保护和产业发展平衡的角度，以实践运用场景为分析基础，确立《网络安全法》对个人信息的边界范围。

关键词　个人信息保护　定义　包括但不限于　识别

《网络安全法》第67条第五项规定：个人信息，是指以电子或者其他方式记录的能够单独或者与其他信息结合识别自然人个人身份的各种信息，包括但不限于自然人的姓名、出生日期、身份证号码、个人生物识别信息、住址、电话号码等。该定义明确了《网络安全法》中个人信息保护规则的调整范围。一般来说，“个人信息”的定义和具体规则是个人信息保护的关键，合理界定个人信息的范围是一部个人信息保护法规实施的根本。本文即探讨如何理解《网络安全法》第67条关于个人信息的定义，以寻求实施《网络安全法》有关个人信息保护规定的有效路径。

一　对《网络安全法》67条第五项的一般理解

从文义看，《网络安全法》第67条第5项可以拆分为“个人信息是指以电子或者其他方式记录的能够单独或者与其他信息结合识别自然人个人身份的各种信息”和“个人信息包括但不限于自然人的姓名、出生日期、身份证号码、个人生物识别信息、住址、电话号码等”。根据后半部分理解，“姓名、出生日期、身份证号码、个人生物识别信息、住址、电话号码等”都属于个人信息。列举出的这六种信息类型符合一般意义上对个人信息的理解。美国①、欧盟②、法国③、韩国④、日本⑤、俄罗斯⑥均采取了“概括＋列举”的界定方式，德国⑦、英国⑧、澳大利亚⑨、印度⑩、香港地区⑪、澳门地区⑫则采用了“直接概括”的界定方式。“直接概括”和“概括＋列举”两种方式符合国际上对“个人信息”进行界定的常见方式。不过具体看各国的界定，也并非一律将列举的信息类型完全纳入个人信息保护范围。美国1974年《隐私权法》中将个人信息界定为“指行政机关根据公民的姓名或其他标识记载的一项或一组信息。‘其他标识’包括别名、照片、指纹、音纹、社会保障号码、护照号码、汽车执照号码以及其他一切能够用于识别某一特定个人的标识。”根据该定义，个人信息是指“一项或一组信息”。由此推论，对于一组信息中的一项信息，不应当视为个人信息，否则就没有区分

① 美国1974年《隐私权法》。
② 欧盟2016年《通用数据保护条例》。
③ 法国1978年《信息技术、数据文件和公民自由法》。
④ 韩国2011年《个人信息保护法》。
⑤ 日本2003年《个人信息保护法》。
⑥ 俄罗斯1995年《联邦信息、信息化与信息保护法》。
⑦ 德国2009年修订《联邦数据保护法》。
⑧ 英国1998年《数据保护法》。
⑨ 澳大利亚1988年《联邦隐私法》。
⑩ 印度2019年《个人数据保护法（草案）》。
⑪ 香港1995年《个人资料（隐私）条例》。
⑫ 澳门2005年《个人资料保护法》。

“一项”和“一组”的必要了。

大多数国家对个人信息的列举范围都很宽泛，如欧盟规定“个人数据”是指与确定的或可识别的自然人（数据主体）相关的所有信息，法国规定“个人数据”指与能够被或可能被直接或间接识别的特定自然人相关的任何信息，巴西《通用数据保护法》直接将“个人数据”定义为“与已识别或者可以识别的自然人有关的信息”。虽然使用了“所有信息”“任何信息”等用词，但大多数国家的立法都有强调个人信息可识别性的态度，即通过相关信息能够直接或间接识别个人身份。比如，印度《个人数据保护法（草案）》中定义“个人数据”时，要考虑身份特征、特点、属性等，以能够直接或者间接识别自然人。

因此，对于个人信息定义的理解，不在于信息类型本身，而在于能够“特定化”自然人的身份。也就是说，单独的“住址”信息，并不直接构成个人信息，而是一项可能成为个人信息的信息类型。“住址”信息和“身份证号码”信息结合可以构成一项个人信息，因为可以识别出个人身份，但是其中的“住址”信息不直接构成个人信息。

二　具体对“包括但不限于”的理解

“包括但不限于”并非常用的立法词汇，主要见于合同条款，源自于英文的“including, but not limited to:”。从中文字面意思和英文意思理解，A 包括但不限于 B、C、D……意思是指至少包括 B、C、D，此外还可能包括 B、C、D 以外的其他项。《网络安全法》是唯一使用“包括但不限于”的法律。少数规范性文件中使用了这一词语，《全国人大常委会关于批准〈移动设备国际利益公约〉和〈移动设备国际利益公约关于航空器设备特定问题的议定书〉的决定》（2008 年 10 月 28 日第十一届全国人民代表大会常务委员会第五次会议通过），其中使用了“包括但不限于”①。行政法规中未发现使用“包括但不限于”的条款，只

① “一、对《公约》第三十九条第 1 款（a）项声明：依照中华人民共和国法律优先于有担保的债权人的全部非约定权利或者利益无须登记即可优先于已经登记的国际利益，包括但不限于破产费用和共益债务请求权，职工工资，产生于该民用航空器被抵押、质押或留置之前的税款，援救该民用航空器的报酬请求权，保管维护该民用航空器的必须费用请求权等。”

有国务院办公厅的一些文件中使用该词汇，如《国务院办公厅关于印发“互联网+政务服务”技术体系建设指南的通知》，《国务院办公厅关于印发地方政府性债务风险应急处置预案的通知》，《国务院关于“先照后证”改革后加强事中事后监管的意见》等。司法解释中有一些使用了“包括但不限于”，如《最高人民法院关于认真做好网络司法拍卖与网络司法变卖衔接工作的通知》中，“变卖公告应当包括但不限于变卖财产、变卖价、变卖期、变卖期开始时间、变卖流程、保证金数额、加价幅度等内容……”；《最高人民法院、最高人民检察院、公安部印发〈关于办理刑事案件收集提取和审查判断电子数据若干问题的规定〉的通知》中，“电子数据包括但不限于下列信息、电子文件：（一）网页、博客、微博客、朋友圈、贴吧、网盘等网络平台发布的信息；（二）手机短信、电子邮件、即时通信、通讯群组等网络应用服务的通信信息；（三）用户注册信息、身份认证信息、电子交易记录、通信记录、登录日志等信息；（四）文档、图片、音视频、数字证书、计算机程序等电子文件。”此外，包括但不限于在部门规章中也有使用，如《证券登记结算管理办法》（中国证券监督管理委员会令第29号，根据2017年12月7日中国证券监督管理委员会《关于修改〈证券登记结算管理办法〉等七部规章的决定》修改）中，“证券登记结算机构应当制定和公布证券交易、托管与结算协议中与证券登记结算业务有关的必备条款。必备条款应当包括但不限于以下内容：……”①

通过既有的一些规定来分析，“包括但不限于”前后部分的内容应

① 《证券登记结算管理办法》第36条：投资者买卖证券，应当与证券公司签订证券交易、托管与结算协议。

证券登记结算机构应当制定和公布证券交易、托管与结算协议中与证券登记结算业务有关的必备条款。必备条款应当包括但不限于以下内容：

（一）证券公司根据客户的委托，按照证券交易规则提出交易申报，根据成交结果完成其与客户的证券和资金的交收，并承担相应的交收责任；客户应当同意集中交易结束后，由证券公司委托证券登记结算机构办理其证券账户与证券公司证券交收账户之间的证券划付；

（二）实行质押式回购交易的，投资者和证券公司应当按照业务规则的规定向证券登记结算机构提交用于回购的质押券。投资者和证券公司之间债权债务关系不影响证券登记结算机构按照业务规则对证券公司提交的质押券行使质押权；

（三）客户出现资金交收违约时，证券公司可以委托证券登记结算机构将客户净买入证券划付到其证券处置账户内，并要求客户在约定期限内补足资金。客户出现证券交收违约时，证券公司可以将相当于证券交收违约金额的资金暂不划付给该客户。

该属于等同的状态，如法明传［2017］455号中，“变卖财产、变卖价、变卖期、变卖期开始时间、变卖流程、保证金数额、加价幅度”等均为“变卖公告”的必备内容；《关于办理刑事案件收集提取和审查判断电子数据若干问题的规定》中，（一）（二）（三）（四）所列信息、电子文件，均为“电子数据”的具体表现形式。按照这种理解对《网络安全法》第七十六条第五项进行解释，“自然人的姓名、出生日期、身份证号码、个人生物识别信息、住址、电话号码等”，应当等同于“以电子或者其他方式记录的能够单独或者与其他信息结合识别自然人个人身份的各种信息”。那么“自然人的姓名、出生日期、身份证号码、个人生物识别信息、住址、电话号码等”应当能够同时符合“以电子或者其他方式记录的能够单独识别自然人个人身份的个人信息”和“以电子或者其他方式记录的能够与其他信息结合识别自然人个人身份的各种信息”。严格来说，《网络安全法》第67条第五项列举的这六种信息，只有姓名能够“单独识别自然人个人身份”[①]。其他五种信息均需与其他信息结合才能识别个人身份。欧盟实践中，将手机号码、社会保障号码等都视为间接识别自然人身份的数据，因为仅仅通过手机号码或者社会保障号码，无法识别出一个自然人的身份。

结合“包括但不限于”的语义分析，以及《网络安全法》所列举的个人信息类型的实际效果来看，如果将《网络安全法》第七十六条第五项所列举的信息类型全部视为个人信息，与“能够识别自然人个人身份”的界定就存在匹配性的问题，实际上扩大了《网络安全法》本应规范的“个人信息”的范围。

三　具体对“结合”的理解

“结合”一词是《网络安全法》第七十六条第五项中个人信息定义的关键要素之一。“单独能够识别自然人身份的各种信息”比较好理解，单一类型的信息可以直接识别出自然人身份。而“结合能够识别自然人

① 即便是身份证号码，也仅限于特定主体才能识别个人身份。

身份的各种信息”就存在理解的空间，两个及两个以上的信息结合构成的个人信息，其中单项的信息是否是个人信息？如果说个人信息界定的目标是保证信息本身的可控性和安全性，那么单项的信息均应视为个人信息。如果说个人信息界定的目标是保证目标自然人身份的可控性和安全性，那么单项信息就不应视为个人信息。正如前述的例子，单独“住址”信息和单独“身份证号码”信息都不能识别个人身份，只有进行结合以后，“身份证号码 + 住址”才构成一项个人信息。

两种理解都符合字面意思，但是采用后者的理解，具有现实的意义。把单独不能识别自然人身份的信息划在个人信息范围以外，能够促进对信息的开发和利用。数字经济时代，数据的价值都是围绕人展开，有价值的信息往往都与个人相关。以前者的理解，会使得“与个人相关的信息”都成为个人信息，因为不论何种类型的个人信息，经过一定的结合都能识别个人身份。极端地说，任何一种类型的信息，与姓名信息或者身份证信息结合，都可以识别出个人身份，这样就导致几乎所有的信息都成为个人信息。有可能泛化个人信息保护的范围，增加保护成本，也未必符合个人信息保护的初衷。然而以后者的理解，结合适当的制度设计，能够更为精确地划定个人信息保护范围，合理界定个人信息的定义，更有利于实现个人信息保护的目标。韩国《个人信息保护法》① 中就规定，与其他信息进行简单结合后特定个人即可得以识别的信息属于个人信息。其中对“结合”进行了限定，即“简单结合”。美国加州《消费者隐私保护法案》(CCPA)② 修订过程中在定义里增加了“合理地”表述，将“能够识别”改变为“能够合理地识别”，以限缩个人信息定义的范围，修改后其定义更为科学。

《网络安全法》中没有对“敏感个人信息”的界定，但实践中对个人信息作敏感性和非敏感性的划分，可以作为对“结合”的衍生理解。

---

① 文案见 http：//www. law. go. kr/LSW/lsSc. do？ menuId = 0&p1 = &subMenu = 1&nwYn = 1&section = &tabNo = &query = % EA% B0% 9C% EC% 9D% B8% EC% A0% 95% EB% B3% B4% 20% EB% B3% B4% ED% 98% B8% EB% B2% 95#undefined.

② 文案见 http：//leginfo. legislature. ca. gov/faces/codes_ displayText. xhtml？ lawCode = CIV&division = 3. &title = 1. 81. 5. &part = 4. &chapter = &article = 。

信息结合的过程中，有些信息具有强识别性，一旦与其他信息结合后能够有效识别自然人身份，比如姓名，考虑到重名的情况，仅仅一项姓名信息，脱离熟人环境之后，并不能直接识别自然人身份，然而姓名信息一旦与其他信息结合，如家庭住址、手机号码、就职单位等，就具有了高识别性，相对敏感性较高。其他一些信息具有弱识别性，简单与其他信息结合后未必能够马上识别自然人身份，比如位置信息、账号密码等，即使与其他信息进行结合，也不能有效地识别出自然人身份，相对敏感性就不高，即便这些信息具有主观上的敏感性。对此，《信息安全技术　个人信息安全规范》（GB/T 35273—2020）中对“个人敏感信息”进行了界定，是指“一旦泄露、非法提供或滥用可能危害人身和财产安全，极易导致个人名誉、身心健康受到损害或歧视性待遇等的个人信息”[①]，采取了结果导向的判断标准。这一定义与此前版本（GB/T 35273 2017）相比并无变化，可以理解为实践中取得了一致的认识。一般来说，具有高识别性的信息，结合识别效率高，容易给自然人造成名誉、身心健康等方面的困扰。但是敏感性高的信息未必具有高识别性，以结果为导向判断敏感性。由此反诸《网络安全法》，之所以没有区分敏感个人信息和一般个人信息，可能是因为《网络安全法》定义个人信息的基础是“可识别性”，而非“敏感性”。因此，实践中对信息进行是否属于个人信息的判定，以结合性强弱为标准更为合适。

“结合”的方式应该适用于何种主体范围，也值得探讨。假定一个实践的场景，电信和互联网诈骗之泛滥愈发激烈，诈骗形式不断翻新，手段趋于隐蔽。传统监管手段应付新型诈骗往往效率不高，通过运营商和银行之间的合作，提供了一种解决思路，运营商基于电信服务掌握用户的位置信息，银行基于金融服务掌握用户的手机号码信息，当用户通过 ATM 机操作取款时，银行将该用户的手机号码信息发送给运营商，运营商反馈位置信息给银行，银行将用户位置信息与 ATM 机所在位置进行匹配，如果匹配不一致，就可以推定存在盗刷的行为。此举能够有

① 《信息安全技术个人信息安全规范》第 3.2 条。

效应对盗刷行为，但是产生了数据使用的合规问题。单独的手机号码信息或者单独的位置信息，都不足以识别用户身份，但是两项信息进行结合以后就有可能识别用户的身份。虽然运营商和银行都不可能只掌握用户的一项信息，但是如果我们在理想前提下做分析，运营商只掌握位置信息，银行只掌握手机号码信息，两者都是《网络安全法》框架下的“网络运营者”，那么各自均未收集和使用《网络安全法》意义下的个人信息。然而，两个网络运营者进行信息结合之后，形成了一项可以识别的个人信息，也就是《网络安全法》所规范的个人信息。这种场景下的个人信息是否是《网络安全法》所规范的对象，履行义务的主体应当是哪一个网络运营者呢？从法理上说，只有刑事法律体系中存在共同犯罪主体的情形，《网络安全法》对网络运营者的规范，不适宜引入共同主体的概念。从《网络安全法》第四章“网络信息安全”的立法逻辑来看，“网络运营者不得泄露、篡改、毁损其收集的个人信息；未经被收集者同意，不得向他人提供个人信息……”①，“任何个人和组织……不得非法出售或者非法向他人提供个人信息。”②，个人信息控制主体③对其掌握的个人信息负有保管义务，不得非法转移给他人。因此，网络运营者应当指独立的主体，信息“结合”的场景只适用于独立的网络运营者，而不适用于不同的网络运营者之间。2020 年疫情防控期间，这一情况更为典型。比如，铁路系统发现某涉疫情防控人员，铁路系统掌握其手机号码信息，而运营商基于该手机号码可以找到其行踪轨迹信息。单独的“手机号码”或者“行踪轨迹”都不足以识别单个自然人的身份信息，但是结合后可以识别自然人身份信息。而结合后所产生的信息对于疫情防控具有重要作用。

再进一步探讨，即便是单个的网络运营者内部，也存在信息隔绝的可能。我们做一个理想模型的假设，同一网络运营者内部设有不同的业务线，每个业务线掌握不同类型的信息，单独的信息无法识别自然人身份。该网络运营者实行严格的内部管理，业务线之间严格禁止信息流转，彼此

---

① 《网络安全法》第 42 条第 1 款。

② 《网络安全法》第 44 条。

③ 《网络安全法》框架下，包括网络运营者以及任何个人和组织。

相互独立。此种情形下，该网络运营者所掌握的不同类型信息，经过结合后可以识别自然人身份，成为《网络安全法》语境下的个人信息。然而由于信息的内部隔绝，使得结合无法发生，那么是否仍然认为该网络运营者掌握了个人信息呢？虽然只是理论探讨，但也具备实践意义。比如，很多互联网企业都有复杂的体系架构，涉及众多的关联方公司（有可能实际处于同一集团控制之下），不同关联方掌握不同的信息类型，但是一般公众认为，关联方之间并无信息共享的障碍。而实际上，这些关联方之间往往采取严格的限制，来避免不同关联方之间的数据转移。

随着技术发展和监管手段的完善，未来有可能通过标准制定和认证体系来证明同一网络运营者能够实现内部的信息隔绝，确保信息的结合行为不会发生。这无疑又会形成对《网络安全法》第七十六条第五项个人信息定义的挑战。同一网络运营者分散收集信息，但不进行结合，个人信息的构成要件发生缺失，此类活动理论上就不需要纳入《网络安全法》的监管框架。

四　具体对“识别”的理解

有学者指出识别自然人身份有主观说和客观说两种主张①。笔者认为，识别具有更强的主观性，身份属于自然人的社会属性，区别于自然属性，难以量化标准来评判。身份是社会活动中对自然人的标签化，反映了其他社会主体对该自然人的认识。需要注意的是，《网络安全法》中所指的身份应以狭义理解，即能够特定化自然人的身份信息，而非职业信息等统计概念的信息。例如，某个自然人是老师，其中的“老师”能够明确这个自然人的职业身份是老师，但是无法确定具体的自然人个体。反之，有一个老师叫张三，就属于个人信息，因为能够特定化到张三这个自然人。

网络运营者能够识别自然人身份的能力需要普适性的一般标准，但

① 韩旭志：《个人信息概念的法教义学分析——以〈网络安全法〉第76条第5款为中心》，《重庆大学学报》（社会科学版）2018年第2期。

是基于不同网络运营者的技术能力高低不同、业务类型不同、业务覆盖面不同，会影响其识别能力，例如大型企业较之中小型企业，具有更高的技术水平；金融服务类等企业较之普通生活服务类企业，更有可能取得识别性较高的信息；业务范围较广的企业能够收集更大规模的信息，更容易通过信息结合、分析识别自然人身份。然而，这些因素都是在动态变化，制定出宽严适中、普世通用、长久有效的标准，难度很大。

对此有两种解决方案，一个是相应地动态制定标准或指南作为法规配套，另一个是通过注意义务来进行具体裁量。《网络安全法》中对"个人信息"进行界定时使用的词语是"能够"，而参考《网络安全法》中对"关键信息基础设施"的界定，"一旦遭到破坏、丧失功能或者数据泄露，可能严重危害国家安全、国计民生、公共利益的"，[①] 使用的词语是"可能"。对比来看，"可能"的注意义务似乎要高于"能够"。同一部立法中，对不同的界定采用不同的词语，是值得注意的。对于关键信息基础设施，义务主体的注意义务较高，即使没有直接、现实的威胁，也应纳入调整范围。而"个人信息"的识别，则应该是直接、显然能够实现的。因此，可以推论，适用《网络安全法》规定时，个人信息保护的义务主体的注意义务相对较低，"可能"识别自然人身份的信息，也不应视为个人信息。

五　对个人信息保护合理目标的考量

个人信息旨在保护人，而非信息本身。[②] 无论是《网络安全法》框架下的个人信息保护，还是未来制定《个人信息保护法》，个人信息保护的目标是什么？国际上，个人信息保护立法大致有两种思路，一种是以美国为代表的侧重产业发展的分散立法模式，强调数据的自由流动，同时通过消费者权益保护来实现个人信息保护。另一种是以欧盟为代表的侧重权利保护的统一立法模式，大多数国家都采用了类似方法，强调

---

① 《网络安全法》第31条。

② 范为：《大数据时代个人信息定义的再审视》，《信息安全与通信保密》2016年第10期。

用户对个人信息的控制权来实现个人信息保护。不过即便是欧盟的个人信息保护立法中，也强调了数据自由流动的重要性，欧盟 1995 年出台的数据保护指令被简称为《数据保护指令》或欧盟 95 指令，而其全称是《欧洲议会和欧盟理事会关于涉及个人数据处理的个人保护以及此类数据自由流动的指令》[①]，从标题全称中可以看出“数据安全”不是该指令的唯一目标。2016 年欧盟出台的《通用数据保护指令》[②]，被视为一部严格保护个人信息的立法文件，而在 GDPR 的前言部分，关键词“自由流动”（free flow）出现了很多次。GDPR 在前言中具体指出，个人信息保护是一项基本权利，但是并非绝对权利，需要结合个人信息本身在社会活动中的作用来实施对其保护。欧盟始终在致力于建设内部单一市场（internal market）。欧盟 95 指令的出台，就是旨在协调个人信息保护与欧盟成员国之间个人信息自由流动之间的关系。科技的发展改变了经济生活和社会生活，因此 GDPR 有必要在打造高水平个人信息保护环境的同时，进一步促进个人信息跨境自由流动。GDPR 之所以在欧盟 95 指令的基础上进一步构建强壮、持续的个人信息保护体系，就是要明确构建信任（trust）基础的重要性，以促进欧盟内部市场的数字经济（digital）发展。

由此可见，权利保护并非唯一的个人信息保护目的。平衡数据自由流动和个人权利保护是个人信息保护的双重立法目标。过度强调权利保护的个人信息保护法规，虽然能够在一定程度上提升个人信息保护水平，用户对自身数据的控制权将大为提高，产生权利保护侧的积极效果。但是在整体数字经济发展环境下，未必会形成良好的长期效果。数据是数字经济发展的基本要素，严苛的数据保护规则，无疑会影响对数据的挖掘和利用，产业和技术发展都会受到限制。特别是由于 GDPR 的合规成本过高，作为创新主力军的中小企业，可能会大受影响。用户侧

① Directive 95/46/EC of the European Parliament and of the Council of 24 October 1995 on the protection of individuals with regard to the processing of personal data and on the free movement of such data.

② Regulation（EU）2016 of the European Parliament and of the Council of on the protection of natural persons with regard to the processing of personal data and on the free movement of such data, and repealing Directive 95/46/EC（General Data Protection Regulation）.

的长期影响也是存在的，互联网服务往往以免费为主要模式，用户让渡的是自己的数据。互联网企业通过获取、挖掘数据来实现经济补偿和收益。企业面对高代价的违规成本，或许不得不调整免费服务的模式，转向收费服务模式。

《网络安全法》中也同样规定国家保障网络信息依法有序自由流动[①]。个人信息保护的制度设计应当同时符合产业发展和权利保护的需要，实现双重立法宗旨。建立个人信息保护法律制度，关键是确定两点：一是个人信息的范围，另一个是具体保护规则。个人信息的范围可宽可窄，具体保护规则可松可严。如果要兼顾双重立法目标，逻辑上就应当对两个关键因素进行合理匹配，较宽的个人信息范围适用宽松的保护规则，较窄的个人信息范围适用严格的保护规则。如果已经建立了较为严格的保护规则，就应该缩窄个人信息的范围，从而有利于双重目标的实现。笔者认为，以“用户同意”为基础的个人信息保护法规往往偏严。数字经济时代，数据的收集和使用已经成为经济生活的常态活动，过于强调用户的授权，往往会抑制产业发展的活力，以免费服务为基础的互联网业态，在严格适用用户同意规则时，可能大幅提高合规成本。在特定场景下，甚至导致法的实施面临现实困难。《网络安全法》中规定“网络运营者收集、使用个人信息，应当……明示收集、使用信息的目的、方式和范围，并经被收集者同意”[②]，确立了“用户同意”的制度基础。按照前述的匹配逻辑，适用较窄的个人信息范围更为合适。

六　对个人信息与非个人信息界限的考量

个人信息保护的对象是个人信息。个人信息适用相对较严的保护规则，同时也要促进其合理流动。而非个人信息自然就应当完全自由流动，不适用个人信息保护规则。欧盟 GDPR 在引言中指出：匿名化数据不属于个人数据，因此无须适用条例的相关要求，机构可以自由地处理

---

① 《网络安全法》第 12 条。

② 《网络安全法》第 41 条。

匿名化数据。欧洲议会、理事会和欧盟委员会于2018年6月达成一项政治协议①，允许非个人数据在欧盟成员国内各处进行存储和处理，而不受不合理的限制。这是一个简单的法律逻辑，只有符合个人信息定义的信息才是个人信息，才应当被纳入个人信息保护法律框架，不能被界定为个人信息的信息就不属于个人信息保护法规的调整范围。

包括欧盟在内，各国法规中并未对“非个人信息”作出界定，如何划定“个人信息”与“非个人信息”成为了实践中的难题。实际上，个人信息与非个人信息的划分具有模糊性，二者之间可以相互转换②。由行业组织制定行业指南或者个人信息控制主体制定行为准则，并经个人信息保护主管机构认可实施，实现“统一规则＋动态认定”，才是确定个人信息与非个人信息边界的思路之一。

七　结论

《网络安全法》第67条第五项中的“个人信息”的定义，应当理解为并列包含的关系，包括两种情形，一是个人信息是指以电子或者其他方式记录的能够单独识别自然人个人身份的各种信息，包括但不限于……（假定该处列举信息集为A）；二是个人信息是指以电子或者其他方式记录的能够与其他信息结合识别自然人个人身份的各种信息，包括但不限于……（假定该处列举信息集为B）。A集和B集结合构成第七十六条中的“自然人的姓名、出生日期、身份证件号码、个人生物识别信息、住址、电话号码等”。

A集全部是个人信息。B集中单一的信息不属于个人信息，至少两个以上信息结合后形成的信息才成为个人信息。A集范围较窄，通过单一信息就能识别自然人身份的信息比较有限，严格意义上来说，只有身份证件号码信息，在多数规定中都已经被列举为个人信息。B集范围较宽，但B集中的信息并不具有个人信息的应然性，而是要根据结合、识

① http://europa.eu/rapid/press-release_IP-18-4227_en.htm，最后访问时间：2018年6月20日。
② 高富平：《数据流通理论——数据资源去案例配置的基础》，《中外法学》2019年第6期。

别的情况来认定其是否符合个人信息定义的构成要件。从而，通过 A 集和 B 集的拆分，能够在实践层面缩小个人信息的范围，以匹配《网络安全法》有关个人信息保护规则的严格程度。其中，对 B 集中的信息建立科学的界定规则，有效划分个人信息与非个人信息的范围，是《网络安全法》有关个人信息保护的规定得以合理实施的重点。

对于 B 集中的信息的进一步界定，需要综合考虑“结合”和“识别”的构成要素，根据信息本身的识别性强弱，来建立区分个人信息和非个人信息的判断标准。这种标准应当具备行业属性，由行业组织或企业联合提出，经监管部门认可或指导，形成统一共识，成为守法的具体依据和执法的有效参考。这种标准同时也应当具有动态调整性，根据业务发展的变化、技术发展的更替来适时进行修订完善，不断适应产业发展和权利保护的需要。

下一步制定《个人信息保护法》，可对“个人信息”的定义做进一步明确，规定为：个人信息是指以电子或者其他方式记录的能够单独识别特定自然人身份的信息，或者能够通过简单结合后识别特定自然人身份的信息集。将“结合”的情形由“信息”改为“信息集”，以更明确定义的范围，从而使得该定义更强调个人信息的识别性，以能否有效识别为基础来界定个人信息的范围。

（责任编辑：周　辉）

Network Supervision and Network Governance

网络监管与网络治理

网络治理中的平台责任：类型化的困境及展开*

孙益武

（杭州师范大学沈钧儒法学院副教授）

内容摘要 互联网平台经济成为生产力新的组织方式，传统的网络平台仅仅提供信息中介和交易撮合服务的线上市场。随着网络经济的发展，平台有关的新行业、新产品和新服务层出不穷，法律无法对平台做出穷尽且准确的界定和分类。平台责任与平台类型密切相关，不同类型平台的预见能力和控制能力差异巨大，平台管控能力的大小决定着法律责任。在网络安全保障义务的视角下，每个网络平台都有确保网络安全的“主体责任”。在平台类型不确定的情况下，适用于内容平台的“通知删除规则”应当修订为适用于所有平台的“通知—必要措施规则”；“必要措施”因平台类型、平台控制能力等因素而有所差别。

关键词 网络治理 平台责任 主体责任 通知删除规则 避风港

---

* 基金项目：本文系国家社科基金项目“个人信息跨境流动的法律规制研究”（19BFX203）的阶段性研究成果。

一 引言

作为网络流量的聚集地，网络平台的人气效应超过传统的线下市场。网络平台作为数字经济中的核心要素，决定着数据的收集和使用，左右交易关系的成立和撤销，决定人流、物流和资金流的走向，各种网络应用通过平台相互捆绑，例如通过网络直播平台来销售货物。无论是网络应用的正向效应还是负面效应都通过网络平台加以放大，“网络效应”在网络平台中体现得更加彻底。无论是接入服务、内容服务或垂直应用，平台本质上是第三方提供的一种网络服务；但平台不再是网络服务提供者（ISP）或网络内容提供者（ICP）的简单定位。

由于网络应用普及程度、网络产业或平台经济发展阶段不同，各国经济制度和法律传统存在差异，法律对平台设定的具体规则有所不同，特别是当平台自身没有违反法律的禁止性规则，而是平台的用户侵害第三方权利或违反法律时，平台是否承担责任、承担何种责任；这些成为网络治理中平台承担间接侵权责任的核心问题。由于类型思维比概念界定更贴近社会生活的复杂性和变动性，因此，对平台依据一定标准进行类型化区分，能够更加直观地理解平台的涵摄面，避免单纯概念的泛化，准备界定不同类型平台的法律责任奠定基础。

二 平台类型化与责任确定之困境

（一）平台的分类

目前，并没有一个关于平台分类的权威标准。在人流聚集、信息交流和交易撮合方面，平台①类似于线下的集市和市场；本文未将“平

① Techopedia 从技术的角度，将平台界定为供其他程序、流程、技术在此基础上进行开发的一组技术（group of technologies），因此，如我们常说的安卓平台、谷歌平台或微信平台。

台”严格界定，它与“网络服务提供者”[①] 可互换使用，既包括提供网络交流的场所，也包括网络应用或服务所需要的环境或条件。

1. 技术和应用视角下的平台分类

根据平台所依赖的基础技术服务，平台服务可分为自动接入、自动传输、自动缓存、信息存储空间、搜索链接等服务。如果依据“信息来源”或“信息通道”的二分法，又可将平台分为信源服务提供者和信道服务提供者。

根据 CNNIC 的分类统计，主要网络应用包括即时通信、搜索引擎、网络信闻、网络视频、网络购物、网上支付、网络音乐、网络游戏、网络文学、网上银行、旅行预订、网上订外卖、网络直播、微博、网约专车或快车、网约出租车、在线教育、互联网理财、短视频等 19 个类型[②]。

根据中央网信办的规制对象来分，网络平台或网络服务提供者可以分为区块链信息服务提供者、互联网域名服务提供者、互联网新闻信息服务提供者、网络出版服务提供者、金融信息服务提供者、微博客信息服务提供者、互联网用户公众账号信息服务提供者、互联网群组信息服务提供者、互联网跟帖评论服务提供者、互联网论坛社区服务提供者、互联网直播服务提供者、移动互联网应用程序信息服务提供者、互联网信息搜索服务提供者等。

2. 制定法规范中的平台分类

在我国已有制定法规范中，《网络安全法》采用了“网络运营者”的概念来对应“平台”，包括网络的所有者、管理者和网络服务提供者。从网络安全保障重要性的角度，网络运营者又可细分为关键信息基础设施的运营者和非关键信息基础设施的运营者。除“网络运营者”之外，《网络安全法》中还有“网络产品、服务的提供者”的

① “网络服务提供者”概念在我国最早出现在 2000 年《关于审理涉及计算机网络著作权纠纷案件适用法律若干问题的解释》，后又出现在 2006 年《信息网络传播保护条例》、2010 年《侵权责任法》，而 2017 年《网络安全法》使用了“网络运营者”的概念。

② 中国互联网络信息中心：第 44 次《中国互联网络发展状况统计报告》，http：//www. cnnic. net. cn/hlwfzyj/hlwxzbg/hlwtjbg/201908/t20190830_ 70800. htm。

概念，从字面含义来看，二者之间存在一定的重叠关系。

《电子商务法》将通过互联网等信息网络从事销售商品或者提供服务的经营活动的自然人、法人和非法人组织界定为“电子商务经营者”，其中又包括“电子商务平台经营者”和“平台内经营者”。再如2018 年修订的《食品安全法》规定了“网络食品交易第三方平台提供者”。此外，提及“平台”或“网络交易平台”的法律还有《广告法》[①]、《野生动物保护法》[②] 和《慈善法》[③] 等。

3. 域外的平台分类

在境外的分类中，欧盟立法将以商业营利性为目的的信息社会服务[④]分为：具有互动功能的特需服务、具有互动功能的电子出版服务、电子邮件服务、网络空间租占使用服务和具有互动功能的网络电视服务。欧盟《电子商务指令》对网络服务中间商（平台）的责任也做了类型化规定，该指令第 12 条、第 13 条、第 14 条分别规定了“纯粹传输服务”“缓存服务”“宿主服务”三种类型。

根据美国《数字千禧年版权法》（DMCA）第 512 条，网络服务包括：“暂时数字网络通讯”“系统缓存”“根据用户指示在系统或网络中存储信息”和“信息定位工具”等四类。

综上，平台分类主要采取了服务类型标准，即根据其提供的服务类型的差异，而在抽象概念之下分出网络接入、网络存储、网络信息定位服务者等类型。而根据服务对象进行类型化，平台分成为自己信息提供服务和为他人信息提供服务。根据体系的开放性又可分类开放平台和封闭平台，区别在于是否开启与组织私密性或社会性交往。

---

① 2018 年《广告法》第 45 条：“公共场所的管理者或者电信业务经营者、互联网信息服务提供者对其明知或者应知的利用其场所或者信息传输、发布平台发送、发布违法广告的，应当予以制止。”

② 2018 年《野生动物保护法》第 32 条：“禁止网络交易平台、商品交易市场等交易场所，为违法出售、购买、利用野生动物及其制品或者禁止使用的猎捕工具提供交易服务。”

③ 2016 年《慈善法》第 27 条：“广播、电视、报刊以及网络服务提供者、电信运营商，应当对利用其平台开展公开募捐的慈善组织的登记证书、公开募捐资格证书进行验证。”

④ DIRECTIVE 98/48/EC OF THE EUROPEAN PARLIAMENT AND OF THE COUNCIL of 20 July 1998 amending Directive 98/34/EC laying down a procedure for the provision of information in the field of technical standards and regulations.

（二）平台类型化与司法实践

平台服务类型的准确界定有助于确定平台责任；不同类型的平台，其预见能力和控制能力差异巨大，不同平台对平台内交易者或参与者的管控能力和介入程度截然不同。随着云计算和区块链技术的发展，平台及其服务的类型难以按照传统的技术分类加以回应。换言之，技术必然走在法律前面，任何试图将平台的技术服务类型准确写在法条中的努力注定是失败的。

最近出现的两个案例较好地说明平台网络服务分类的短视与滞后。在微信小程序著作权侵权案中，杭州互联网法院认为，提供网络自动接入或自动传输服务的基础性网络服务提供者通常无法审查用户上传内容，对侵权内容的判断识别能力很弱，甚至无法准确地删除侵权内容或者切断与侵权内容有关的网络服务，其服务具有无差别技术性和被动性等属性。[①] 在云存储服务著作权侵权案中，北京知识产权法院认为，云服务器租赁服务也不同于《信息网络传播权保护条例》规定的自动接入、自动传输和自动缓存服务。阿里云公司提供的是云服务器租赁服务，其对云服务器中运行的软件系统和存储的具体信息内容无法直接进行控制，在技术上不能针对具体信息内容采取“删除、屏蔽、断开链接”的措施。基于云服务器租赁服务的技术特点，阿里云公司所能采取的与“删除、屏蔽、断开链接”相同效果的措施是“关停服务器”或“强行删除服务器内全部数据”。[②]

不仅是平台基础性网络服务的类型存在差异化，应用场景和主张权利不同也会影响法律责任的判定。如果主张权利的请求权基础不同，网络服务提供者的技术能力、监管责任、对侵权行为的知晓程度、对侵权行为所能采取的措施等也应不同。因此，云计算和小程序等基础性网络服务属于纯粹意义的自动接入或自动传输服务提供者，不承担侵权责任，无法依据《信息网络传播权保护条例》适用“通知删除”规则。

---

① 杭州刀豆网络科技有限公司诉长沙百赞网络科技有限公司、深圳市腾讯计算机系统有限公司侵害作品信息网络传播权纠纷一审民事判决书（杭州互联网法院 2018 浙 0192 民初 7184 号）。

② 阿里云计算有限公司与北京乐动卓越科技有限公司侵害作品信息网络传播权纠纷二审民事判决书（北京知识产权法院（2017）京 73 民终 1194 号）。

由于实施“删除”措施的前提是平台能够准确定位侵权信息所在，“通知删除”规则只能适用于能够判断特定内容是否侵权且可以及时有效遏制侵权行为的信息存储空间或者搜索、链接服务的网络服务提供者，“删除”的对象为存储于网络平台的侵权内容和侵权内容链接，而不是具体的侵权用户或链接所指向的侵权网站。

无论平台功能和能力如何变化，平台的根本性质仍然在于提供链接，因此不能让平台超出合理的注意义务，代替平台上海量第三方的行为承担民事责任，这是平台发展的底线。①

（三）平台类型化与责任源起

在技术发展的初期，交互式电脑服务等互联网技术更接近于电话、电报等通讯公司所提供的电信基础服务；因为它们对其传送的内容不施加控制权，且以无差别地服务所有顾客为宗旨。从这个角度来说，狭义的网络服务提供者（ISP）提供作为信息通道的网络接入服务，而非作为信息来源的网络内容提供者（ICP）。一般来说，信道对信息内容侵权完全免责，并且也无法定义务监控网络信息。

美国《通讯规范法》便源起于“通讯技术中立”的普适价值。为促进网络等通讯科技的发展，《通讯规范法》规定网络服务提供者对用户创作内容不承担责任，即便是在用户匿名发布造成侵犯他人权利的场景中。

《通讯规范法》第 230 条 C 款标题为“保护阻断和屏蔽有害材料的‘善良撒玛利亚人’”（Protection for ‘Good Samaritan’ blocking and screening of offensive material)。《通讯规范法》对于 ISP 基于善良管理人角色进行自我规制的手段与结果不承担责任；换言之，ISP 有权主动对淫秽、淫荡、肮脏、过度暴力、骚扰或其他令人不快的内容采取阻断或屏蔽措施，而不论这些内容是否受到宪法保护。因此，即便网络服务提供者的管理措施有可能侵犯他人的著作权或言论自由，依然可以得到免责。同时，如果 ISP 采取行动促使 ICP 利用技术措施限制有害材料的访问，也应得到免责。

---

① 周汉华：《正确认识平台法律责任》，《学习时报》2019 年 8 月 7 日。

同时，《通讯规范法》重申 ISP 不得被视为“出版商”（publisher）或“演讲者”（speaker），后者有机会主动编辑、控制与选择出版传播的内容。因此，《通讯规范法》为网络服务供给者主动规制平台违法内容提供了安全港（safe harbor），且不用遵守“通知删除”规则。

尽管后来《通讯规范法》在个案中被认定为违反美国《宪法》第一修正案被判定违宪而无效；但其对网络规制的基本理念被后来的立法所承继，包括后来的《儿童在线保护法》（COPA）、《儿童在线隐私保护法》（COPPA）和《数字千禧年版权法》（DMCA）。

1998 年美国《数字千禧年版权法》（DMCA）为提供接入、传输、缓存、信息定位等服务的网络服务提供者规定了免责条件；如果网络服务供给者对信息内容不知情，并在接到满足法定格式的权利人通知后，立即采取措施删除、屏蔽、断开相关侵权信息或链接；网络服务提供者不用承担责任。针对提供信息存储与定位这两类网络服务提供者，DMCA 规定了替代侵权责任；当网络服务提供者有权利及能力监督侵权者与侵权行为，且从侵权行为获有直接利益时，应当承担责任。

从防范一般意义上的有害内容到阻击对受版权保护内容的侵害，《通讯规范法》和《数字千禧年版权法》所设定的免责适用对象和条件都发生了变化。其原因之一在于，随着技术的发展，网络服务供应商的分类更加精细；根据具体的应用场景设定合适的法律责任，其本质上是考虑到该网络服务的技术特征和对承载内容的控制程度。原因之二在于私益与公益的差异。知识产权是私权，侵害知识产权的事后救济侧重于减少侵权危害和影响，在技术上平台如果能做到定点清除，将侵权危害控制在有限的范围之内，那么法律效果和社会效果俱佳。而色情和暴力等有害信息，其影响面更广，涉及不特定的网络群体，特别是可能对未成年人产生较大负面影响。因此，对有害内容的阻击更加侧重于有效地预防和控制。在我国《网络安全法》等规范中，从保障网络信息安全的角度，阻击有害内容已经被设定为平台的法定义务。在微信小程序案中，一审承办法官用一段话来回应知识产权保护和有害信息清除二者之间的不同责任：“对于色情、恐怖、赌博等明显违法信息应进行主动审查，……禁止发布或者传输的信息，应当采取技术可行的必要措施……”①

三 平台治理的主体责任与民事责任

在《网络安全法》中并没有“主体责任”的表述，而在网信办的规范性文件中，有些条款中有“主体责任”的提法。② 不同类型的平台需要承担哪些主体责任、主体责任与民事责任的关系又如何，本节内容尝试作出回答。

（一）平台的主体责任与法定义务

我国《网络安全法》对“网络安全”作狭义的解释，包括网络运行安全和网络信息安全。在国家总体安全观视角下，网络安全关系到国家安全中的政治安全、经济安全、文化安全、信息安全等方方面面。从这个意义来说，每个网络服务提供者都有确保网络安全的“主体责任”。

在法律语境下，“主体责任”的表述存在歧义，可以被理解为“法律主体的责任”、“主体承担责任”、“主体承担法律责任”等。有学者将主体责任界定为：主体（个人或群体）对自身在社会中所扮演的不同社会角色以及对自身行为的后果所承担的职责和义务。③ 也有学者将互联网领域的主体责任理解为：网站在内容管理中承担主体责任，监管部门的监管职责则从“管内容”转变为“管主体”，并以此构建主管部门与企业良性互动的、新型的网络监管模式。④ 由此推导，借鉴从严治党中的“两个责任”理论，⑤ 网络平台承担主体责任，网络监管部门承担监督责任。平台承担主体责任，就不能当“甩手掌柜”而置身事外，应当把平台管理当作分内之事、应尽之责，真正把担子担起来，种好自己

① 杭州刀豆网络科技有限公司诉长沙百赞网络科技有限公司、深圳市腾讯计算机系统有限公司侵害作品信息网络传播权纠纷一审民事判决书，（2018）浙 0192 民初 7184 号。

② 《互联网直播服务管理规定》第七条；《网络信息内容生态治理规定》第八条。

③ 郝建国、关春平：《论主体责任》，《领导之友》1994 年第 2 期。

④ 何勇：《主体责任观下的互联网管理模式转型》，《现代传播》2019 年第 4 期。

⑤ 何海涛：《主体责任与监督责任的一体性及其践行》，《中南民族大学学报（人文社会科学版）》2016 年第 6 期。

的“责任田”，不能为了平台流量和经济利益而放任违法行为，甚至“暗度陈仓”。

从网络服务提供者履行法定义务的角度，可以将主体责任界定为网络服务提供者应当履行的基本网络安全管理（保障）义务，无论平台依据的技术性服务是否为基础网络服务，也不论网络平台是提供信息来源或信息通道。

《网络安全法》第12条从正面规定任何个人和组织使用网络应当遵守宪法法律，遵守公共秩序，尊重社会公德。同时，从反面规定，任何个人和组织不得从事危害网络安全的各种行为。网络从业人员形象地将互联网管理的法定基本义务总结为“七条底线”[①] 和“九不准”[②]；其中，“七条底线”是对“九不准”的进一步总结和提炼。

“九不准”来源于2000年9月25日国务院公布的《互联网新闻信息服务管理办法》第15条，该条明确规定了互联网新闻信息服务提供者的“九不准”。值得注意的是，国务院同时公布的《中华人民共和国电信条例》第56条也规定同样内容管控的“九不准”。由此可知，“九不准”不仅适用于互联网，也适用于电信网络，哪怕电信网络只是作为信息通道提供接入和传输服务。对于出版社[③]、广播电视组织[④]等传统媒介更是应当遵守“九不准”的管理规定。因此，不论技术特点如何，“九不准”成为线上线下统一适用的禁止性规范。实际上，管控网络内容信息是普遍采取的惯常做法，世界各国纷纷从技术和立法层面对互联网信息进行法律规制。[⑤]

因此，平台的主体责任是平台依据法律，通过平台规则、用户协议和技术手段来保障网络运行安全和网络信息安全；这是法律对所有网络服务提供者设定的最低义务。

---

① “七条底线”分别是：（一）法律法规底线；（二）社会主义制度底线；（三）国家利益底线；（四）公民合法权益底线；（五）社会公共秩序底线；（六）道德风尚底线；（七）信息真实性底线。

② 《互联网新闻信息服务管理办法》第15条。

③ 《出版管理条例》（2016年修订）第25条。

④ 《广播电视管理条例》（2017年修订）第32条。

⑤ 支振锋：《网络安全风险与互联网内容治理的法治化》，《改革》2018年第1期。

(二)平台的民事侵权责任

如前文所述，就主体责任来说，互联网平台承担主动与普遍的网络监控义务。在民事侵权责任甚至是刑事责任上，不同类型的平台所附加的法律义务有所不同，承担法律责任的形式也不同。在平台承担直接侵权民事责任的类型中，如平台之间的不正当竞争或垄断侵权责任①等存在一定的共性。在平台承担间接侵权民事责任类型中，需要结合平台类型和个案事实具体分析判定。

1. 规范目的及特征

根据《侵权责任法》的法律规范，网络用户、网络服务提供者利用网络侵害他人民事权益的，应当承担侵权责任。这里首先需要理解“利用网络”的含义，它也是有别于线下侵权行为的重要区别特征。在程序法《民事诉讼法》第 28 条关于侵权诉讼的管辖中并未区分“网络侵权行为”；最高人民法院《民事诉讼法解释》第25 条也未对“信息网络侵权行为”做出详细解释。在一起管辖权异议裁定案件中，最高人民法院认为：信息网络侵权行为具有特定含义，指的是侵权人利用互联网发布直接侵害他人合法权益的信息的行为，主要针对的是通过信息网络侵害他人人身权益以及侵害他人信息网络传播权等行为，即被诉侵权行为的实施、损害结果的发生等均在信息网络上，并非侵权行为的实施、损害结果的发生与网络有关即可认定属于信息网络侵权行为。② 从这个意义上来说，何某（吴永宁母亲）诉花椒直播平台网络侵权责任纠纷一案中，民事案由的确定就值得商榷。③ 吴某极限攀爬的行为发生在线下，意外死亡损害结果的发生也与网络没有直接关系。如果法院认为违反安全保障义务适用于网络公共空间，那么应适用以《侵权责任法》第 37 条为基础的违反安全保障义务责任纠纷这一案由，而不是适用《侵权责

---

① 北京奇虎科技有限公司、奇智软件（北京）有限公司与腾讯科技（深圳）有限公司、深圳市腾讯计算机系统有限公司不正当竞争纠纷一案（最高人民法院（2013）民三终字第 5 号民事判决书）。

② 宁波拓普森科学仪器有限公司与杭州米欧仪器有限公司侵害实用新型专利权纠纷管辖权异议上诉案（最高人民法院 2019 最高法知民辖终 13 号）。

③ 何小飞诉北京密境和风科技有限公司网络侵权责任纠纷案民事判决书（北京互联网法院（2018）京 0491 民初 2386 号）。

任法》第36条的网络侵权责任案由。

因此，“利用网络”的范围理解不能过于宽泛，否则不符合立法的本意。在网络普及化程度极高的当下社会，如果案件事实中只要出现网站平台或者双方通过微信等即时聊天工具方式沟通，抑或双方系通过信息网络平台进行产品交易，就认定为构成信息网络侵权行为，那么绝大多数传统的线下侵权行为都将被认定为“信息网络侵权行为”或“利用网络侵害他人民事权利”。

根据《侵权责任法》第15条，承担侵权责任的方式主要有：停止侵害、排除妨碍、消除危险、返还财产、恢复原状、赔偿损失、赔礼道歉，消除影响、恢复名誉等。因此，《侵权责任法》第36条所规定的网络服务提供者采取删除、屏蔽、断开链接等必要措施，并非经法院认定的最终承担侵权责任的方式。换言之，“删除、屏蔽、断开链接等必要措施”是承担“停止侵害”等法律责任的具体行为表现方式。

“采取必要措施”是网络服务提供者在得到权利人关于侵权行为的合格通知后，所应采取的临时救济措施。这条规则更多的是赋予被侵犯权利的受害人及其代理人有权向网络服务提供者发出通知，并且网络服务提供者有义务设置接受权利人通知的合理途径和渠道。在接到权利人合格通知后，不仅有义务及时删除侵权内容或断开、屏蔽其链接，同时对防止侵权行为继续或再次发生负有更高的注意义务，包括采取必要的其他手段或技术措施。[①] 即使通知中没有指明特定网址（URL），但如果已经给出较为精确定位侵权内容的信息，而服务提供者又可以选用成本合理的技术手段进行识别和过滤，不采用该技术即可认定为帮助侵权。[②] 按照这个思路推演，即使权利人没有通知或通知不合格，如果服务提供者有其他方法能够了解到侵权的存在而仍然提供服务的，也应承担侵权责任；例如，“红旗原则”的审慎适用不无道理。[③]

2.“通知—必要措施”的普适性

如前所述，如果小程序或云计算服务提供者在技术上无法触及开发

① 殷少平：《论互联网环境下著作权保护的基本理念》，《法律适用》2009年第12期。

② 陈锦川：《关于网络环境下著作权审判实务中几个问题的探讨》，《知识产权》2009年第6期。

③ 王迁：《论版权“间接侵权”及其规则的法定化》，《法学》2005年第12期。

者服务器内容，更谈不上精准删除开发者的侵权内容。因此，当“通知”不可能使网络服务提供者准确定位侵权内容并可以精准移除，“通知—删除”规则便丧失了意义。然而，即便通知无法准确定位侵权内容的 URL 地址、IP 地址或存储位置等具体信息，通知和反通知规则仍然是有意义的。

虽然侵权内容可能无法通过准确定位加以告知平台，但通过电子存证、录屏软件等多种方式，权利人仍然可以告知被投诉人侵权材料所在的相对位置，提醒被投诉人对相关材料进行核实和合规审查。因此，小程序和云计算等技术服务提供者应当为权利人设立某种便捷的接收侵权投诉的机制，并负有将权利人投诉转送被投诉人的责任，以便被投诉人自我核实，进行反通知及申辩。

另外，信息网络侵权不同于线下侵权的特点包括侵权行为和损害后果的持续性，以及侵权行为的隐蔽性。例如，线下环境中健康权或财产权被他人当面侵犯，权利人很容易察觉，侵权行为往往很快终止。对于利用网络侮辱或诽谤他人等线上侵权行为，如果行为人或平台不及时删除侵权信息，侵权行为和损害后果一直持续，并随着传播时间的延长和传播范围的扩大，造成越发严重的损害后果。一旦法院最终认定平台需要承担法律责任，停止侵害、排除妨碍、消除危险是首要的责任承担方式，其次才是赔偿损失和赔礼道歉等方式。如果在被判定侵权行为成立之时或发生不久及时采取必要措施，可以大大减轻平台关于停止侵害的法律责任；甚至是诉讼过程中在权利人确认侵害已经停止的情况下，判决书主文中对停止侵害的诉讼请求一般不用单独判项做出回应，并且赔偿损失的数额也相应降低。

平台在收到合格通知后的处理措施，在效果上等同于案件审理过程中去执行法院的行为保全裁定。“采取必要措施”包括但不限于删除、屏蔽、断开链接，还包括终止交易和服务，甚至还包括“反向行为保全”中恢复链接[①]；不应将“必要措施”狭义地理解为知识产权网络保

① 丁晓梅与郑州曳头网络科技有限公司、南通苏奥纺织品有限公司、浙江天猫网络有限公司侵害外观设计专利权纠纷案（南京市中级人民法院（2019）苏 01 民终 687 号民事裁定书）。

护中的“通知—删除”规则，而应当是理解为一种普遍意义上的“通知—必要措施”规则。在平台经营者不明知侵权存在的情况下，“通知”帮助平台经营者“应知”（嫌疑）侵权行为的存在。在实践中，也存在少数被投诉人可能并未意识到自己行为的违法性，例如，行为人穷竭手段联系不上孤儿作品的著作权人，未经其许可传播了作品，而当孤儿作品的权利人“重现江湖”时，可以通过“通知”程序示明权利及其诉求，经平台转通知后，双方可能达成授权许可协议。因此，“转通知”在特定网络服务中可能构成网络服务提供者的能够并应当采取的必要措施；[①] 当然，必要措施也包括停止服务、下架程序等更为严格的针对性处理措施。

然而，“必要措施”无法在一部法律中穷尽列出，更不是一成不变的，必然是根据服务类型、应用场景、服务提供者控制力强弱等而有不同的必要处理措施。例如，对于直播服务，警示、暂停发布、关闭账号是可选的处置措施[②]；对于 APP 应用商店，可采取警示、暂停发布、下架应用程序等处置措施[③]；对微博客信息服务，服务提供者可采取停止传输该信息、采取消除等处置措施[④]。而对于违反法律法规、服务协议和平台公约的互联网用户公众账号，互联网用户公众账号信息服务提供者可采取警示整改、限制功能、暂停更新、关闭账号等处置措施。[⑤]

（三）主体责任与民事责任的比较

前述主体责任和民事责任承担存在较大差异；对明显违法信息的处理存在差序等级，对侵害知识产权等信息的处理义务不同于明显违法信息的处理。对于色情、涉赌、涉毒、涉恐、涉暴等明显违法的信息，平台等网络服务提供者应当采取技术上可行的必要措施进行事先预防和事中、事后处置。

---

① 阿里云计算有限公司与北京乐动卓越科技有限公司侵害作品信息网络传播权纠纷二审民事判决书（北京知识产权法院（2017）京 73 民终 1194 号）。

② 《互联网直播服务管理规定》第 14 条。

③ 《移动互联网应用程序信息服务管理规定》第 8 条。

④ 《微博客信息服务管理》第 12 条。

⑤ 《互联网用户公众账号信息服务管理规定》第 13 条。

既然在处理明显违法信息时，在技术上阻击违法信息有可行性，为何在处理侵犯知识产权、名誉权、隐私权等私权的信息时不能得到同等对待，或在处理时间上缓慢或迟延，或在处理前要求私权利主体诉诸法院程序等？对此质疑的回应一般有两个理由，一是明显违法信息容易判定，作为网络服务提供者的平台在这方面经过良好的合规训练，况且有宣传部、网信办、公安和市场监管等执法主体的指导和督促；而对于是否侵害私权，侵权行为能否成立，平台无法在短时间内作出权威决定。况且，实践中恶意投诉和举报等干扰竞争对手等不真实情况时有发生，平台在客观上不能、在主观上不想介入两个私主体之间的法律纠纷。因此，平台面对私主体之间纠纷往往选择做好通知和反通知的转递工作，屏蔽、断开或删除链接等必要措施行为严格依照法定义务加以执行，更不会主动代替司法机关或行政机关进行执法。

二是比例原则在法律责任承担中的运用。对于小程序和云计算服务中第三方内容引起的间接侵权责任，虽然平台可以使用停止技术服务或关停服务网站等终极处罚措施；但造成的后果较为严重，特别是当直接侵权的行为人是涉嫌首次侵权时，是否作出不成比例的严格处理需要慎重对待。如前文所述，必要措施可以是转通知，而不是明知技术不可行而删除特定信息。符合比例原则的必要措施还应包括及时有效地披露实际侵权的主体信息，让权利人有机会及时寻求司法救济，包括法院的行为保全裁定。因此，在比例原则的视角下，《侵权责任法》规定的“必要措施”并不完全等于删除或屏蔽措施，其他可以减少权利人损失和保护利益的合理措施都应考虑在内。

实际上，除了规定网络侵权责任的第 36 条，“比例原则”在《侵权责任法》上一以贯之被重申和适用。诸如，“二人以上分别实施侵权行为造成同一损害，能够确定责任大小的，各自承担相应的责任”，“连带责任人根据各自责任大小确定相应的赔偿数额”等。①

---

① 郑晓剑：《比例原则在现代民法体系中的地位》，《法律科学》（西北政法大学学报）2017 年第 6 期。

法律责任的比例相称还涉及责任与违法行为、必要措施之间的比例；其中，需要重点考虑技术上可行性和整体效果。例如，在执行法院生效判决之前，因保护权利人版权图片而遭遇侵权投诉并停止提供小程序或云计算服务，是否符合比例原则，特别是在“版权蟑螂”涌现市场之时，[①] 其必要性更是有待讨论。虽然，在技术上停止服务并不复杂，实施成本也不高，但社会效果是值得商榷。

四 结语

从立法技术来看，理想类型化条款中的各种类型应当满足互斥并周延的要求。[②] 如果《侵权责任法》第 36 条关于网络侵权责任的一般条款能够很好地适用于平台责任的司法认定，不作类型化区分或低类型化反而具备正当性。

由于技术持续发展中，平台逐渐朝着综合型平台的方向发展，因而对平台进行精准类型化，障碍较多，科学合理界定平台责任也是困难重重。不得不承认，平台在经营者信息核验、产品和服务质量、平台（含APP）索权、消费者权益保护、网络安全、数据安全、劳动者权益保护等方面的法定义务不同，相应责任也不易一刀切地加以确定；平台能否尽职免责同样囿于不同平台对避风港原则的差异化适用。

而在民事侵权责任的判定中，则需要对平台的业务模式、对侵权风险的预见和识别能力、实施管控措施的可行性和效果等多个层次加以考察决策。因此，《电子商务法》第38 条中“相应的责任”包括但不限于“补充责任”，也包括“连带责任”。

从多元共治的角度，政府部门的部分监督执法职责可以适当“转嫁”给平台，但这种“转嫁”应当由法律明文确定，例如平台的主体责

---

① 易继明、蔡元臻：《版权蟑螂现象的法律治理——网络版权市场中的利益平衡机制》，《法学论坛》2018 年第 2 期。

② 蒋舸：《〈不正当竞争法〉网络条款的反思与解释——以类型化原理为中心》，《中外法学》2019 年第 1 期。

任。[①] 在讨论平台的主体责任时，无需论证平台的类型化，不论是作为信源或信道的平台都要遵循《网络安全法》等法律设定信息审查和管理义务，也适用于商业模式或应用场景中把互联网平台用作电话或信息公告版一样的传统媒介。

（责任编辑：陈越峰）

① 国务院办公厅：《关于促进平台经济规范健康发展的指导意见》，2019年8月1日。

网络环境下著作权权项兜底条款的适用研究

宋雅馨

（暨南大学知识产权研究院讲师）

内容摘要 在现今互联网传播技术飞速发展的时代，国内著作权立法已经明显跟不上前进的步伐。在一些涉及网络传播的案件中，国内法院在现行法律无相应权项设置的情况下适用了“应该由权利人享有的其他权利”条款，其存在或许是缓解立法滞后矛盾的利器。本文以国内相关判例为切入点，从司法实践的角度出发，分析了适用著作权权项兜底条款的条件以及其与履行国际条约义务、技术中立原则之间的关系，探讨了互联网环境下，著作权权项兜底条款存在的必要性和合理性。

关键字 著作权权项兜底条款 法定主义 技术中立原则

网络技术发展引发了知识产权制度的进一步演变，网络技术的虚拟性、匿名性、即时性、交互性、共享性、全球化等特点，使得知识产权的无体性更加明显，专有性、地域性都受到冲击。[①] 网络技术从根本上改变了传播方式，为著作权法带来了巨大的挑战。研究《著作权法》第十条兜底条款在司法实践中的适用，对于著作权法的完善，司法裁量权的合理限制，以及我国对相应国际条约义务的履行，都具有重要意义。

---

① 梅术文：《网络知识产权法：制度体系与原理规范》，知识产权出版社2016年版，第3页。

一　我国兜底条款适用的司法实践

《著作权法》第十条兜底条款在我国的司法实践中的适用率并不高，在我国法院适用著作权权项兜底条款做出判决的案件中，新浪诉凤凰网一案或许是目前影响最大的案件。2013 年 8 月 1 日晚，凤凰网在其中超频道首页，显著位置标注并提供“鲁能 VS 富力”“申鑫 VS 舜天”两场比赛的直播，点击进入比赛专门页面后，能看到“凤凰体育将为您视频直播本场比赛，敬请收看”、“凤凰互动直播室”等字样及专门网页。新浪网以凤凰网未经合法授权，在网站上设置中超频道，非法转播中超联赛直播视频，严重侵犯了其独占权利为由，向法院提起了诉讼。2015 年 6 月 30 日，北京市朝阳区人民法院作出了一审判决，认定体育赛事节目画面构成“作品”，宣告凤凰网侵犯了新浪网根据《著作权法》第 10 条第 1 款第（17）项对涉案体育赛事所享有的“其他权利”，判决被告承担停止侵权、赔礼道歉、赔偿损失的侵权责任。虽然该案二审法院改判，驳回了原告的全部诉讼请求，但是该案一审判决影响力可谓深远，除了对于体育赛事转播权以及“作品”的定义问题上，兜底条款的解释和适用也同样值得探究。

1999 年做出判决的“王蒙诉世纪互联案”是我国法院 2001 年修改《著作权法》之前适用“兜底权利”的典型案例。该案中原告是小说《坚硬的稀粥》的著作权人，原告认为被告未经其许可将该小说上载于网络上供他人浏览的行为侵犯了原告的著作权，遂诉至法院。被告的抗辩理由是，该作品来源于互联网，我国著作权法没有规定网上传播需要经过许可，即便是侵权也只是侵犯了原告的获得报酬权。1990 年版《著作权法》第 10 条第 5 项规定了“使用权和获得报酬权，即以复制、表演、播放、展览、发行、摄制电影、电视、录像或者改编、翻译、注释、编辑等方式使用作品的权利；以及许可他人以上述方式使用作品，并由此获得报酬的权利。”该案争议的焦点在于未经著作权人许可，将其作品上载到互联网上的行为是否侵犯他人著作权？法院认为，对知识产权进行司法保护，目的是为了知识的创新和传播。因此，既要考虑对知识产权权利人合法权益的保护，又要考虑社会对文学、艺术和科学知识传播的广泛需求，以利于准确衡平各方的权益冲突。科学技术的发展，必然引起作品载体形式、使用方式和传播手段的变化，但这种变化并不影响作者对其作品享有的专有权利。所以，应该将第十条第五项规定中的"等方式"理解为"并没有穷尽使用作品的其他方式存在的可能"，即使第十条并没有明确规定著作权人享有网络传播的权利，也要认定作品在国际互联网上传播是使用作品的一种方式。①

继上述案件之后，安乐影片有限公司诉北京时越网络技术有限公司、北京悠视互动科技有限公司一案中，我国法院再次适用了"兜底权利"。被告在其经营的网站上向公众提供影片《霍元甲》的定时在线播放服务和定时录制服务，使网络用户可以在该网站确定的时间和用户选定的计算机终端上观看和下载涉案影片，法院经审理认为"著作权中通过有线或无线方式按照事先安排之时间表向公众传播、提供作品的定时在线播放、下载、传播的权利"只能包含在《著作权法》第十条第一款第（十七）项规定的"兜底权利"之中。② 2012 年，央视网络有限公司发现被告上海聚力公司在其网站"PPTV. com"上通过网络直播了中央电视台享有版权的"2012 年伦敦奥运会开幕式"节目。原告认为被告侵犯了中央电视台授权给其通过信息网络向公众传播、广播（包括但不限于实时传播或延时转播）的权利并诉至法院。法院认定聚力定时转播开幕式的行为属于"非交互式"传播行为，"不能由《著作权法》第十条第一款所明确列举的其他财产权所调整，故应当适用《著作权法》第十条第一款第（十七）项进行调整"。③

由于信息网络传播权对于交互式传播方式的限制，导致网络时代来临之后很多新型传播方式遇到了"无法可依"的局面。在湖南省高级人民法院二审的《快乐大本营》盗播案中，上海视畅公司在未获得《快乐大本营》这一类电作品的权利人快乐阳光公司或其他权利人的相应授权情况下，在其运营的"看客影视"应用上提供涉案作品网络同步播放

① 北京市海淀区人民法院民事判决书（1999）海知初字第 57 号。
② 北京市第二中级人民法院民事判决书（2008）二中民初字第 10396 号。
③ 上海市浦东新区人民法院民事判决书（2013）浦民三（知）初字第 241 号。

服务。[1] 在本案诉讼中，被告主张其播出的涉案作品系链接自第三方网站或存在其他视频数据流来源，但是未能提出相应的证据，故法院认定上海视畅公司的行为侵犯了快乐阳光公司所享有的著作权。在本案的判决中，一审与二审法官都认同应该从以下几个方面考量兜底条款的适用：第一，被告的行为是否具备著作权侵权的基本特征及一般构成要件；第二，被诉侵权行为对权利人合法权益造成的不合理损害是否为《著作权法》保护的应有之义，是否符合立法目的；第三，适用《著作权法》的原则性条款加以调整并不会加重网络经营者及相关从业人员对自身行为合法性的识别义务。本案中，被告的行为对权利人权益的损害是显而易见的，为充分有效地保护权利人合法权益，被告的网络同步播放行为侵犯了原告"应当由著作权人享有的其他权利"。快乐阳光公司作为涉案节目的独家被授权方，根据授权协议享有涉案作品"通过信息网络向公众传播、广播（包括但不限于网络直播、实时转播、延时转播等）之权利"，本案中给法官判案带来最大挑战的是判断被告"同步播放"的行为模式，是不是能归入到第十条第一款第一至十六项所列举的广播权、信息网络传播权等行为方式中，如果结论是不能，则根据被告的主观故意和原告的客观损失，法院将原告的利益纳入到兜底条款的保护范围中。

随着直播行业的发展，游戏直播成为"黑马"，进入到大众的视野并日益火爆，游戏直播是否构成对著作权的侵权，不能仅从游戏直播涉及的产业利益考虑，而是应当回归著作权法自身的规则。游戏直播是游戏主播将游戏运行时形成的游戏整体画面实时展现给他人观看的行为，这种实时传播的直播内容主要包括涉案游戏整体画面。在网易公司诉 YY 直播案件中，[2] 对于游戏直播是否属于侵犯我国著作权法第 10 条第 1 款第 17 项规定的"应当由著作权人享有的其他权利"的行为，法官从三个方面展开了探讨：其一，游戏直播是一种在游戏主播指定的时间和地点（直播频道/房间）由主播单向提供作品内容的行为，在著作权

---

① 湖南省高级人民法院民事判决书（2017）湘民终 325 号。

② 广东省高级人民法院民事判决书（2018）粤民终 137 号。

法对交互式传播方式都纳入调整范围的情况下，没有充分理由将仅控制作品单向传播的权利排除在“应当由著作权人享有的其他权利”范围以外。其二，考虑到我国加入的《世界知识产权组织版权条约》[①]（WCT）第八条规定“文学和艺术作品的作者应享有专有权，以授权将其作品以有线或无线方式向公众传播，包括将其作品向公众提供，使公众中的成员在其个人选定的地点和时间可获得这些作品”，该规定赋予著作权人向公众传播作品的一般权利，既包括控制交互式传播作品的行为，也包括控制采用其他任何技术或手段向公众传播作品的行为。在我国没有特别声明保留且著作权法有相应“兜底”规定时，不应将著作权法第10条第1款第17项的规定解释为排除了“向公众直播作品的权利”。其三，从法律体系和文义解释角度来看，兜底条款应该包括了著作权法规定的展览权、放映权、表演权、广播权、信息网络传播权以外的公开传播作品的权利。直播是随着网络和文化产业迅猛发展新兴的作品传播方式，在著作权法立法时大规模的网络直播尚未出现，不能苛求著作权法专门予以规范。而兜底条款的制定就是为了克服法律的滞后性。在我国的司法实践中，将网络直播适用“兜底权利”的判决其实有很多。在2010年北京市高级人民法院颁布的指导意见中，[②] 明确将“网络直播”适用于“兜底权利”，发挥出兜底条款的灵活性特征。

数字时代对于著作权法最大的冲击在于它彻底改变了作品复制和传播的方式，所以著作权立法要跟上时代的脚步就必须针对这些新的复制和传播行为进行规制。综上所述几个案例，首先，对于很多学者一直担忧的“法官造法”、随意扩张著作权权项内容的问题，至少经历两次《著作权法》修改之后，法院适用著作权权项兜底条款的案件数量仍然很少，我国法官态度非常保守，实务中并没有形成威胁知识产权法定主义之势。其次，上文中提到的所有适用了权

---

① 世界知识产权组织版权条约（WCT）（1996），https：//www. wipo. int/treaties/zh/ip/wct/，最后访问时间：2020年4月1日。

②《北京市高级人民法院审理涉及网络环境下著作权纠纷案件若干问题的指导意见（一）（试行）》第10条：“网络服务提供者通过信息网络按照事先安排的时间表向公众提供作品的在线播放的，不构成信息网络传播行为，应适用著作权法第十条第一款第（十七）项进行调整。”

项兜底条款的案件都是有关网络传播的，网络传播技术发展之速度迅猛是我国立法所难以预料的，法院运用法律文本的授权以裁量的方式解释《著作权法》，可以对立法技术导致的立法滞后和体系违反导致的利益失衡进行制度性的填补，适时回应技术发展对权利保护的挑战，界定立法并未否定的利益，是完善知识产权制度的重要组成部分。

二 兜底条款的正当性之辩

（一）兜底条款的基本法理

从立法技术的角度来看，条款表述模式可以分为两种：一类为列举式立法模式，另一类为概括式立法模式。列举式立法模式是指把可能出现的具体情况分别列举，逐项说明，这种方式明确、具体，歧义较少。兜底条款，英文表述为 Miscellaneous Provisions，就是属于第二种立法技术，是立法者为了应对社会情势的变迁性，克服法律的不周延性而采取的概括性立法模式。其涵盖所有其他条款未包括的，或者难以包括的，或者目前预测不到的情况。法律规则是立法者针对当前的状况所制定的规范，立法者只能尽可能地涵盖可能出现的情况。但现代社会是不断在发展变化的，而成文法被制定出来之后就是固定的，并必须保持一定的稳定性，法律不能时刻随着日新月异的社会生活而改变。而社会发展的规律和复杂事物的产生不会以人的意志为转移，是依照自身规律运行的。法律文本的稳定性和社会发展的不确定性必然导致法律与现实之间的冲突，虽然经常被称为“权宜之计”，但兜底条款也不失为以不变应万变的最好选择。

1967 年《建立世界知识产权组织公约》① 将知识产权界定为以下类别：关于文学、艺术和作品的权利（即著作权）；关于人类的一切领域的发明的权利（即发明专利权及科技奖励意义上的发明权）；……；以

① 《建立世界知识产权组织公约》，https：//www. wipo. int/treaties/zh/convention/，最后访问时间：2020 年 4 月 1 日。

及一切在工业、科学、文学或艺术领域由于智力活动产生的其他权利。[①]吴汉东教授认为《建立世界知识产权组织公约》规定有兜底条款，为以后新的知识产权入围提供了空间。但值得注意的是，这种空间应该是在立法体系留下了客体扩展的空间，并不是指在司法领域可以创设新的权利类型和权利内容。同时，也有学者指出“既要维护知识产权法定原则对基本知识产权类型的界定，又要在不抵触基本知识产权立法政策的前提下，适时慎重地补充承认新类型知识权益。”[②]《著作权法》跟其他法律中出现的兜底条款一样，该项规定也是由于法律规则本身的滞后性、抽象性和立法者认知有限等原因而存在的。

著作权法保护权利人经济利益的主要手段就是赋予权利人一系列专有权利，财产性专有权利的作用和意义并不在于确认权利人本人有积极从事某种行为的自由，而在于控制他人的特定行为。中国著作权专有权利内容立法体现了立法者“审慎的政策性权衡”，即法律授权法院来进行具体的利益平衡，以期在技术发展和权利保护之间进行及时的利益调整。[③]诸如数字技术发展带来的权利保护问题，法院在原有的具体权利规定难以适用的情形下，完全可依此而进行利益衡量。正如北大方正公司案所指出的：“尽管法律对于违法行为做出了较多的明文规定，但由于社会生活的广泛性和利益关系的复杂性，法律更多时候对于违法行为不采取穷尽式的列举规定，而是确定法律原则，由法官根据利益衡量、价值取向作出判断。”[④]

有学者曾撰文主张，“著作权权项配置立法滞后于传播技术是具有正当性的”，所以只要现行立法可以使公众“确定自己可以为某种行为与不能为某种行为”，可以不必“将尚未出现的传播技术纳入权利的控制范围”，因为这样势必让“社会公众面对著作权不确定的保护范围无所适从”。笔者以为不然，如前所述，权项配置的立法滞后于传播技术

① 吴汉东：《论知识产权一体化的国家治理体系——关于立法模式、管理体制与司法体系的研究》，《知识产权》2017 年第 6 期。

② 宋晓明：《“互联网 +”时代知识产权司法保护的基本理念》，《人民司法》2015 年第 23 期。

③ 梁志文：《法院发展知识产权法：判例、法律方法和正当性》，《华东政法学报》2011 年第 3 期。

④《北大方正公司、红楼研究所与高术天力公司、高术公司计算机著作权纠纷案》，《最高人民法院公报》2006 年第 11 期。

是成文法局限性所决定的，是无法避免的，“其他权利”条款的适用同时也是司法能动性的体现。在新传播技术迅速更新的当代，立法不能完全对新产生的网络著作权问题置之不理，而在立法来不及跟上发展步伐的情形下，设置兜底条款就是一种预防性的有效措施。

（二）著作权权项兜底条款与知识产权法定主义之辩

兜底条款作为一种立法技术，其与知识产权法定主义之间最本质的摩擦在于这种立法技术会使用相对模糊性的语言文字，这使得不同的人在适用时难免产生不同的理解，给法官造法提供了空间。一般认为，郑胜利先生首先提出了知识产权法定主义，知识产权法定主义主张“知识产权的种类、权利的内容以及诸如获得权利的要件及保护期限等关键内容必须由成文法确定”，强调“任何机构不得在法律之外创设知识产权”，[①] 即知识产权只能由立法层面创设，其实是要杜绝成文法之外的知识产权扩张之路，尤其是司法路径。刘银良教授认为作者享有的著作权即便可能在理论上具有自然权利基础，但赋予这种权利实在法效力的也只能是法定权利。[②] 知识产权涉及社会公共利益，其权利类型、保护期限和权利范围均由法律规定，具有较强的法定色彩。知识产权法对其所保护之客体往往会明确列举。一般未作明确规定的权利类型或者权利内容，通常不属于可保护之范围，也即司法一般不能创设新的权利类型和权利内容。但是，随着数字网络技术的发展，新客体和新利益不断出现，并形成巨大的经济利益，这些利益焦点需要司法及时给予回应。对此，如何对待知识产权法定原则与司法开放性问题不仅关系到个案利益，更是关系到立法与司法关系的法理问题。

根据知识产权法定主义理论，立法途径要优于司法等其他途径，事实上，立法者确实更擅长于“见林”，而司法者更擅长于“见木”，但确立一项新型知识产权，“见林”与“见木”都很重要，并不能、至少是不能过于厚此薄彼。[③] 虽然说立法者有“见林”的优势，但法院受理案件的过程中能够直接接触案件，第一时间发现立法中存在的

① 郑胜利:《论知识产权法定主义》,《中国发展》2006 年第 3 期。
② 刘银良:《著作权兜底条款的是非与选择》,《法学》2019 年第 11 期。
③ 王宏军:《知识产权法定主义与公共利益维护》,《知识产权》2012 年第 5 期。

漏洞，从对“木”的分析中洞悉整片“林”可能存在的问题。

相较于司法解释程序，知识产权法定主义的支持者往往倾向于肯定立法修改的效力和优越性，然而，修改立法远比做出司法解释的程序复杂得多，耗时甚长。在发现立法漏洞到修法完成这段漫长的时期中，法官很难面对新兴问题的不断挑战而始终坚持知识产权法定主义。再者，“知识产权法定主义”的所谓“法定”，就是法律有规定，只要现行法律中有明确规定，哪怕是兜底条款中的“其他权利”，也才有可能通过解释将某些复制或传播行为认定为“违反法律规定的侵权行为”。不论是由于受到“互联网＋”时代创新的大环境影响，还是因为必须考虑到知识产权司法保护的现实需求，激励创新、技术中立、效果导向、规则包容、严格保护都应成为“互联网＋”时代知识产权司法保护的重要理念。①

（三）兜底条款的适用与技术中立原则

著作权法中的技术中立原则是为了应对新技术发展而提出的立法原则，其含义是：法律对行为的定性，不能仅因实施的技术手段不同就发生变化，而应当以行为人的目的和行为的效果为标准，具有相同效果的行为应受到相同的法律评价。该原则体现于著作权相关国际条约之中和WTO法律框架中。

技术本身无善恶好坏之分，而且技术发展是不可阻挡的。面对新技术裹挟而来的冲击，法律的应对不是限制其发展，而是在坚持技术中立原则的前提下，尽可能地以前瞻性的立法均衡各方利益。由此，技术中立原则在著作权法中的体现，就是既要保护著作权所有者的合理利益，又要避免让主观上没有过错的技术服务提供者承担赔偿责任，实现权利人的利益与社会公众享受技术服务之间的平衡。技术中立原则也保证了著作权法在不同的技术条件下具有一致性和可预见性，立法者不需要为模拟技术、数字技术、网络技术、数据库技术等不断涌现的技术类型制定特别的著作权法律、法规。

著作权权项兜底条款本身与技术中立原则就是相融合的。在涉及新

① 宋晓明：《“互联网＋”时代知识产权司法保护的基本理念》，《人民司法》2015年第23期。

技术的著作权案件中，被控侵权主体往往以涉案的技术是中立的为由进行抗辩。但“技术中立原则”和“技术是中立的”并不是一回事。“技术是中立的”是指技术本身无所谓合法与非法，它既可以被用于合法用途，也可以被用于非法用途。但对于以某种技术为基础的特定行为，却可以作出其是否合法的判断。① 笔者认为，立法者无法追赶技术的进步，但是兜底条款的存在与适用可以暂时起到缓解矛盾、克服立法僵硬性的作用。

三 著作权权项兜底条款的适用与国际条约义务的履行

在要求我国迅速建立与国际接轨的著作权制度的外部压力下，我国《著作权法》的制定及其后的修改大量借鉴了国际著作权条约和国外立法的规定，上述案件所涉及的“广播权”的规定就是照搬了《伯尔尼公约》② 的相关内容。然而，这一“照搬”并不算成功，相关条款在适用于我国司法实践时产生了一系列“消化不良”的反应。

为了解决数字环境下作品的保护问题，世界知识产权组织在1996年缔结了WCT，其中第8条规定了“向公众传播权”，即除了明确排除的几种情况以外，文学和艺术作品的作者应享有专有权，这种专有权赋予作者授权将其作品以有线或无线方式向公众传播的权利，包括将其作品向公众提供，使公众中的成员在其个人选定的地点和时间可获得这些作品。这一条背后的目的是禁止未经许可采用任何技术向公众传播作品的行为，“向公众传播权”应该理解为在不转移作品有形载体所有权或其占有的前提下，通过各种方式向公众提供作品内容的权利。③

就以新浪诉凤凰网体育赛事转播权一案涉及的“定时播放”、“非交互式传播”行为为例，在我国目前处于一个既不能受信息网络传播权

① 王迁：《超越“红旗标准”——评首例互联网电视著作权侵权案》，《中国版权》2011年第6期。

② 《保护文学和艺术作品伯尔尼公约》，https://www.wipo.int/treaties/zh/ip/berne/，最后访问时间：2020年4月1日。

③ 王迁：《网络环境中的著作权保护研究》，法律出版社2011年版，第128页。

调整，又不能受广播权调整的状态，是我国著作权立法的一个明显缺漏。随着网络技术的迅速发展，由“定时播放”产生的纠纷也大幅增多。那么是否未经许可而实施的“定时播放”就不属于侵犯著作权呢？这显然是有失公平正义而且不符合中国所参加的国际条约精神和规定的。中国作为 WCT 的缔约国，达到 WCT 第 8 条真正要求的保护水平是中国所肩负的国际条约义务。所以即使中国现行《著作权法》第 10 条的规定不能涵盖“定时播放”或“非交互式传播”的行为方式，但仍应通过其他途径实现 WCT 第 8 条要求达到的保护效果。

达到 WCT 的保护水平要求不仅适用于国内案件，也包括涉外案件，根据《民法通则》第 142 条的规定，在中国民事法律与中国参加的国际条约有不同规定的时候可以适用国际条约的规定，① 有学者分析如果案件当事人来自其他 WCT 的缔约国，这种情况下直接适用 WCT 第 8 条可以让来自其他 WCT 缔约国的权利人享有“向公众传播的权利”。这是一种抛开《著作权法》直接求助于国际条约的方式，然而这将导致一个严重的问题，即若权利请求者是中国人，他们便得不到这样的保护，因为即便所参加的条约内容与国内法律规定不一致或国内法律根本没有相关规定，法院在纯国内案件中也不会主动适用国际条约中的规定。如此一来致使境外权利人比我国权利人享受更多的保护，这显然是不合理的。

故，在前一种途径并不可行的情况下，兜底条款的存在就可以弥补现有法律规定的缺失。目前《著作权法》对“广播权”和“信息网络传播权”的定义尚未进行修改，适用第十条规定的“兜底权利”可以满足 WCT 第 8 条的要求，而且可以避免出现对国内外权利请求人保护不平等的情况。有学者认为《著作权法》第 10 条中的兜底条款必须在我国法律与所参加的国际条约规定不一致时才能适用，否则会造成法官拥有过大自由裁量权。笔者对此观点表示怀疑，在我国法律没有达到国

① 《民法通则》第 142 条规定：涉外民事关系的法律适用，依照本章的规定确定。中华人民共和国缔结或者参加的国际条约同中华人民共和国的民事法律有不同规定的，适用国际条约的规定，但中华人民共和国声明保留的条款除外。中华人民共和国法律和中华人民共和国缔结或者参加的国际条约没有规定的，可以适用国际惯例。

际条约规定保护水平时适用兜底条款以弥补法律的缺失，这并不是我国设立兜底条款的唯一立法目的。正如2000 年发生的“中国网络著作权第一案——王蒙等六作家诉世纪互联案”中二审法院所指出的：“鉴于国际互联网是近几年新兴的一种传播媒介，因此，作品在网络上的使用是制定著作权法时不可能预见的”；“虽然我国著作权法未明确规定网络上作品的使用问题，但并不意味着对在网络上使用他人作品的行为不进行规范。”① 由此可知，履行国际条约可以成为适用兜底条款的一种情况，而并不是适用的必要前提条件。

四　结语

从中国的现状来看，立法方面，非交互式网络传播的问题一直没有突破；司法实践方面，我们发现著作权权项兜底条款的适用确实避免了可能依现行法律造成的明显不公平。历经《著作权法》两次修改，在第三次修改草案中还是没有要舍弃该条款的痕迹，这在一定程度上说明，由于立法的滞后性和我国所承担的国际条约义务，该条款仍然有其存在的合理性。在网络急速发展的背景下，司法实践中通过案例分析和实证研究去探索及验证立法稳定性与司法开放性之间的博弈，便是兜底条款的“用武之地”。

（责任编辑：张　鹏）

① 北京市第一中级人民法院民事判决书［1999］一中知终字第 185 号。

网络恶势力犯罪刑事治理困境及路径探索*

徐　持

（中国社会科学院法学研究所助理研究员）

内容摘要　网络恶势力犯罪是有组织犯罪借助信息网络技术、大数据、云计算、人工智能等最新技术成果迭代异化的结果，表现为日益与信息网络技术深度融合，与跨境跨国有组织犯罪相互勾连，网络“套路贷”、网络赌博、网络敲诈勒索、网络“水军”已成为网络恶势力犯罪重灾区。网络恶势力犯罪刑事治理存在立案侦查难、调查取证难、追究源头犯罪难、准确定性难以及再犯率高等困境，需要完善刑事法律制度供给，进一步明确裁判尺度，构建社会共治格局，探索彻底扫除网络恶势力犯罪的法治路径。

关键词　恶势力犯罪　扫黑除恶　网络犯罪　有组织犯罪　刑事治理

犯罪一直随着社会的发展而不断进化，治理犯罪的方法也需要与时俱进。信息网络时代的到来，使传统黑恶势力犯罪有了新的可以借助的工具、手段、场域和组织形态，较之传统犯罪隐蔽性更高、认定更加困

*　基金项目：本文系国家社科基金项目“打击网络犯罪国际刑事司法协助的理论与实践研究”（19BFX073）的阶段性成果。

难、危害性也更为严重。网络恶势力犯罪是有组织犯罪借助信息网络技术、大数据、云计算、人工智能等最新技术成果迭代异化的结果，2020 年是实现扫黑除恶专项斗争三年为期目标的决胜之年、收官之年，治理网络恶势力犯罪任务艰巨，需要尽快突破困境，构建新时期打击网络恶势力犯罪的有效治理路径。

一　恶势力犯罪的新趋势

犯罪的变化可以从时代的发展中寻得蛛丝马迹。“财产犯罪和暴力犯罪是衡量社会秩序和社会变化的尺度，某种意义上可以说犯罪类型是社会发展进程的普遍的、持续的反应。”① 截至 2020 年 3 月，全国公安机关共侦办涉黑案件 2923 起、恶势力犯罪集团案件 9694 起，破获各类刑事案件 18.1 万起，查获涉黑资产 2818 亿元。② 涉黑涉恶案件已进入起诉审判的高峰期，依法审判涉黑涉恶案件成为当前专项斗争极为重要的工作。纵观我国恶势力犯罪概况，可以发现其日益呈现如下特点和趋势：

（一）与信息网络技术深度融合

据不完全统计，2016—2018 年三年间，网络犯罪案件或者涉网犯罪案件所占比例已超过一半，发展至今，网络犯罪已成为犯罪主流，恶势力犯罪的形式和手段普遍借助信息网络技术不断翻新。③ 通过检索公安机关公布的已破获的恶势力团伙、恶势力犯罪集团的典型案例，对其中部分案件的组织形态、犯罪手段、涉案金额等要素进行分析（见表 1），不难看出，当前我国恶势力犯罪也有着明显的网络化、智能化趋势。

这些案件中既有传统敲诈勒索、涉“黄赌毒”类恶势力犯罪的网络异化，也有利用网络平台和移动互联网技术实施的有组织的诈骗犯罪，

---

① ［美］路易丝·谢利：《犯罪与现代化》，何秉松译，中信出版社 2002 年版，第 285 页。

② 石杨：《全国公安机关坚决打赢扫黑除恶专项斗争收官战》，《人民公安报》2020 年 4 月 26 日第 1 版。

③ 靳高风等：《中国犯罪形势分析与预测（2018—2019）》，《中国人民公安大学学报》（社会科学版）2019 年第 3 期。

也有纯粹在网络发起和实施的恶意差评、有偿删帖、获取并贩卖公民个人信息等新型案件。智能互联网时代，网络已经全方位渗透社会生活中，物联网技术、三网融合技术、智能家居、智能办公等的发展，使得整个社会都被纳入到数字之网中，网络造成的安全风险更加具有扩散性。传统社会与网络空间，已是一荣俱荣、一损俱损的关系。恶势力犯罪活动从传统行业向“套路贷”、互联网金融、共享经济、网络自媒体等新兴领域延伸拓展，禁而不止，打而不绝，呈现出形式多样化、组织松散化、势力黑恶化、手段软暴力等态势。网络恶势力犯罪已成为一种新的严重社会公害，其复杂性、危害性和打击难度远远大于传统犯罪。①

表1

案由	时间/侦办机关	案情特征	打击后果
特大网络“套路贷”案	2019年6月，公安部统一部署指挥下，北京、河北、河南、广西、四川、广东6省区市公安机关联合行动	自2018年1月份以来，以贾某、刘某等人为首的网络“套路贷”犯罪团伙，依托北京百乘金蛋科技有限公司，利用自主研发的“玉米花”“蛋花花”等77个贷款APP从事“套路贷”犯罪活动；通过设立在河北廊坊、广西北海、四川泸州三地的催收公司，使用电话短信轰炸、发送侮辱话语、制作淫秽照片等手段对受害人及亲友进行滋扰，受害人达100余万人	抓获犯罪嫌疑人410名，贾某等主要犯罪嫌疑人被从境外抓捕归案。同时，扣押服务器76台、交换机20台、笔记本电脑701台、手机405部以及各种公章1000余枚，追回、冻结涉案资金达9.2亿元
杨某等49人侵犯公民个人信息案	2018年4月，浙江桐乡公安机关	犯罪嫌疑人杨某、黄某等人通过网络公开招募400余名“机房”“键盘手”，非法获取大量公民个人信息并用于实施“酒托”诈骗	经查，该团伙流窜浙江、江苏、广东等地作案2000余起、非法侵犯公民个人信息30余万条、非法牟利160余万元
吴某等人组织网络赌博案	2018年5月，四川广元公安机关	利用QQ群组在网上组织赌博，通过邀请参赌人员进群、群内“发红包”的方式下注实施赌博，并利用赌博控制软件自动统计下注人员输赢情况及赔率	在四川、云南、黑龙江等地打掉赌博窝点各1个，打掉非法提供赌博软件源头1个，涉赌资金流水10亿余元

① 程雷：《信息社会条件下如何治理网络黑恶势力犯罪》，《人民法院报》2019年10月26日第2版。

续表

案由	时间/侦办机关	案情特征	打击后果
李某、王某等人利用微信群开设赌场案	2018年5月，北京公安机关	李某、王某等人通过互联网向周某、罗某等软件代理商购买专门赌博工具，同时与境外赌博网站的境内代理人李某某团伙进行勾联，通过组建微信群，召集赌客进行网络赌博。形成包括赌客、组织者、专门赌博工具出售及研发、上线庄家在内的彩票类网络赌博的完整犯罪链条	打掉网络赌博团伙7个，抓获犯罪嫌疑人53名。根据北京公安机关摸排的线索，全国共打掉网络赌博团伙61个，抓获犯罪嫌疑人202名，遍及21个省市
黄某等人网络赌博案	2018年5月，福建永春公安机关	在互联网上开设赌博网站，通过管理员账号对网站实际管理控制，该团伙下设多个层级，招收代理数百人、会员数千人，形成各层级权限分明扩散式的赌博组织	涉福建、广东、台湾等地，抓获犯罪嫌疑人25名，涉案金额达111亿元
刘某等人开办直播平台传播淫秽色情案	2018年3月，浙江松阳公安机关	犯罪嫌疑人建立“流沙”“浪子”“旺旺”“嗨猫”“夜猫”等5个直播平台，通过组织淫秽表演、传播淫秽视频进行牟利	抓获刘某等14名犯罪嫌疑人，捣毁涉黄直播平台5个，冻结资金400余万元
杨某等人组织跨国卖淫案	2018年3月，广西南宁公安机关	杨某等人雇佣他人利用微信招嫖并组织外籍卖淫女从事卖淫活动，团伙组织严密，分工明确，通过微信与外籍人员勾连，接收外籍卖淫女到国内不同城市，安排酒店、食宿等，并雇佣人员在微信大肆发送招嫖信息，通过网络支付收取嫖资牟利	抓获嫌疑人23名
“网络水军”非法经营案	2018年12月，湖北公安机关	家族式“网络删帖”犯罪团伙，打着为客户提供网上舆情优化服务的幌子，雇佣网络水军批量清理对客户不利的网络信息	查处涉嫌“有偿删帖”非法经营行为的公司4家，抓获涉案人员13人，涉案资金3000余万元

续表

案由	时间/侦办机关	案情特征	打击后果
跨省系列电信诈骗案	2019 年 1 月，宁化公安机关，福建省公安厅挂牌督办	诈骗团伙利用搭建、租用虚假 MT4 平台实施诈骗，300 多名受害人（主要为股民）几乎遍及全国各地	抓获犯罪嫌疑人 94 名，扣押赃款 222 万元，缴获电脑 182 台，涉案金额超过 5000 万
网络黑产资金通道案	2019 年 1 月，广东珠海公安机关，公安部督办	该犯罪团伙在柬埔寨架设网站服务器负责客服及技术维护，在国内设立推广公司大肆招揽中国网民参赌	在国内和柬埔寨抓获嫌疑人 135 人（其中国内 44 人，在柬埔寨抓获 91 人），查获现金及冻结资金约 1313 万元，查封涉案房产 22 套（价值约 1.3 亿元）。其开设的赌博平台涉及全国各地参赌账号逾万个、涉赌资金逾百亿元人民币
“精准扶贫”微信诈骗案	2019 年 1 月，安徽省淮北市公安机关	该团伙打着“精准扶贫”的幌子，以高额利息为诱饵，拉拢群众进入微信群后疯狂敛财。	共建立微信群 50 余个，受害群众遍及 9 省市超过 600 人
多地网络贩毒案	2018 年 11 月，武汉公安机关	模仿电商模式，让吸毒买家用手机下单付款后通过快递发货收取毒品，构建了层级多达 6 级的贩毒网	抓获 24 名嫌疑人，缴获毒品 5.15 公斤
“恶意差评”敲诈勒索电商平台案	2018 年 11 月，深圳龙岗公安机关	嫌疑人经过“DM 联盟”网站以及其他交际渠道招录“歹意差评师”，对网店进行敲诈勒索，系全国打掉的首个有组织、有架构的网络涉黑恶犯罪集团	触及各电商渠道网店近 200 家 7900 余单，涉案金额达 500 余万元，遍及全国多个省市

（二）境内外相互勾连实施跨境跨国有组织犯罪情况突出

借助信息网络技术，几乎所有犯罪行为都在向着跨国的方向发展，由于境内外的勾连而出现了有组织化的倾向和趋势。网络黑灰产业链的形成与犯罪的匿名化、非接触式特征助推了网络有组织犯罪的发展泛滥，虚拟货币掠夺、恶意软件、僵尸网络、对等网络攻击、网络支付欺诈、在线儿童性虐待、利用“黑网”从事毒品与军火交易等犯罪活动层出不穷，传统的贩毒、色情等犯罪在行为方式、组织结构等方面也逐步实现了网络化信息化的革新，发生了明显的异化。随着“大数据”与“快数据”的发展，物联网、可穿戴设备、虚拟现实、“云计算”、人工智能以及 IPv4 向 IPv6 的转变，涌现出更多的易被网络犯罪分子攻击的漏洞与目标。[①] 而世界各国刑事司法和执法能力不平衡，客观上造成犯罪成本因犯罪组织地点不同而存在较大区别。为减少遭受打击的可能性，一些有组织犯罪集团通常在犯罪风险、成本较低的区域设立据点，从而逐步坐大成势。2014 年 9 月 29 日，欧洲网络犯罪中心发布的《网络有组织犯罪威胁评估》指出，网络犯罪分子不需到现场或目标国家，就能以最小的代价和风险对全球范围的受害人实施网络犯罪或攻击。[②] 近年来，随着经济全球化的推进，境外有组织犯罪集团不断寻求以各种方式进入中国，境外团伙向境内渗透加剧，积极向我国境内发展，寻找代理人或者合作犯罪组织，成为国内社会安全的新威胁。从表 1 所列案例也能看出，“扫黑除恶”专项斗争提出要重点打击的几类犯罪，都不同程度有融入全球网络有组织犯罪的趋势。

（三）网络“套路贷”、网络赌博、网络敲诈勒索、网络“水军”等成为网络恶势力犯罪重灾区

当今互联网经济发展一日千里，新业态新经营模式每秒钟都在涌现，上线、迭代、颠覆已经成为日常，逐利成了天然的凝聚力，让网络上无数分散的个体形成合力，成为“黑色势力”。一方面，黑恶犯罪有以信息网络技术为工具，向新行业、新领域尤其是向网络空间蔓延的趋势，是传统黑恶犯罪的网络升级版，典型者如利用网络实施“套路贷”、组织网络“黄赌毒”

---

① 2018 年 3 月，Facebook 公司被爆出大规模数据泄露，且这些泄露的数据被恶意利用，引起国内外普遍关注。2018 年我国也发生了包括十几亿条快递公司的用户信息、2.4 亿条某连锁酒店入住信息、900 万条某网站用户数据信息、某求职网站用户个人求职简历等数据泄露事件。2018 年 5 月 25 日，欧盟颁布执行史上最严的个人数据保护条例《通用数据保护条例》（GDPR），掀起了国内外的广泛讨论，该法案重点保护的是自然人的“个人数据”，例如姓名、地址、电子邮件地址、电话号码、生日、银行账户、汽车牌照、IP 地址以及 cookies 等。根据定义，该法案监管收集个人数据的行为，包括所有形式的网络追踪。GDPR 实施三天后，Facebook 和谷歌等美国企业成为 GDPR 法案下第一批被告，这不仅给业界敲响了警钟，也督促更多企业投入精力保护数据安全尤其是个人隐私数据安全。

② 王云才：《网络有组织犯罪威胁评估——欧洲网络犯罪中心报告解读与启示》，《中国人民公安大学学报》（社会科学版）2015 年第 1 期。

等；另一方面，在电子商务领域又发展出以技术暴力、语言暴力和精神暴力为代表的“软暴力”犯罪，在特定行业和领域打击竞争对手，形成事实上的控制力从而牟取暴利的网络“恶势力”滋生，典型的有雇用网络“水军”进行网络诽谤、利用恶意软件敲诈勒索、进行职业索赔等私益性职业打假等形态。网络“套路贷”、网络赌博、网络敲诈勒索、网络“水军”等恶势力犯罪严重侵害当事人合法权益，扰乱正常金融秩序，妨害社会管理秩序，破坏营商环境，衍生出多种刑事犯罪，破坏社会稳定，成为网络恶势力犯罪的重灾区。但同时，由于“恶势力”和“软暴力”进入政策文本时间不长，加之为了逃避法律的严惩，犯罪人常常会转换犯罪策略，在互联网空间的表现和行为特征复杂多样，理论认识相对困难，给相关刑事治理实践带来诸多挑战。

二　网络恶势力犯罪刑事治理的困境

网络恶势力犯罪具有不同于传统犯罪的新特点，传统刑事治理方案应对网络恶势力犯罪乏力，全球刑事司法共同面临风险社会和信息社会全面到来引发的转型之痛。

（一）立案侦查难

网络恶势力犯罪具有网络犯罪的共性，例如主体不特定，行业门槛低，组织分散且匿名，有很强的隐蔽性、多变性，以及“薄种多收”的特点。单独一个案件很难达到刑事立案标准，虽然多个案件累积起来社会危害性巨大，但执法司法部门在动用刑事司法手段进行追诉时仍有诸多顾虑，导致这些案件难以进行立案侦查。有学者将这种新型网络犯罪形态称之为“微网络犯罪”，单次危害行为的社会危险性低，通过利用信息网络大量实施，累积危害达到严重程度。[①] 随着网络空间的社会化发展，它们对网络犯罪整体的作用越来越大，社会危害越来越严重。

在互联网环境下，利用QQ群、微信群等网络群组传播各种违法犯罪信息、实行分工协作的情形很普遍，但存在打击难立案难的情况。这些群组活

① 皮勇：《论新型网络犯罪立法及其适用》，《中国社会科学》2018年第10期。

动包括组织话费套现、营销作弊、骗保骗赔等，通常要求缴纳会费才能入群被教授各种犯罪方法。在对这些行为进行定性时，若想认定其构成非法利用信息网络罪或传授犯罪方法罪，是否要求行为人设立的网站或者群组里面所有的信息都是涉嫌违法犯罪的信息，有无比例的要求；教授的犯罪方法如果只涉及中间的链路，并没有全部传授，是否能认定为传播犯罪方法的信息；认定构成非法利用信息网络罪，是依据注册量、浏览量、发布量，还是转发量进行认定等，这些问题公安司法机关在认识不统一的情况下，通常不愿意轻易予以立案追诉，因此常常存在一定程度的打击空白。再比如，从惩罚、威慑等角度而言，被网络“水军”等网络恶意行为攻击的企业对诉诸刑事法律存在更多的现实需求。从目前刑法及司法解释来看，刑法第 246 条规定“以暴力或者其他方法公然侮辱他人或者捏造事实诽谤他人，情节严重的”构成侮辱罪、诽谤罪，第 225 条规定了扰乱市场秩序的非法经营罪，第 221 条的损害商业信誉、商品声誉罪，网络恶意行为对于这些罪名都有可能触及。但实践中可能由于立案标准较高法律适用不统一等原因，网络恶意行为被追究刑事责任的案件较少。刑事司法实务如何把握罪刑法定原则，保持解释的开放性和周延性，在网络扫黑除恶专项斗争中用足刑法手段，贯彻宽严相济刑事政策亟待研究。

（二）调查取证难

网络犯罪的团伙化规模化集团化运作趋势明显，内部分工比较明确，一般都有境外窝点，通过计算机电话互联网实施远程非接触式的诈骗，诈骗手段多，更新速度快，被害人众多，立案查处和取证困难比较大。当前，买卖支付宝企业账号信息的案件开始增多，除账号内有金钱依赖盗窃罪进行认定外，缺乏其他有效的打击手段。当前电信网络诈骗的对象日趋定向化和精确化。犯罪嫌疑人一般先通过钓鱼软件、二维码、传播木马病毒等多种手段获取公民的信息，然后再进行分类，有针对性地实施诈骗。由于被害人人数众多，且往往遍及全国各个城市，被害人人数和被害人损失的认定都十分困难。依据被害人自己的申报，之后法院核实金额的方法也存在诸多问题。有的办案人员取证方式固定证据的意识不是太强，一旦同步录音录像不及时，无法核实供述是否真实，对审查工作很不利。案发后，被告退赃后也没办法处理，因为不知道究竟有多少被害人，被害人都在哪里。公安机关常常需要排着队去互联网公司取证，时间非常长，对于查明案件事实及其不利。

（三）追究源头犯罪难

在打击网络犯罪产业链的过程中，有种现象值得关注，即被发现并受到追究的网络犯罪分子大多是下游犯罪人员，如诈骗、盗窃犯罪中的取现、套现者或转账者，而处于犯罪链上游、为盗窃、诈骗犯罪活动提供技术支持、提供信息和数据者却难以受到应有的打击。究其原因，一方面在于民众反映强烈、公安机关直接立案侦查的案件如电信诈骗、网络盗窃等往往属于下游犯罪，而信息技术支持行为多为上游犯罪，如果侦查机关在办案过程中不注重打击犯罪链条，则此类犯罪很难被发现。另一方面，即使公安机关发现了信息技术提供行为的线索，由于网络犯罪的上下游犯罪分子之间均是通过网络匿名进行联络，且中间环节众多，公安机关很难查获位于最上端的信息技术提供行为人，导致难以有效追究此类犯罪。

网络黑恶势力违法犯罪行为的特点之一，是藏身幕后组织、教唆、帮助犯罪者难以得到追诉和惩处。[①] 以网络“水军”为例，这些“幕后黑手”发明并传授犯罪方法，实施组织和雇用“水军”，指挥广大“水军”在互联网上“协同作战”，或捕风捉影，或捏造事实，在互联网上造成对某家企业或某个行业极其不利或负面的浪潮，实现短时间内给打击目标造成企业商誉、股价波动等多方面的巨大损失。这些组织、教唆、帮助藏身幕后，而现身互联网的均为数量众多、极为分散的“水军”雇员，使得被攻击的企业很难予以有针对性的还击。一方面，被攻击的企业难以锁定违法犯罪行为的真正主体；另一方面，即便被攻击的企业确定了一两家“水军”，如果没有进一步的刑事侦查等程序介入，也难以深入挖掘找到实施违法犯罪行为的“真凶”，而其余“水军”则依然如故，继续按照组织者的意图肆意“灌水”。因此，利用现有证据及裁判规则，发现和斩断网络黑恶势力犯罪的利益链条，确定组织、教唆、帮助者的真实身份，依法对网络恶势力团伙或集团进行追诉，追究其法律责任，存在很大难度。

（四）准确定性难

定性难问题是现阶段司法机关在办理网络恶势力犯罪时面临的一大难

---

① 徐持：《扫除网络空间“恶势力”和“软暴力”》，《人民法院报》2018 年 9 月 13 日第 2 版。

题。网络时代和信息技术对人类社会带来的冲击是颠覆式的，社会生产、经济和人们的生活方式也因之发生了改变。经过几轮的严厉打击和专项行动，恶势力犯罪或在公权力系统内寻求保护伞，或刻意降低组织的违法犯罪色彩，组织形态上更多采用公司、企业等合法形式，黑社会组织、黑社会性质组织与恶势力、犯罪团伙或犯罪集团的界限也趋于模糊。网络犯罪中信息技术行为的定性问题已经成为网络犯罪中的重点和难点问题，这涉及刑法中共同犯罪、主观罪过、刑事责任的认定等诸多刑法理论问题，也涉及对犯罪主客观构成要件的理解认定，以及此罪与彼罪的区别等问题。例如，在P2P集资诈骗案件中，对于提供技术支持和平台建构的人，如何对其定罪量刑存在争议。如果按照诈骗共犯定罪，难以证明其主观上存在明知或者事先同谋；如果利用《刑法修正案（九）》中的规定，定为拒不履行网络信息安全监管义务罪或者帮助信息网络犯罪活动罪，又可能会带来重罪轻判的问题。另外，在司法实践中，大量的电信网络诈骗案件以诈骗集团为核心，上下游分别有提供公民个人信息、诈骗剧本、转账银行卡、技术保障、取款帮助的人员。这些不同的犯罪人员，术业有专攻，相互之间少有交叉，但都成为诈骗犯罪链条不可或缺的一部分，如一些软件服务人员为诈骗团伙提供改号软件、通话线路等技术服务，这些行为是电信诈骗犯罪的基础，危害极大，但是这些技术人员与实施诈骗的嫌疑人之间互不相识，从不联系，在未抓获具体的诈骗实行犯时，能否定罪、如何定罪争议较大。

导致信息技术行为定性难的主要原因在于，信息网络技术犯罪行为与其他犯罪关系密切，在很多情形下对信息技术提供行为是单独定罪还是作为共同犯罪进行定罪处罚，学术界和实务部分均存在不同看法，很难达成共识。同时，由于大量的网络行为如买卖手机黑卡、网络账号以及网上虚假交易等行为在立法上处于“灰色”地带，司法机关在适用刑法时会面临很多困难。此外，对于技术提供行为，涉案被告人往往以“技术中立”，对犯罪“不知情”为由进行辩护，在案内没有有效证据证明信息技术提供者、推广者和使用者的犯罪行为时，司法机关在定罪时往往会面临很大压力。

（五）再犯率高

随着恶意软件包的出现和比比皆是，网络犯罪分子不再需要掌握复杂的技术或技巧。据估多达80%的网络犯罪都源于某种有组织的活动，而网络犯罪黑市建立在制作恶意软件、计算机感染、僵尸网络管理、窃取个人及金融数据、数据买卖及金融信息的“变现”这一整套流程上。网络犯罪需要良好的组织形式才能付诸实施，可能是小型犯罪团伙、松散临时网点和较大规模的有组织犯罪。其罪犯和现行犯罪组织的模式和常规犯罪大致相同。尤其是在发展中国家，涉足计算机金融欺诈的年轻人的亚文化已经兴起，其中不少人在少年时期就参与网络犯罪。但是目前对网络恶势力的惩治存在上述发现难、调查难、定性难的问题，即便进入审判程序，也常常出现重罪轻判、适用缓刑率偏高等情况。这实际上造成了犯罪险低、成本低、门槛低但收益畸高的不平衡现象。上游组织者、教唆者常常流动作案，即便被判处刑罚，也很快再犯，尤其是青少年或未成年人，如果不能及时纠正和教育引导，可能长期和多次犯罪，形成非常长的犯罪生涯。

三　网络恶势力犯罪刑事治理的路径探索

打击网络恶势力犯罪一方面要与时俱进地更新刑事司法理念和思维，贯彻宽严相济、依法严惩的刑事政策，积极回应人民群众对打击恶性犯罪，获得安全和美好生活的呼声。另一方面，应对网络恶势力犯罪也必须遵循全面依法治国方略的要求，落实罪刑法定、无罪推定等刑事法治基本原则，宽严相济与打早打小相结合，确保扫黑除恶专项斗争始终在法治轨道运行。

（一）完善刑事法律制度供给

从历史脉络上看，“恶势力”有着从革命话语、政策话语、制度话语再到法律术语的演变历程。2018 年 1 月，全国开始为期三年的“扫黑除恶”专项斗争，前所未有地提升了惩治恶势力的重要性和力度；2019 年两高两部发布《关于办理恶势力刑事案件若干问题的意见》等四个意见，进一步明确了恶势力的内涵、根本特征和司法认定标准；2019 年 10 月，两高两部发布《关于办理利用信息网络实施黑恶势力犯罪的刑事案件若干问题的意见》，从准确惩罚犯罪角度，对有关要件的认定做出了指引性规定，例如，利用信息网络实施违法犯罪的黑恶势力组织成员之间一般通过即时通信工具、通讯群组、电子邮件、网盘等信息网络方式联络，对部分组织成员通过信息网络方式联络实施黑恶势力违法犯罪活动，即使相互未见面、彼此不熟识，不影响对组织特征的认定等，为网络恶势力犯罪刑事治理提供了坚实的法治保障。认定恶势力“有了专门进行司法判断的法律依据，以及刑法解释学的研究价值”[①]，虽然“恶势力”仍然不是规范的法律概念，这也正说明“恶势力”通过国家立法成为法律术语或纳入上位法定概念的关键历史节点已经到来。

应对网络恶势力犯罪这种新型有组织犯罪，必须保持司法理念和司法思维的先进性、前瞻性和科学性。在更加多元的思维框架下，突破一体化制裁思路，缩短立法与司法，实体与程序，司法正义与人民群众获得感之间的距离。确立有组织犯罪广义概念，是各国成功反有组织犯罪法治的关键之一。从刑事政策上看关键的要素主要是三个方面，一是树立广义的，有组织犯罪法律概念，以体现“打早打小”的专门政策观念；二是规定特殊的实体、诉讼及司法制度，以体现特别“措施强力打击”的政策思想，三是坚决打击洗钱犯罪、腐败犯罪等与有组织犯罪关联性强的犯罪，以体现“全方位打击”的政策思路。

应当看到，目前我国打击黑恶势力犯罪仍停留在相对粗放的阶段，没有形成区分式、精细化的治理框架。依法扫除黑恶势力犯罪，必须能够准确认定黑社会性质组织犯罪和“恶势力”犯罪，这就要求司法机关必须能够准确把握“恶势力”的法律属性、法律地位、根本特征和认定标准。而解决这一系列司法难题的前提是对“恶势力”犯罪有正确的体系性认识，在规范分析的基础上，结合现存理论纷争与实务分歧，以“俯瞰”的视角，纵观我国有组织犯罪的全貌，在有组织犯罪的共性中探究恶势力的本质特征，通过明晰恶势力犯罪的本质来把握它与一般共同犯罪以及黑社会性质组织犯罪的差异所在。根据发展状态的不同，将有组织犯罪分为恶势力结伙犯罪、恶势力集团犯罪[②]与黑社会性质组织犯罪，在刑法规定的范围内分别打击、相互补充、高低搭配，形成一个阶梯化惩治有组织犯罪的法律体系。

（二）进一步明确裁判尺度

亟待以扫除网络“水军”和电子商务领域恶意行为为突破口，逐步统一网络黑恶势力的案件认定与处理标准。可以适当降低共犯从属性的解释要

① 黄京平:《恶势力及其软暴力犯罪探微》,《中国刑事法杂志》2018 年第 3 期。

② 参见陈兴良《恶势力犯罪研究》,《中国刑事法杂志》2019 年第 4 期。

求，对“明知”采取概括故意的认定方法，从行为或组织的利益链条切入，倒查危害行为的组织者、策划者，从而解决网络黑恶势力犯罪中组织犯、教唆犯和帮助犯的可罚性；要抓住以组织的影响力等为依托，以暴力威胁可能性为基础，足以让他人产生心理恐慌、恐惧从而形成心理强制，在特定行业或领域形成控制力的认定关键；由于网络恶势力、软暴力犯罪通常不是实施一次就能符合刑法规定的犯罪构成，其单个的行为通常因为情节轻微或显著轻微、后果不严重而不作为犯罪处理或不能认定为犯罪，应适当运用“累积犯”原理，综合多次行为来判断是否构成犯罪；从证据收集和运用的角度看，要正视网络犯罪证据规则的特殊性，进一步研究网络犯罪证据标准和证明标准，探索以举证责任倒置破解网络犯罪证明难题；提倡法院与公安机关和检察机关就疑难案件定期会商，就关键问题提前达成共识，在现有法律框架内用足用好各类法律资源和手段，为案件正确定罪量刑提供坚实依据。可以通过公布案例的方式，明确此类案件的办案思路、立案标准和裁判规则，向广大企业、社会公众传递打击此类违法犯罪行为的决心，符合以人民为中心进行扫黑除恶专项斗争的精神。一方面可以更新和适当扩张对黑恶势力犯罪的刑法解释，另一方面能够限制地方法院的任意解释，确保扫黑除恶斗争始终在法治轨道上运行，做到不枉不纵。

（三）构建共治格局

网络时代的有组织犯罪，完全可能同时整合有组织犯罪、网络犯罪和跨国犯罪三者的特点和“优势”，成为未来的“超级犯罪”，甚至演变为犯罪的常态。不仅危害社会治安，更是对政治安全、经济安全、网络安全等国家安全的威胁。[①] 当前国际环境和形势发生巨变，跨国有组织犯罪借助信息网络技术可以更加便利的实施而危害性倍增，尤其值得警惕。在有组织犯罪的规范框架下理解网络恶势力犯罪，有利于根据其本质特征和发展规律进行精准打击，有效预防。

网络恶势力犯罪的刑事治理应当在依法治国理念的引领下，密切结合地方实践，及时调研总结侦查、检察、审判等公安司法工作的有益经验，在网

① 左亦鲁：《国家安全视域下的网络安全——从攻守平衡的角度切入》，《华东政法大学学报》2018 年第 1 期。

络扫黑除恶斗争中发扬新时代“枫桥经验”，立足时代特点，把握犯罪行为进化特征，树立规制网络恶势力犯罪的新思维和新策略。打破司法机关与产业技术界之间的壁垒，主动寻求产业技术界的帮助和支持，为深刻理解、洞察和治理网络恶势力、软暴力犯罪找到公私合作的有效路径，以更多元的主体、更丰富的方法和更规范的程序扫除网络空间黑恶势力犯罪。同时，网络恶势力犯罪是一种复杂的社会现象，扫除网络空间黑恶势力犯罪必须从源头入手，致力于消除网络黑恶犯罪赖以滋生的环境，从立法、执法、司法、守法和普法宣传教育各个环节协同发力，建立长效机制，开展专项治理、系统治理、源头治理和综合治理，清朗网络空间，构建社会诚信体系，培育良好社会风尚，探索网络恶势力犯罪协同共治的新模式，确保扫黑除恶专项斗争始终在法治轨道运行，经得起历史和法律的检验。

（责任编辑：刘灿华）

网络谣言在我国的刑事规制：创新、困境与优化*

徐洋洋　刘诗楦

（徐洋洋，上海市嘉定区人民法院刑事审判庭法官助理；
刘诗楦，上海市嘉定区人民检察院第三检察部检察官助理）

内容摘要　网络谣言是指网络空间中的谣言，网络谣言的本质是谣言，但又有不同于传统谣言的特点。网络谣言具有快速性、隐蔽性、成本低、范围广、危害大的特点。网络谣言的刑事规制实践表明：较之于网络犯罪的高发态势，网络谣言构成犯罪的比例不高；罪名适用多元化，但又相对集中于诽谤罪、寻衅滋事罪和编造、故意传播虚假信息罪；网络谣言的传播内容和渠道均呈现多样化的特点；实然罪名和应然罪名之间存在较大差异。面对日益膨胀的网络言论，我国刑事立法和司法积极回应。虽说这是一种“迫不得已”，是一种问题性思考方式下的应对措施，但同时这也标志着我国在国家法律制度层面实现从权利保障向风险控制的理念转变。运用刑事手段来打击网络谣言，存在理念、制度、技术三个层面的困境。从理念层面看，刑法的谦抑性被搁浅；从制度层面看，刑事立法和司法缺乏体系性思考；从技术层面看，网络空间的“公共秩序严重混乱”的判断标准不明确。国家（社会）治理能力、治理水平的提升是具体的，不是抽象的。由于网络谣言的治理涉及多种价值的平衡（最起码有言论自

---

*　基金项目：本文系 2019 年上海司法智库课题“从网络谣言的刑事规制的大数据分析谈社会综合治理模式的创新与优化”的阶段性成果。

由和社会秩序两种价值),从治本的角度看,必须站在更高的视野来看待网络谣言的治理问题。网络谣言治理模式的优化应该从两个层次展开:第一层次是区分法律之内和法律之外;第二层次是在法律之内区分刑法之内与其他法律规范。

关键词 网络谣言 刑事规制 寻衅滋事罪 言论自由 社会治理

众所周知,要想实现整个社会系统的治理现代化,必须从局部的小系统率先实现治理现代化,正所谓"不积跬步,无以至千里;不积小流,无以成江河。"① 社会治理包括的内容很多,这是由社会系统的复杂性决定的。在社会这个大系统内部存在许多小系统,卢曼(Luhmann)是最早从系统论的角度研究法律的学者,他认为社会是由不同的功能子系统构成,法律仅是社会的一个功能子系统。也有学者认为,不仅法律是社会的独立子系统,且法律系统的不同部门法,也是独立于社会的功能子系统。② 因此,刑法也是社会的独立的功能子系统,刑事治理属于社会治理范畴。在整个社会大系统中,刑法是一个小系统,但是,"麻雀虽小,五脏俱全",通过考察刑法针对网络谣言的规制情况,能够反映出社会治理在国家发展进程中的变迁,这也是本文的研究初衷。

法治国家公民的言论自由是一项宪法权利,我们应当予以保护,但是对于编造、传播谣言者应该予以打击。针对本文,首先,我们应当明确谣言的概念,它是指虚假信息。网络谣言相较于现实空间的谣言,有其特别之处。其次,根据大数据分析网络谣言的刑法规制情况,包括案件基本情况、特点分析和原因分析。再次,阐明网络谣言刑事规制彰显出社会治理模式之创新和存在的困境。最后,基于平衡言论自由和社会秩序的考虑,展开优化我国网络谣言治理模式的思考。

① 《太平御览·学部·卷一》。

② 杜健荣:《社会系统论视野中的法律演化——卢曼法律演化理论述评》,《红河学院学报》2011年第4期。

一 谣言：从现实社会生活到虚拟网络空间

（一）谣言的概念界定

《现代汉语词典》对谣言的定义是："谣言是指没有根据的消息。"[①] 在刑法中，没有谣言的表述，而是用虚假信息的概念来称谓的。虚假信息是指与事实不相符的消息，既可能是有根据的消息，也可能是没有根据的消息。显然，没有根据的消息一定是与事实不相符的消息。所以，从概念的外延上看，虚假信息的外延要广于谣言。那么，谣言和虚假信息能否等同呢？有学者认为，应基于限制解释的立场，将"虚假信息"理解为"没有根据的消息"，而不能理解为"与事实不相符的消息"，具体理由是：其一，基于法律文理与原旨主义的要求。其二，与行政法规协调的需要。其三，司法解释的性质与作用的要求。[②] 我们认为，关于虚假信息的范围应当受到限制，"从文义上来讲，虚假信息是指与客观事实不符的一类信息。然而，有限的认识能力致使人们无法在任何场合都能精确地把握客观事实。基于个人体验所做的陈述或者基于客观事实作一般经验上的评价，都会因为个体差异而有所不同，这些陈述与评价和客观事实存在出入再正常不过。"[③] 只有将"没有根据"作为"虚假言论"的限制解释标准，才可以消除人们对于压缩言论自由空间的质疑，给言论自由留下足够的空间。由此，我们可以将"谣言"的定义界定为：没有根据且内容与事实不相符的消息或信息。

（二）网络谣言及其特点

传统谣言（现实空间中的谣言）是通过口口相传的形式传播的，受到传播范围、传播速度的限制，谣言的现实危害性既可知也可控。在互联网时代，网络不仅仅是一种工具，也成为一个人们的生活空间。网络

① 《现代汉语词典》，商务印书馆 2002 年版，第 1462 页。

② 孙万怀、卢恒飞：《刑法应当理性应对网络谣言——对网络造谣司法解释的实证评估》，《法学》2013 年第 11 期。

③ 江奥立：《寻衅滋事罪规制散布"虚假信息"行为的可行性分析》，《苏州大学学报》（法学版）2016 年第 2 期。

谣言是指网络空间中的谣言，“网络谣言的本质是谣言，但又有不同于传统谣言的特点。”① 我们认为，网络谣言有以下几个不同于传统谣言的特点：

第一，快速性。信息在网络空间中的传播速度远远超过在现实社会中的传播速度，网络空间大大缩减了人与人之间的空间距离，网民只要轻轻点动鼠标，就可以瞬间实现信息的跨区域传递，省与省之间、国家与国家之间的距离不再遥远，信息传播的速度大大提高。

第二，隐蔽性。在传统的现实空间之中，很容易形成一个又一个的熟人圈子，现实空间也就是一个熟人社会。可是网络空间与现实空间不同，网络具有虚拟性，网络空间的参与者之间的联系是在虚拟的互联网上进行的，在这个空间里活动的人们，他们的身份在绝大部分时间里面是虚拟的，甚至是被刻意隐藏的，任何人都可以戴着假面具上网，使犯罪的主体和行为具有隐蔽性。②

第三，成本低。对于网络谣言的发布者和传播者来说，他们的这种行为的成本是很低的，甚至是可以忽略不计的，不法分子还有可能从网络谣言的发布和传播中获利，网络谣言犯罪也就基于其低成本性而成为网络空间之中的洪水猛兽。③

第四，范围广。以网络为代表的现代媒体，通过数字化的通信技术，构建起了覆盖全球的传播网络，每一个网民既是信息的接受者，又是信息的传播者，并且通过网络实现了跨地区的相互联通，受众只要通过简单的点击就能够实现对信息的浏览、发布（或者转发）和评论，呈现出一种“发散式”的传播状况。④

第五，危害大。网络谣言与传统谣言一样，会对个人、集体、社会、国家的法益造成侵害，且所侵害的法益有一个特点，即主要是个人的名誉权、公司的商业信誉权、社会的管理秩序、国家安全等。但是，

---

① 殷勤：《网络谣言的犯罪化及其限度——以刑法修正案（九）编造、故意传播虚假信息罪为依据》，《人民司法（应用）》2016年第1期。

② 李森峰：《网络谣言犯罪刑法规制的问题及其应对》，吉林大学2015年硕士学位论文，第6页。

③ 李森峰：《网络谣言犯罪刑法规制的问题及其应对》，吉林大学2015年硕士学位论文，第6页。

④ 张艺玮：《网络谣言的特点、成因及对策分析——以“我爸是市长”为例》，来源：http://media.people.com.cn/GB/22114/44110/213990/17097786.html，最后访问时间：2019年12月1日。

网络谣言容易引起“雪球效应”①。在信息网络中，信息选择的主体不再是传播者，而是接受者，点击量和转发越多的信息越容易被置顶，越容易进入其他人的视野，从而得到更多人的评论或者转发。这就使被传播的信息像雪球一样越滚越大，可信性越来越强。②

二　司法实践中网络谣言的刑法规制概况

针对本文，我们可以使用“法信大数据（FAXINBIGDATA）”的类案检索功能进行“网络谣言的刑事规制大数据统计”③。为了避免统计误差，可能有的裁判文书未出现“网络”字眼，而是使用“微博”“微信”“互联网”“公众号”等字眼，因此在设定检索条件的时候将检索条件设定为“谣言”“刑事案件”。经过检索，发现有609篇裁判文书，经二次筛查，剔除一些重复案件以及与网络谣言无关的案件（这类案件虽然也是关于谣言的，但是其传播方式不是网络），最后选出来的样本数据是77个案件，这也就是本文的有效样本。

（一）案件基本情况概览

77件涉网络谣言的刑事案件总共涉及26个省（含直辖市），具体如下：安徽5件，北京3件，福建3件，甘肃5件，广东12件，广西1件，贵州1件，河北3件，河南7件，黑龙江4件，湖北1件，湖南3件，吉林1件，江苏1件，江西3件，辽宁2件，内蒙古3件，青海3件，山东2件，山西2件，陕西1件，上海3件，新疆1件，云南1件，浙江5件，重庆1件。（详见图1）

从网络谣言刑法制裁的时间（统计的是案件结案时间而非发生时间）趋势看，运用刑事手段惩治网络谣言是从2013年开始的，在2014

① 雪球效应，英文名为“A snowball effect”，是指两个雪球，一大一小，大雪球本来就大，相同的速度可以滚动更大的面积，小雪球体积小，所以相同的速度滚的面积小，假设一块地上的积雪一定，那么大雪球可以变得非常大，而且吸走绝大多数积雪，小雪球增加的雪就非常小了，最后，两个雪球体积相差更大。

② 卢恒飞：《利用信息网络编造传播虚假信息行为刑法规制研究》，华东政法大学2015年硕士学位论文，第9页。

③ http：//lats. faxindata. com/lib/lats/index. aspx，最后访问时间：2019年11月11日。

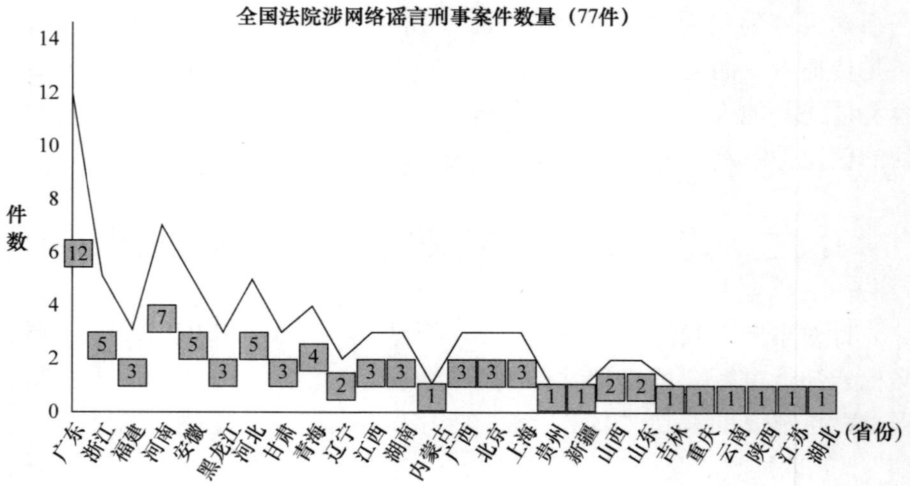

图 1　全国法院涉网络谣言刑事案件数量

年达到一个小高峰，随后有所回落，但是高峰期在 2016 年到 2018 年再度出现，直到 2019 年下降明显。(详见图 2)

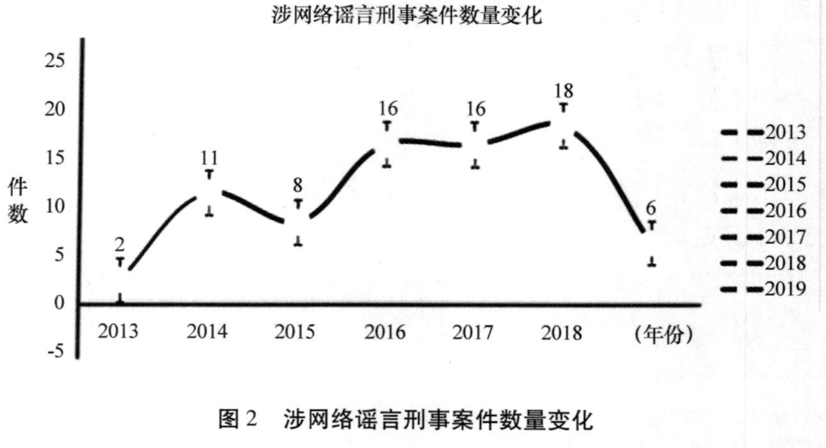

图 2　涉网络谣言刑事案件数量变化

网络谣言刑法规制的实然罪名总计有 9 个，具体是：寻衅滋事罪 32 件，占比 40%；侮辱罪 1 件，占比 1%；损害商业信誉、商品声誉罪 4 件，占比 5%；敲诈勒索罪 6 件，占比 8%；

聚众扰乱社会秩序罪 4 件，占比 5%；扰乱国家机关工作秩序罪 1 件，占比 1%；诽谤罪 18 件，占比 23%；编造、故意传播虚假信息罪 3 件，占比 4%；利用邪教组织破坏法律实施罪 10 件，占比 13%。（详见图 3）

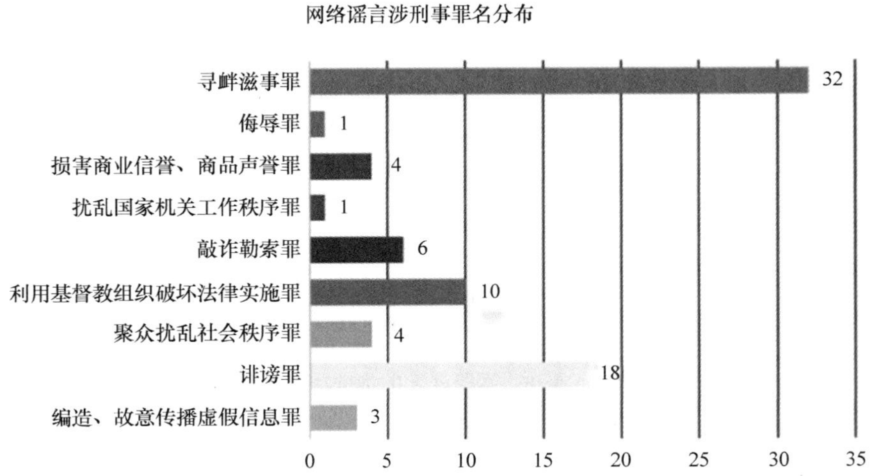

图 3　网络谣言刑事罪名分布

从网络谣言的传播渠道来看，新型移动互联网已经成为网络谣言传播的主要平台，有 30 件案件是利用微信进行传播的。值得我们关注的是，有 2 件案件是通过专业的网络推手公司来传播谣言的。通过分析裁判文书，我们发现一个现象：法官对于行为人通过微信、QQ 群进行谣言传播与通过论坛进行谣言传播没有特别区分。可是我们都知道，它们之间的差异性是存在的，且这种差异性又直接影响“公共性”的认定。（详见图 4）

从网络谣言的传播内容看，以攻击个人或企业为造谣内容的最多，有 33 件，占比 42%。

其他的还有：炒作的有 8 件，占比 10%；政治谣言的有 11 件，占比 14%；攻击政府的有 8 件，占比 10%；捏造夸大灾害事故的有 6 件，

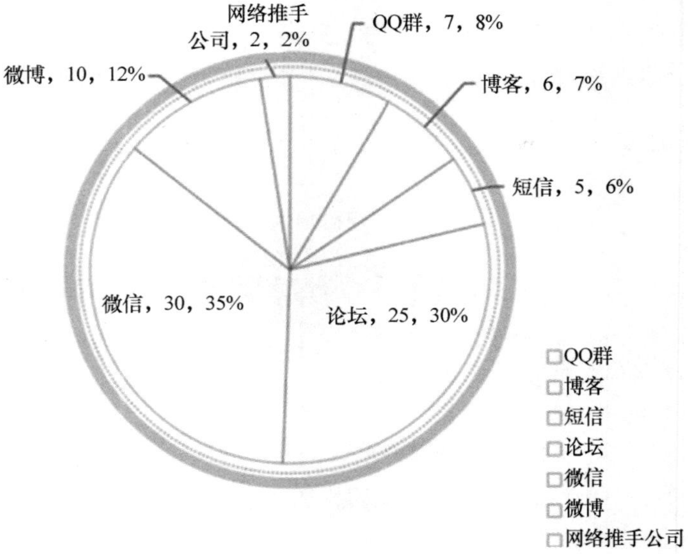

图 4　网络谣言的传播渠道

占比 8%；煽动危害公共安全的有 5 件，占比 6%；邪教迷信的有 8 件，占比 10%。（详见图 5）

（二）特点分析

1. 较之于网络犯罪的高发态势，网络谣言构成犯罪的比例不高，表明司法实践对于网络言论自由的容忍度较高

最高法院于 2019 年 11 月 19 日发布的《网络犯罪司法大数据专题报告》指出，2016 年至 2018 年，全国各级法院一审审结的网络犯罪案件共计 4. 8 万余件，在全部刑事案件总量中的占比为 1. 54%，案件量和占比均呈逐年上升趋势。其中 2016 年网络犯罪案件占当年刑事案件的 1. 15%；2017 年案件量同比上升 32. 58%，2018 年案件显著增加，同比升幅为 50. 91%。网络犯罪案件量及占比逐年上升，尽管如此，网络谣言成立犯罪的比例还是很低的，约占比为 0. 1%（50/4. 8 万），这也反映了司法实践对于网络谣言入罪采取一种比较克制的态度。申言之，我们对于网络言论的容忍度还是很高的，我们不希望通过刑法介入网络空间实现严厉打击，最终导致网络空间出现“万马齐喑、噤若寒蝉”的情

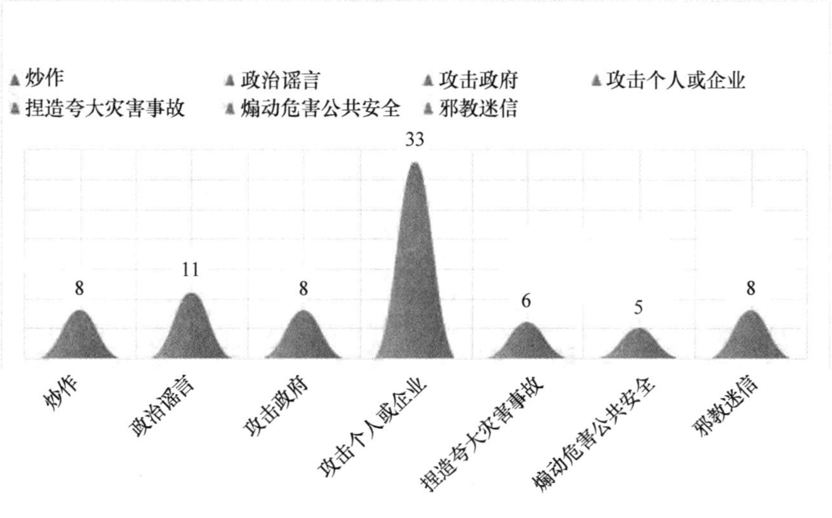

图 5　网络谣言的内容

况。“网络谣言尽管‘恶果’累累、‘恶名’远扬，刑法的规制不可或缺，但行业自律、伦理倡导、行政监管、信息公开及民事、行政处罚等其他手段、措施的综合运用，才是网络谣言治理的主要方式。”①

2. 罪名适用多元化，但又相对集中于诽谤罪、寻衅滋事罪和编造、故意传播虚假信息罪

从已决的有罪裁判文书看，用刑事手段来规制网络谣言主要是以以上 9 个罪名来实现的。虽然均为谣言，由于谣言内容的不同，从而侵害的法益也就不同。以损害商业信誉、商品声誉罪为例，它的法益是个体经营者利益的反射利益。② 被告人杨某甲为报复被浙江新中梁房地产开发有限公司解职一事，在其位于本区老西站附近的暂住处内，捏造有关新中梁公司董事长杨某某因七都地块和外滩首府招标问题向原温州市委书记陈德荣行贿等虚假信息，并利用互联网将该信息公开发布在其本人的微信朋友圈。法院认为，被告人杨某甲捏造并散布虚伪事实，损害他

① 钟育周：《讹言谎语的刑法边界——试论网络谣言入刑的困境与出路》，贺荣主编：《尊重司法规律与刑事法律适用研究》，人民法院出版社 2016 年版，第 968 页。

② 石聚航：《损害商业信誉、商品声誉罪的规范解释》，《政治与法律》2018 年第 8 期。

人商业信誉，情节严重，其行为已构成损害商业信誉罪。[①] 刑法是行为刑法，不规制思想，只处罚谣言的编造、传播行为。2013 年 9 月 6 日最高人民法院、最高人民检察院在《寻衅滋事罪解释》中规定，编造虚假信息，或者明知是编造的虚假信息，在信息网络上散布，或者组织、指使人员在信息网络上散布，起哄闹事，造成公共秩序严重混乱的，应以寻衅滋事罪定罪处罚。2015 年 11 月 1 日生效施行的《刑法修正案(九)》，专门就网络谣言行为独立设置编造、故意传播虚假信息罪。由于大多数网络谣言是针对个人或企业的，诽谤罪是被多次适用的罪名。因此，诽谤罪、寻衅滋事罪和编造、故意传播虚假信息罪成为了最近几年规制网络谣言的主要罪名，占比为 67% 。

3. 网络谣言的传播内容和渠道均呈现多样化的特点

首先，关于网络谣言的传播内容，实践中有七种表现形式。攻击个人或企业的网络谣言有 33 件，占比 42% ，是占比最高的；编造、传播政治谣言的有 11 件，占比 14% ，在所有的传播网络谣言的案件中占比第二，这一点需要引起高度重视。其他的如炒作、攻击政府、邪教迷信等，占比为 10% 左右。最后为捏造夸大灾害事故和煽动危害公共安全的，占比为 8% 和 6% 。对于这些网络谣言的传播内容依据行为类型分类，刘艳红教授认为，我国现行刑法规定的网络言论型犯罪，大体可分为煽动宣扬型、编造传播型和侮辱诽谤型三种类型，分别可能侵犯国家法益、社会法益或个人法益。[②]

其次，关于网络谣言的传播渠道，实践中有七种表现方式。一般来说，通过论坛、微博、博客等来传播谣言是常见的方式，因为这三种传播媒介的受众基本上属于不特定的人群。然而，新出现的利用微信、QQ 群来传播网络谣言的情形，受众大多为特定的朋友圈。另外，网络推手公司的出现，也给网络谣言的传播提供了便利，特别是在利益面前，这类网络推手公司或许会丧失道德和法律的底线，帮助谣言传播，从而给公共社会秩序造成严重的混乱。

---

① 详见（2014）温鹿刑初字第 1 号刑事判决书。

② 刘艳红：《网络时代言论自由的刑法边界》，《中国社会科学》2016 年第 10 期。

4. 实然罪名和应然罪名之间存在较大差异

实然的罪名是司法性的，应然的罪名是立法性的。根据统计，我国刑法中涉及编造、传播虚假信息行为的罪名至少有 16 个（具体如下表 1）。“可以说，现行刑法对编造、传播虚假信息的行为已经编织了一个严密的刑事法网，而且从具体罪名上看，刑法要么从虚假信息的对象上对其进行限定，要么从内容上进行限定。”① 可是，实然的罪名体系包括 9 个（具体如上图 3），与应然的罪名体系相比较，有些罪名可能虚置化了，比如战时造谣惑众罪、战时造谣扰乱军心罪，但又不可偏废，随时可以被激活。以战时造谣惑众罪为例，我们生活的这个世界并不太平，战争可能随时发生，2020 年 1 月 3 日，“美军用一次成功的空袭，杀死了伊朗革命卫队‘圣城旅’大名鼎鼎的指挥官苏莱曼尼，这件事成为 2020 年第一个国际焦点新闻，因为这件事影响或远远超出外界的预计：对于已经混乱不堪的中东局势而言，麻烦可能才刚刚开始。”②

表 1

罪名	刑法条文
煽动分裂国家罪	第 103 条第 2 款：煽动分裂国家、破坏国家统一的
煽动颠覆国家政权罪	第 105 条第 2 款：以造谣、诽谤或者其他方式煽动颠覆国家政权、推翻社会主义制度的
欺诈发行股票、债券罪	第 160 条：在招股说明书、认股书、公司、企业债券募集办法中隐瞒重要事实或者编造重大虚假内容，发行股票或者公司、企业债券，数额巨大、后果严重或者有其他严重情节的
违规披露、不披露重要信息罪	第 161 条：依法负有信息披露义务的公司、企业向股东和社会公众提供虚假的或者隐瞒重要事实的财务会计报告，或者对依法应当披露的其他信息不按照规定披露，严重损害股东或者其他人利益，或者有其他严重情节的

① 卢恒飞：《利用信息网络编造传播虚假信息行为刑法规制研究》，华东政法大学，硕士学位论文，2015 年，第 12 页。

② 佚名：《苏莱曼尼死了，但美国的麻烦才真正开始，政治上犯了大忌》，来源：https：//baijiahao. baidu. com/s? id = 1654797304795966885&wfr = spider&for = pc，最后访问时间：2020 年 1 月 9 日。

续表

罪名	刑法条文
编造并传播证券、期货交易虚假信息罪	第181条第1款：编造并且传播影响证券、期货交易的虚假信息，扰乱证券、期货交易市场的
诱骗投资者买卖证券、期货合约罪	第181条第2款：证券交易所、期货交易所、证券公司、期货经纪公司的从业人员，证券业协会、期货协会或者证券期货监督部门的工作人员，故意提供虚假信息或者伪造、变造、销毁交易记录，诱骗投资者买卖证券、期货合约，造成严重后果的
损害商业信誉、商品声誉罪	第221条：捏造并散布虚伪事实，损害他人的商业信誉、商品声誉，给他人造成重大损失或者有其他严重情节的
虚假广告罪	第222条：广告主、广告经营者、广告发布者违反国家规定，利用广告对商品或者服务作虚假宣传，情节严重的
侮辱罪、诽谤罪	第246条：以暴力或者其他方法公然侮辱他人或者捏造事实诽谤他人，情节严重的
煽动民族仇恨、民族歧视罪	第249条：煽动民族仇恨、民族歧视，情节严重的
出版歧视、侮辱少数民族作品罪	第250条：在出版物中刊载歧视、侮辱少数民族的内容，情节恶劣，造成严重后果的
编造、故意传播虚假恐怖信息罪、编造、传播虚假信息罪	第291条之一：编造爆炸威胁、生化威胁、放射威胁等恐怖信息，或者明知是编造的恐怖信息而故意传播，严重扰乱社会秩序的。编造虚假的险情、疫情、灾情、警情，在信息网络或者其他媒体上传播，或者明知是上述虚假信息，故意在信息网络或者其他媒体上传播，严重扰乱社会秩序的，处3年以下有期徒刑、拘役或者管制；造成严重后果的，处3年以上7年以下有期徒刑
寻衅滋事罪	第293条第1款第4项：在公共场所起哄闹事，造成公共场所秩序严重混乱的
组织、利用会道门、邪教组织、利用迷信破坏法律实施罪	第300条第1款：组织和利用会道门、邪教组织或者利用迷信破坏国家法律、行政法规实施的
战时造谣扰乱军心罪	第378条：战时造谣惑众，扰乱军心的
战时造谣惑众罪	第434条：战时造谣惑众，动摇军心的

（三）网络谣言肆虐的原因探寻

1. 网络谣言肆虐的传播规律原因：超时空性和无限转发

在现阶段，网络自身的超时空特性使得虚假信息不再受制于有限的时间、地点，也使得虚假信息的扩散具有了无限延展的可能性。和传统编造、传播虚假信息的媒介和平台相比，网络的传播速度、传播范围得到了无限地放大，影响和涉及的范围也无限地扩大，网络上的虚假信息可以快速和无限制地被传播与复制，可以在瞬间触及全世界可以上网的角落。网络谣言一经发布，往往会迅速引起集体围观，经过成千上万网民的以讹传讹，使谣言出现“裂变式”快速传播。①

2. 网络谣言肆虐的成本原因：低成本和低门槛

网络的平民化使得发布虚假言论的门槛较低，一个 BBS 就是一张报纸，一个论坛就是一个讲堂，一个微博就是一个报纸、广播台甚至是电视台，在人人都可以通过网络将声音扩散到全世界的今天，大规模造谣、传谣的门槛已经降低到几乎没有。另外，网络谣言传播的违法成本也极低，一般不会追究相关责任，导致大量网络造谣行为在事后没有能够进入到司法程序中进行查处和制裁。②

三　网络谣言刑事规制的社会治理模式创新

前文已述我国关于谣言的刑事立法情况，通过检索我国的法律，会发现关于谣言已经有一些规定，如《治安管理处罚法》第 25 条③、《民法通则》第 101 条④。但在《寻衅滋事罪解释》与《刑法修正案（九）》出台之前，一些编造、传播政治谣言、煽动危害公共安全、捏造夸大灾

① 于志刚：《全媒体时代与编造、传播虚假信息的制裁思路》，《法学论坛》2014 年第 2 期。

② 于志刚：《全媒体时代与编造、传播虚假信息的制裁思路》，《法学论坛》2014 年第 2 期。

③ 《治安管理处罚法》第 25 条规定：“有下列行为之一的，处五日以上十日以下拘留，可以并处五百元以下罚款；情节较轻的，处五日以下拘留或者五百元以下罚款：（一）散布谣言，谎报险情、疫情、警情或者以其他方法故意扰乱公共秩序的；（二）投放虚假的爆炸性、毒害性、放射性、腐蚀性物质或者传染病病原体等危险物质扰乱公共秩序的；（三）扬言实施放火、爆炸、投放危险物质扰乱公共秩序的。”

④ 《民法通则》第 101 条规定：“公民、法人享有名誉权，公民的人格尊严受法律保护，禁止用侮辱、诽谤等方式损害公民、法人的名誉。”

害事故的网络言论是不能归罪的。显而易见，这类网络谣言的危害是十分严重的。

“网络时代，言论自由与言论犯罪之间传统的紧张关系进一步升级。被称为信息高速公路的互联网新媒介远比传统大众媒介传播速度快、扩散范围广，言论自由比以往任何时代更加自由的同时，使得言论犯罪也更加容易发生。面对日益膨胀的网络言论，我国刑事立法和司法积极回应。”① 虽说这是一种“迫不得已”，是一种问题性思考方式下的应对措施，但同时这也标志着我国在国家法律制度层面实现从权利保障向风险控制的理念转变。

（一）网络不是法外之地，承认网络空间公共秩序的保护必要性，网络谣言治理需要刑法

于志刚教授梳理过网络犯罪的发展历程，他认为，“技术更新一直在推动网络的发展，网络的发展先后经历了前网络时代、网络1.0时代、网络2.0时代、网络‘空间化’时代四个阶段，每一次网络的更迭代换和升级都与当时的技术转型密不可分”。② 随着平台思维的兴起，网络成为了滋生犯罪的空间和土壤。为了应对传统犯罪向网络犯罪的异化，“双层社会”理论被提出来。在当今“双层社会”的背景下，网络空间已经成为人类活动的“第二空间”，几乎和现实空间一样给人们提供了相同条件的活动场所，网络已不仅仅是社会信息交流和传播的媒介，更逐渐成为了普通公众生活必不可少的一部分，极大地增加了公众的认知范围和活动领域。因此，网络空间不仅实际地成为人类活动的“第二空间”，也成为供公众从事社会生活的重要场所和“第二社会”。③ 应当说，“双层社会”理论的提出，为刑法进入网络空间进行调控提供了理论基础。换言之，网络空间秩序也是一种公共秩序，“在定性上，只有正视双层社会的一体化命题，才能解决将‘网络秩序’解释为

① 刘艳红：《网络时代言论自由的刑法边界》，《中国社会科学》2016年第10期。

② 于志刚、吴尚聪：《我国网络犯罪发展及其立法、司法、理论应对的历史梳理》，《政治与法律》2018年第1期。

③ 于志刚：《全媒体时代与编造、传播虚假信息的制裁思路》，《法学论坛》2014年第2期。

‘公共场所秩序’，以及‘公共场所秩序严重混乱’如何认定的问题。”① 刑法介入网络空间秩序具有正当性，可以说这是理论创新向制度创新的经典范例。

或许有人会说，治理网络谣言不应动用刑法，可以用其他的法律来调整，比如用行政法的手段。甚至有宪法学者批评说：“‘网络秩序’这个概念是不存在的；网络天生是一片乱哄哄的众说纷纭，没有什么‘秩序’可言。如果硬是要强加一种秩序，则可能会适得其反。而如此解释《刑法》第293条第4项恰好与《宪法》第35条所规定的言论自由背道而驰。因此，即便要将‘寻衅滋事’扩展到网络，也必须严格区分其中的两个‘公共场所’的概念，而不能简单将二者均等同于网络空间：起哄闹事的‘公共场所’可以包括网络虚拟空间，但是造成秩序严重混乱的‘公共场所’仅限于实际公共空间。只要网络言论并未造成实际公共场所的‘秩序严重混乱’，即不得对言论适用寻衅滋事罪。”② 诚哉斯言，言论自由是一项宪法性权利。但是，“言论自由权不是随意讲话的权利，不是自由看电视的权利，也不是你的话不遭人恨的权利”。“你不会因为批评总统而被抓进监狱，但你可能会因为恐吓他而坐牢。”③ “显然，言论自由与发表言论可能构成犯罪之间的悖论，也可谓二者之间的平衡问题，或者说，言论自由存在边界。而如何划定其中的边界，是古老的话题。”④ “在网络空间，人们的自由应当受到限制，而国家具有增设义务条款的权利。”⑤

（二）活性化立法是问题性思考的产物

2013年9月6日两高的《寻衅滋事罪解释》规定，编造虚假信息，或者明知是编造的虚假信息，在信息网络上散布，或者组织、指使人员

① 于志刚、郭旨龙：《“双层社会”与“公共秩序严重混乱”的认定标准》，《华东政法大学学报》2014年第3期。

② 张千帆：《刑法适用应遵循宪法的基本精神——以“寻衅滋事”的司法解释为例》，《法学》2015年第4期。

③ ［美］劳伦斯·莱斯格：《代码2.0：网络空间中的法律》，李旭、沈伟伟译，清华大学出版社2009年版，第252页。

④ 张明楷：《言论自由与刑事犯罪》，《清华法学》2016年第1期。

⑤ 储槐植、李梦：《网络谣言的刑法规制探究》，《山东警察学院学报》2019年第1期。

在信息网络上散布，起哄闹事，造成公共秩序严重混乱的，应以寻衅滋事罪定罪处罚。2015年11月1日《刑法修正案（九）》专门就网络谣言行为独立设置编造、故意传播虚假信息罪。我们认为，这是我国刑事立法活性化的产物，背后蕴含着一种问题性思考。

在上述司法解释和刑法修正案出台前，我国传统刑法针对谣言等虚假信息的惩治体系较为简单：（1）针对特定个人、商业单位、商品的谣言，在制裁思路上设计了两个罪名：一是诽谤罪（实际上包括侮辱罪），制裁的是针对特定个人的诽谤性、侮辱性言论。因此，谣言如果是针对特定个人的声誉毁损的，可以根据具体情节定性为侮辱罪或者诽谤罪；二是损害商业信誉、商品声誉罪，制裁的是损毁特定公司、企业信誉，损毁或者特定公司、企业的特定商品声誉的行为，因此，针对某一特定公司、企业及其产品所编造的谣言，可以定性为损害商业信誉、商品声誉罪。（2）针对不特定个人、单位、产品的谣言，在罪名设计上，只有“编造、故意传播虚假恐怖信息罪”一个罪名，用以严厉制裁意在制造社会恐慌情绪，扰乱社会秩序的行为。（3）针对战时的谣言犯罪罪名体系。对于军人在战时谣言惑众的，有专门的罪名即“战时造谣惑众罪”；对于非军人在战时造谣惑众的，则有“战时造谣扰乱军心罪”。① 显然，以上罪名体系中的巨大真空地带在于，针对不特定个人（包含群体）、单位、产品的谣言等虚假信息，无论是在现实社会中还是在网络空间里，都没有恰当的罪名予以制裁，这一缺憾，成为现有罪名体系在打击网络造谣方面的致命“短板”。② 以“秦火火案”为契机，司法机关尝试用寻衅滋事罪来规制网络谣言。

“2013年《网络诽谤解释》（引者注：为《寻衅滋事罪解释》）的历史贡献，或者说在理论上真正值得关注的问题，是它开始摸索网络犯罪第三阶段的司法难题。”③ 我国网络犯罪历经三个发展阶段：第一阶段是网络作为犯罪对象的阶段，第二阶段是网络作为犯罪工具的阶段，第三阶段是网络作为犯罪空间的阶段。《寻衅滋事罪解释》主要是对于第

---

① 于志刚：《全媒体时代与编造、传播虚假信息的制裁思路》，《法学论坛》2014年第2期。
② 于志刚：《全媒体时代与编造、传播虚假信息的制裁思路》，《法学论坛》2014年第2期。
③ 于志刚：《全媒体时代与编造、传播虚假信息的制裁思路》，《法学论坛》2014年第2期。

二阶段和第三阶段的传统犯罪的网络化进行一些定位和探索，而且着重解决的是第二阶段“网络作为犯罪工具”的问题，从司法解释的全文涉及的罪名和规定的实体内容，就可以极为直观和深刻地得到、形成这一印象。[①] 本着回应社会的初衷，“面对技术普及和技术日益扩张产生的技术扭曲适用传统刑法的罪名体系在网络空间中举步维艰，根本原因是网络犯罪的立案标准等问题几乎完全不同于传统社会，因此，颁行具有可操作性的司法解释成为一个迫在眉睫的问题。”[②]

（三）国家法律制度从权利保障向风险控制的理念转变

霍布斯是思想史上第一位社会契约论者，他认为，国家是一个力量超强的“利维坦”，它无疑有一个强大的身躯，但是就和一个正常人一样，它的躯体是要受到大脑控制的，而不是自在自为、恣意妄为。在没有国家的环境下，一群短视自私的个人之间没有任何信任、同情和安全感，只能相互侵夺、欺诈、伤害。因此，国家的职能就是垄断暴力的合法使用，以其所垄断的合法暴力去控制私人的非法暴力。[③] 在20世纪70年代以前，我们关于国家法律的基本价值基本上有一个共识，即在法的价值体系（Legal Value System）[④] 之中，自由和秩序是两大基本价值。具体到刑法，刑法最符合对自由的保障机能，因为对于秩序的维护，实际上不是必然需要动用刑法的。“一个国家对付犯罪并不需要刑事法律，没有刑法也并不妨碍国家对犯罪的有效镇压与打击，而且没有立法的犯罪打击可能是更加及时、有效、灵活和便利的，即使没有刑法或者刑法内容模糊不清，犯罪行为也能够得到惩罚。”[⑤] 但是对于自由的保障则不同，刑法是为了保护自由而生，其天然的使命是为了限制国家权力对于公民权利的侵害，这也正是罪刑法定原则的核心价值之所在，刑法也可以被称为自由刑法。

---

① 于志刚：《网络、网络犯罪的演变与司法解释的关注方向》，《法律适用》2013年第11期。

② 于志刚：《“双层社会”中传统刑法的适用空间——以两高〈网络诽谤司法解释〉的发布为背景》，《法学》2013年第10期。

③ 张千帆：《刑法适用应遵循宪法的基本精神——以“寻衅滋事”的司法解释为例》，《法学》2015年第4期。

④ 又称法律的价值系统，指法律价值所构成的整体和系统。

⑤ 李海东：《刑法原理入门：犯罪论基础》，法律出版社1998年版，第3页。

但是，历史的车轮向前滚滚而来，我们已经进入了风险社会。[①] 风险社会有一个显著的特点就是风险的不确定性。“从风险的发展态势来看，风险的传递和运动经常是潜在的、内在的，在不知不觉中风险已经悄悄逼近。”[②] 今天的现实是，我们生活在网络社会，一个热点事件的出现可能会产生“蝴蝶效应”（The Butterfly Effect）[③]。谣言在网络中的传播范围较之于传统的社会来说，上升的不知道是多少个数量级。特别是政治谣言、邪教迷信这一类的谣言，如果被不法分子利用的话，造成的危害将是不可估量的，必须要加以防范。在对风险社会和传统社会进行比较的基础上，贝克指出，“阶级社会的推动力可以用一句话来概括：我饿！风险社会的驱动力则可以用另一句话来概括：我怕！”[④] 此时，刑法将发挥其社会保护的功能，在理念上从权利保障嬗变为风险控制。

四　网络谣言刑事规制的三个层面困境

尽管我们赞同运用刑事手段来治理网络谣言，因为对于严重的编造、传播网络谣言的行为它确实也起到了比较好的制裁效果。但是就此种治理模式本身来说，由刑法本身的特点所决定——刑法是一种必要的恶，此时会出现一个悖论，一方面，我们以保护网络秩序为目的，惩治造谣、传谣行为；另一方面，此种打击行为如果过度化势必会侵害公民的言论自由。所以，我们尚需从理念、制度、技术三个层次加以检讨，

① 德国社会学家贝克是风险社会理论的创始人，其在 1986 年出版的《风险社会：迈向一种新的现代性》这一著作中第一次提出了“风险社会”概念。贝克随后又发表了《风险时代的生态政治学》《世界风险社会》和《自由与资本主义》等著作，最终形成并完善了风险社会理论体系。

② 刘靖：《风险：当代社会的重要特征》，《东岳论丛》2005 年第 1 期。

③ 美国气象学家爱德华·罗伦兹（Edward N. Lorenz）1963 年在一篇提交纽约科学院的论文中分析了这个效应，对它的经典阐述是：“一只南美洲亚马孙河流域热带雨林中的蝴蝶，偶尔扇动几下翅膀，可以在两周以后引起美国得克萨斯州的一场龙卷风。”其原因就是蝴蝶扇动翅膀的运动，导致其身边的空气系统发生变化，并产生微弱的气流，而微弱的气流的产生又会引起四周空气或其他系统产生相应的变化，由此引起一个连锁反应，最终导致其他系统的极大变化。

④ ［德］乌尔里希·贝克：《世界主义的观点——战争即和平》，杨祖群译，华东师范大学出版社 2008 年版，第 69 页。

也就存在三个层次的困境了。

（一）理念上的困境：刑法谦抑性被搁浅

根据日本刑法学家平野龙一的观点，刑法的谦抑性原则具体是指：刑法的补充性、刑法的不完全性及刑法的宽容性。[①] 石聚航博士曾经总结了我国刑事司法搁浅刑法谦抑性的五个方面：第一，罪量虚无型；第二，微罪扩张型；第三，擅改罪量标准型；第四，扩充兜底条款型；第五，创设兜底条款型。前两个方面是刑法立法搁浅刑法谦抑性的类型，后三个方面是刑法司法搁浅刑法谦抑性的类型。[②] 评估一下《寻衅滋事罪解释》和刑法修正案设立编造、传播虚假信息罪，至少符合创设兜底条款型。

以利用网络诽谤为例，《寻衅滋事罪解释》第 2 条规定了利用信息网络诽谤他人的定罪标准，而《刑法》第 246 条规定的是："以暴力或者其他方法公然侮辱他人或者捏造事实诽谤他人，情节严重的，处三年以下有期徒刑、拘役、管制或者剥夺政治权利。前款罪，告诉的才处理，但是严重危害社会秩序和国家利益的除外。通过信息网络实施第一款规定的行为，被害人向人民法院告诉，但提供证据确有困难的，人民法院可以要求公安机关提供协助。"很明显，诽谤罪的罪量要素——"情节严重"的具体内容是什么并不明确，通过司法解释对"情节严重"作出具体的界定似乎也符合实践的需要，但这并不意味着司法解释的内容因此就获得了正当性的根据。《寻衅滋事罪解释》第 2 条规定："利用信息网络诽谤他人，具有下列情形之一的，应当认定为刑法第二百四十六条第一款规定的'情节严重'：（一）同一诽谤信息实际被点击、浏览次数达到五千次以上，或者被转发次数达到五百次以上的；（二）造成被害人或者其近亲属精神失常、自残、自杀等严重后果的；（三）二年内曾因诽谤受过行政处罚，又诽谤他人的；（四）其他情节

---

① ［日］平野龙一：《刑法的基础》，黎宏译，中国政法大学出版社 2016 年版，第 90—91 页。

② 石聚航：《刑法谦抑性是如何被搁浅的？——基于定罪实践的反思性观察》，《法制与社会发展》2014 年第 1 期。

严重的情形。”(2018)粤1521刑初136号简祥彬诽谤案[①]，法院依据帖子被点击、浏览次数均达到五千次以上，法院判决被告人简祥彬构成诽谤罪。(2018)桂0602刑初56号何文杰诽谤案[②]，法院依据诽谤的材料在特定人群之间传播，影响小，未达到情节严重，判决被告人何文杰无罪。诽谤罪的法益是他人的名誉权，点击、浏览次数及转发次数能否作为定罪量刑标准吗？稍有常识的人就可以得出如下判断：人们对网络信息的点击与对信息的知悉不完全是一回事。

另外，《寻衅滋事罪解释》还会涉及宪法上的三项权利：言论自由、监督权和人格尊严。

保护言论自由的是《宪法》第35条：“中华人民共和国公民有言论、出版、集会、结社、游行、示威的自由。”保护监督权的规定为《宪法》第41条：“中华人民共和国公民对于任何国家机关和国家工作人员，有提出批评和建议的权利；对于任何国家机关和国家工作人员的违法失职行为，有向有关国家机关提出申诉、控告或者检举的权利，但是不得捏造或者歪曲事实进行诬告陷害。”人格尊严涉及《宪法》第38条：“中华人民共和国公民的人格尊严不受侵犯。禁止用任何方法对公民进行侮辱、诽谤和诬告陷害。”从宪法角度看，这一司法解释中关于网络诽谤的规定所聚焦的问题是如何平衡言论自由、监督权和人格尊严的关系。“人们在迈向法治康庄大道之时，已经挥别了警察国的噩梦。在反思悲痛历史教训的基础上，人们似乎对于现代文明的最大威胁

---

① 简祥彬诽谤案的案情为：2012年2月以来，被告人简祥彬明知其所举报、控告的上述事实查无据，仍以《举报信：梅陇村委会党支部是广东省汕尾市贪污最先进的党支部》《广东省汕尾市海丰县梅陇镇梅陇村委会贪官芳名榜》《就海丰梅陇官商勾结圈地征地骗取上级手续谋取暴利的控告书》《就广东省海丰县梅陇镇梅陇村贪污、合伙、违法征地检举控告书》等为题目在其新浪微博发帖，捏造、散布赖某1、杨某1、曾某1、徐某1、李某1、许某1、吴某1等人贪腐的虚假信息，网友看到后又将相关帖子转发到汕尾市民网、天涯论坛等网站；至案发，上述帖子被点击、浏览次数均达到五千次以上。被告人简祥彬多年以来捏造虚假事实举报、控告上述人员贪腐及在互联网上发布虚假信息的行为，对上述人员的身心、名誉、生活、工作等均造成了严重影响，造成了恶劣的社会影响。

② 广西壮族自治区防城港市港口区人民法院认为，鉴于何文杰将上述诽谤材料交到韦龙的单位，属于特定人群，影响相对较小，而何文杰主观上是想找韦龙单位领导作见证，未将该诽谤材料向社会散布，韦龙也未提供证据证明何文杰将上述材料散布到社会，对其名誉造成巨大影响，因此何文杰对韦龙的诽谤行为造成的影响较小，未达到情节严重，其行为不构成诽谤罪。

者——国家权力——有了更多的警惕与审慎，所以，以强调国家刑权力的内敛为价值偏向的刑事法治成为可行的策略性选择。"[①] 如今，刑法受到社会大环境的影响，开始从内敛走向扩张。

（二）制度上的困境：缺乏体系性思考的刑事立法和司法

我国对于网络谣言的刑事治理，体现的是一种问题性的思考，因为实践中网络谣言具有较大的社会危害性，一般的行政处罚难以遏制，刑法在这个时候及时出场，确实有利于对网络谣言的治理。然而，我们同时需要注意的是，一种体系性思考也是不可或缺的，特别是当下我国的刑事立法进入了活性化发展的阶段，新罪不断设立，犯罪门槛逐渐降低，在这波犯罪化浪潮中，网络犯罪成为立法的"宠儿"。[②] 因此，这就不可避免导致了在规制涉言论自由的网络谣言犯罪时，出现了打击范围泛化、适用罪名不准确等的问题。

于志刚教授认为，立法、司法解释资源的投放方向虽然整体上暗合着客观的犯罪规律，但是，此种暗合是无意识的，因此，既往网络犯罪司法解释在投放方向上存在着思路不清的问题，往往没有明确其主要任务是解决以上三个阶段哪一情形的问题，而是面对一时之需"眉毛胡子一把抓"的"大杂烩"。对此，需要进行司法解释投放思路的理清。[③] 从我国目前刑法关于网络谣言的立法、司法情况看，存在一些问题：第一，司法解释的定位不清。它想要解决的是哪一类问题或者说面对的是哪一类网络犯罪，是"网络作为犯罪对象"的网络犯罪、"网络作为犯罪二具"的网络犯罪，还是"网络作为犯罪空间"的网络犯罪。[④] 第二，规制的对象过窄。尽管《刑法修正案（九）》规定了编造、传播虚假信息罪，但是该罪所规制的对象仅仅限定为"虚假的险情、疫情、灾情、警情"，实践中存在"艾滋系列谣言""瓜果系列谣言"等，以现有的罪名体系无法制裁。第三，责任主体范围过小。我国现行刑法关于

① 石聚航：《刑法谦抑性是如何被搁浅的？——基于定罪实践的反思性观察》，《法制与社会发展》2014 年第 1 期。

② 王华伟：《我国网络犯罪立法的体系性评价与反思》，《法学杂志》2019 年第 10 期。

③ 于志刚：《网络、网络犯罪的演变与司法解释的关注方向》，《法律适用》2013 年第 11 期。

④ 于志刚：《网络、网络犯罪的演变与司法解释的关注方向》，《法律适用》2013 年第 11 期。

网络谣言责任主体的规制主要有两种，即一般责任主体与特殊责任主体。前者指达到刑法对个罪设定的最低法定年龄、具有个罪刑事责任能力的自然人或单位，如诽谤罪、编造、故意传播虚假信息罪等。后者指在符合前者条件的基础上，还需具有刑法规定的特殊身份，如编造并传播虚假证券、期货交易信息罪的责任主体限定于证交所、期交所、证券期货咨询服务机构等相关行业管理人或者工作人员，或者是有证券、期货交易权限的客户、行情分析人等。近年来伴随网络科技进步而发展起来的“网络推手”，逐渐成为网络谣言的主力军。现行刑法对“网络推手”散布谣言的行为可能以损害商业信誉、商品声誉罪、诽谤罪等进行规制，但由于不具备特定身份，即使散布有关证券、期货内容的谣言，也无法以相应罪名定罪处罚。[①] 第四，刑罚种类单一、法定刑配置过低。一方面，编造、故意传播虚假信息罪，其规定的刑罚主要是有期徒刑、拘役或管制，缺乏其他的罚金刑和资格刑。另一方面，编造并传播证券、期货交易虚假信息罪、诽谤罪等法定刑配置过低，前者最高刑为五年有期徒刑，后者对网络谣言型诽谤罪适用与传统诽谤罪同等的最高法定刑不足以满足当下打击网络谣言行为的需要。

（三）技术上的困境：网络空间的“公共秩序严重混乱”的判断标准不明确

《寻衅滋事罪解释》第五条第二款规定：“编造虚假信息，或者明知是编造的虚假信息，在信息网络上散布，或者组织、指使人员在信息网络上散布，起哄闹事，造成公共秩序严重混乱的，依照刑法第二百九十三条第一款第（四）项的规定，以寻衅滋事罪定罪处罚。”而要认定寻衅滋事罪，除了要认同网络空间是公共场所，还要进一步判断编造、传播网络谣言的行为给公共秩序造成严重混乱，而这个标准是什么尚无明确的依据。有批评的观点认为：“自刑法有寻衅滋事罪以来，迄今无一例因网络发言的寻衅滋事罪，我国刑法条文的文义，杜绝了这种可能，但两高昨天的司法解释，不但超越了其司法解释权，而且打开了另一个潘多拉盒子，从此，‘网络秩序混乱’就可以成为‘社会公共秩序

① 龙宇琦：《网络谣言的刑法规制》，硕士学位论文，广西民族大学，2018 年，第 37 页。

混乱'，公安以诽谤罪、寻衅滋事罪抓人，将成为惯例。"①

关于网络型寻衅滋事罪的"公共秩序严重混乱"的认定标准有不同的看法：第一种观点是，纯粹从网络社会的自有秩序出发，用网络空间中的定量因素来判断"公共场所秩序"是否严重混乱。第二种观点是，仍然限定为传统空间中的秩序混乱。换言之，只有网络空间中的秩序混乱，酝酿发酵之后"落地"到传统的现实空间，才承认属于刑法条文中的"公共场所秩序严重混乱"。只有引发了重大群体性事件、引发公共秩序混乱以及引发民族、宗教冲突的等情形，才有必要动用刑罚这一"最后手段"。第三种观点是，结合现实空间秩序和网络空间秩序来认定"公共场所秩序严重混乱"。只有网络空间秩序和现实空间秩序都受到了严重扰乱，才能认定为"公共场所秩序严重混乱"。换言之，单独造成了网络空间秩序混乱或者现实空间秩序混乱都不足以认定网络谣言导致了"公共场所秩序严重混乱"。②

我们认为，这三种不同的判断标准背后蕴含了三种不同的立场。第一种是只考虑网络空间秩序，该种观点属于"激进派"，认为网络空间与现实社会无异，网络空间和现实社会属于"双层社会"。网络空间秩序混乱是寻衅滋事罪的入罪条件，现实社会秩序混乱是寻衅滋事罪的量刑升格条件。认定"公共场所秩序严重混乱"的合理标准，应当是以"网络空间秩序混乱"为主标准，同时兼顾现实空间中的传统标准：网络秩序混乱是入罪的主要标准，如果犯罪的危害结果"落地"到现实空间之中，引发《解释》（引者注：《寻衅滋事罪解释》）第3条的情形，则作为从严的量刑标准。③ 第二种是只考虑现实社会秩序，该种观点属于"保守派"，认为实体公共场所秩序的混乱会使不特定人遭受侵害或者使公众无法进出公共场所而使公共生活稳定安宁的状态被破坏，但是在网络上散布虚假信息的行为不会使人们直接

① 斯伟江：《两高关于网络言论构成寻衅滋事罪等解释的解读》，http：//net. blogchina. com/blog/article/1600032，最后访问时间：2020年1月12日。

② 于志刚、郭旨龙：《"双层社会"与"公共秩序严重混乱"的认定标准》，《华东政法大学学报》2014年第3期。

③ 于志刚、郭旨龙：《"双层社会"与"公共秩序严重混乱"的认定标准》，《华东政法大学学报》2014年第3期。

遭受损害，人们不会被迫接触或者相信这种信息，也不会造成公众无法进入网络空间进行正常的网络生活，因此难以说对公众平稳安宁的生活状态造成了破坏。[①] 第三种是兼顾网络空间秩序和现实社会秩序，该种观点属于“折中派”，认为寻衅滋事罪第 4 类行为，即“在公共场所起哄闹事，造成公共场所秩序严重混乱”中前后两个“公共场所”应该做相应的区分，具体言之：第一个“公共场所”不仅仅指现实空间，而且还包括网络空间，第二个“公共场所”则指的是现实空间。[②]

五　网络谣言社会治理模式的优化

我们不能狭隘地认为只有刑法才能治理网络谣言，甚至也不能片面地认为只有法律才能治理网络谣言。我们要清醒地认识到，治理网络谣言需要全社会共同参与。特别是在新时代下，推进国家治理体系和治理能力现代化，被视作全党的一项重大战略任务。中国共产党第十九届中央委员会第四次全体会议通过的《中共中央关于坚持和完善中国特色社会主义制度、推进国家治理体系和治理能力现代化若干重大问题的决定》指出：“社会治理是国家治理的重要方面。必须加强和创新社会治理，完善党委领导、政府负责、民主协商、社会协同、公众参与、法治保障、科技支撑的社会治理体系，建设人人有责、人人尽责、人人享有的社会治理共同体，确保人民安居乐业、社会安定有序，建设更高水平的平安中国。”我们认为，国家（社会）治理能力、治理水平的提升是具体的，不是抽象的。由于网络谣言的治理涉及多种价值的平衡（最起码有言论自由和社会秩序两种价值），从治本的角度看，必须站在更高的视野来看待网络谣言的治理问题。网络谣言治理模式的优化应该从两个层次展开：第一层次是区分法律之内和法律之外；第二层次是在法律之内区分刑法之内与其他法律规范。

---

① 卢恒飞：《网络谣言如何扰乱了公共秩序？——兼论网络谣言型寻衅滋事罪的理解与适用》，《交大法学》2015 年第 1 期。

② 江奥立：《寻衅滋事罪规制散布“虚假信息”行为的可行性分析》，《苏州大学学报》（法学版）2016 年第 2 期。

（一）法律之外

“网络谣言的治理首先不是运用法律的方法，因为法律一旦实施，必定有人要承担责任。在法律之外，应该推进网络谣言治理的社会化、专业化、智能化。

第一，网络谣言治理的社会化。网络谣言的产生有一定的社会原因，治理网络谣言因此也需要社会提供一定的条件。”在社会发展过程中，社会发展、进步与治理网络谣言存在着一定程度上的关联，有必要将完善社会转化为治理网络谣言的手段和途径，即通过减少社会弊端，尽可能地减少引发网络谣言的社会刺激因素。政府在其中扮演最为重要的角色，因为政府的职能要求它统筹各种资源来加强社会治理。可以说，网络谣言治理的社会化，是一种系统治理、源头治理。

第二，网络谣言治理的专业化。治理网络谣言同时需要互联网行业协会、企业的支持，因为它们拥有技术优势，能够配合好政府及时掌握网络谣言的发生、蔓延态势。其中，加快网络用户实名制是当务之急。用户实名制属于事前监管，能将公民的权利和义务相统一，既充分保障公民的言论自由，也能对网民个人的网上言行起到一定的制约作用。另外，实名制也将权利义务合理分配给了网络服务提供者，如果网络服务提供者未能尽到实名审查的义务，应当承担相应的责任，减少网络谣言的蔓延。

第三，网络谣言治理的智能化。信息化时代中，大数据、移动互联网、云计算等先进技术在犯罪预防领域的应用将成为拉动学科发展的强大引擎。对于治理网络谣言而言，也可以利用智能分析技术，掌握网络谣言在实际中的总体局势。关于网络谣言的社会危害性，可以进行“三元素”评估。[①] 将网络谣言的社会危害性分级，然后给予不同的处理

---

① 有哪些元素对谣言受众的生活影响累加起到关键作用呢？对此问题，华南理工大学的王郅强教授提取了三个相关元素，分别是谣言的传播范围（Area，简写为“A”）、谣言受众对谣言的信任比例（Reliability，简写为“R”）、谣言对信谣受众的生活影响（Influence，简写为“I”）。显而易见，谣言的社会危害（Detriment，简写为“D”）即是谣言受众生活影响的累加，与三者之间的关系如下公式：$D = A \times R \times I$ 在 ARI 三元素中的两个元素不变的情况下，无论是增加谣言扩散范围、受众对谣言的信任程度还是受众的生活受谣言影响程度，都会增加谣言受众生活影响的累加，即网络谣言的社会危害。王郅强、王昊：《网络谣言的社会危害性评估研究》，《理论探讨》2016 年第 3 期。

方式。

（二）法律之内

通过法律来治理网络谣言是不可或缺的一种手段，然而，在法律之内也应该分为两个层次来实施法律：刑法与其他法律之间。

1. 刑法之内

前文已经指出了网络谣言刑事规制存在的一些困境，具体是从理念、制度和技术三个方面展开的。对此，也可以从这三个方面加以改进、优化。

第一，理念层面。刑法是保障法，唯有在其他的前置性法律规制无效之时才能运用刑法来对危害社会的行为进行惩罚。网络谣言的规制涉及到公民的言论自由、监督权等，倘若过度刑法化，可能会戕害上述公民权利的行使。从刑法谦抑性的立场出发，不要将刑法作为规制网络谣言第一顺位的法律手段。

第二，制度层面。关于编造、传播虚假信息罪的调整对象，应当扩充本罪的信息内容，将具有同等甚至更严重社会危害性的同类情况囊括在内，比如食品安全信息、环境安全信息等，以提高本罪的适用能力与开放性。关于编造并传播虚假证券、期货交易信息罪的责任主体，应取消在身份方面的限制。关于法定刑配置问题，建议将编造并传播证券、期货交易虚假信息罪的最高法定刑由五年有期徒刑提高至十年有期徒刑，诽谤罪和损害商业信誉、商品声誉罪的法定刑也要有所提升。

第三，技术层面。网络谣言的编造或者传播行为只有达到了造成“公共秩序严重混乱”方可入罪。对于“公共秩序严重混乱”的判断标准，“折中派”的观点较为妥当，它兼顾网络空间秩序和现实社会秩序，认为寻衅滋事罪的第 4 类行为，即“在公共场所起哄闹事，造成公共场所秩序严重混乱”中前后两个“公共场所”应该做相应的区分，具体言之：第一个“公共场所”不仅仅指现实空间，而且还包括网络空间，第二个“公共场所”则指的是现实空间。

2. 其他法律

我国在网络谣言的治理方面，制定了大量的法律法规和司法解释，形成了对网络空间强大的管控体系。但是，有一个突出的问题是现有的法律法规制度建设尚不健全，现阶段需要做的是完善、整合相关法律体系。

首先，对于以往一些不合理的规定、条文根据最新的法律、司法解释做出适当的修正，法律要做清理，对于出现矛盾的地方要进一步协调。

其次，在民事领域的网络谣言侵权，针对难以确定被告的情况，可以适当增加信息传播“把关人”的义务。网络谣言是通过网络进行传播的，不是线下的口口相传，受害人依靠自己的能力来确定侵权人显得尤为困难。从便利司法的角度考虑，只要受害人有证据证明受到了谣言的侵害，再让网络服务者根据提供的相关证据查找造谣者，这样增加“把关人”义务的做法有利于权利的救济。

再次，行政法规制网络谣言以《治安管理处罚法》第25条适用频次最高，而其处罚的力度较小，使得网络谣言治理有罚而无治，没有真正让造谣者和传谣者付出应有的法律代价，并未达到惩罚与教育的目的。因此，可以适当加大惩治的力度，尤其可以适当提高财产罚的处罚标准，从经济基础上打击谣言制造者，降低其违法的经济能力。

最后，建立公诉程序和自诉程序的衔接机制。刑事诉讼法上规定的刑事自诉和民事诉讼法所规定的“不告不理”属于公民诉讼选择的自由，自诉案件和民事侵权案件，公权力机关都不得主动介入。但在处理谣言类案件时，公诉与自诉之间又缺乏有效衔接，形成追诉上“被害人有权利无能力”，而国家司法机关“有能力无权力”的尴尬局面。针对名人或领导人的谣言，尽管属于刑事自诉或者是简单的名誉侵权，但可以将其作为刑事公诉案件处理。

六　结语

我国是互联网大国，中国互联网络信息中心（CNNIC）2019年8月30日发布的第44次《中国互联网络发展状况统计报告》显示，截至2019年上半年，我国互联网普及率已超过六成。报告显示，截至2019年6月，我国网民规模达8.54亿，较2018年底增长2598万，互联网普及率达 61.2%，较 2018 年底提升 1.6 个百分点；我国手机网民规模达 8.47 亿，网民使用手机上网的比例高达 99.1%。[①] 可以说，我们的言论自由比以往中国历史上的任何时期都更自由，借此机缘，我们的民族可以广开言路，新思想也随之迸发出来，实现中华文明的伟大复兴也是指日可待的。但是，言论自由有其限度。孟德斯鸠认为："自由是做法律所许可的一切事情的权利；如果一个公民能够做法律所禁止的事情，他就不再有自由了，因为其他的人也同样会有这个权利。"[②] 具体到网络谣言的治理，乃是一个复杂的系统性工程，唯有各方面积极作为，才能提供治理网络谣言的有效路径。一方面，尊重言论自由，以保障公民的权利。另一方面，净化网络空间秩序，营造风清气正的网络环境。

(责任编辑：刘灿华)

① 陈静：《我国互联网普及率已超六成》，http://www.xinhuanet.com//2019-08/31/c_1124944021.htm，最后访问时间：2019 年 12 月 1 日。

② ［法］孟德斯鸠：《论法律的精神（上册）》，张雁深译，商务印书馆 1961 年版，第 154 页。

New Technology and Law
新科技与法律

锚定与超越：Libra 所代表的秩序模式对主权秩序的挑战与启迪*

刘　刚

（兴业银行法务经理）

内容摘要　本文尝试阐明脸书（Facebook）推出的 Libra 商业模式的政治含义，并指出，Libra 若如期推出，其未来影响远不止于金融领域，而是科技（生产力）发展到一定程度后，将对个人、社会组织、国家、国家间关系（生产关系）格局进行重组和升华。目前以国家主权为国内和国际秩序基点的公法理论需及早思考 Libra 构成的挑战。

关键词　锚定　超越　主权

以哲学观点而论，国际关系里无所谓好坏的选择。但有一件事可以确定，那就是绝不可制造真空状态，因为真空随时会被别人递补。——尼克松

脸书（Facebook）虽大，终是一个商业组织；Libra 虽热，本质上只是一种商业模式。一个商业组织推行一套商业模式，本来是分内营生，却在世界范围内引起强烈震动，实属罕见，更发人深思。世界主要国家

*　本文写就于 2019 年 7 月，为基本保持原貌，未对 Libra 项目的后续进展和各国监管态度进一步跟踪。

有影响力的政治人物都表达了监管态度，在美国方面，包括美联储主席①、众议院金融服务委员会主席②；英国方面，代表性人物为英格兰银行总裁③；法国和德国方面为财政部长④；俄罗斯方面的代表为国家杜马金融市场委员会主席⑤。各国态度不一，有支持者，有反对者，也有审慎对待者。但相同的一点是，目前各国基本都还在金融与科技的语境下讨论 Libra 对货币政策和金融稳定的影响。

一套商业模式引发政治领域如此强烈的反应，足以说明这套商业模式已经超出商业的范畴，开始具有政治层面的影响。所谓政治层面的影响，具体是指对当今世界以主权国家为基本政治单位所构成的国内和国际秩序结构造成冲击。本文尝试阐明 Libra 商业模式的政治含义，尤其想指出，其未来影响远不止于金融领域，这是科技（生产力）发展到一定程度后，将要对个人、社会组织、国家、国家间关系（生产关系）格局进行重组和升华。在此历史大势当中，应及早自觉，顺势而为，不应浑浑噩噩、随波逐流，更不能愚鲁颟顸、相悖而行。

以观察者的视角讨论 Libra 时，真正值得关注的是 Libra 所代表的科技发展趋势和秩序模式。脸书的 Libra 也可能无法上线，但未来一定还可能出现 Headbook 或 Handbook 的类似 Libra 的模式。总之，成功的不一定是 Libra，但 Libra 所预示的未来一定会到来。所以，我们需要先揭示以主权国家为基本单位的现存秩序格局是什么样，其次勾勒出 Libra

---

① 美联储主席杰罗姆·鲍威尔（Jerome Powell）认为，Facebook 不应该被允许发行其天秤座（Libra）加密货币，直到该公司详细说明它将如何处理一系列监管问题。

② 2019 年 7 月中旬，在针对 Facebook 的加密货币项目 Libra 举行的国会听证会上，国会议员、众议院金融服务委员会主席马克辛·沃特斯（Maxine Waters）表示，"如果 Facebook 的计划成真，该公司及其合作伙伴将获得巨大经济权力，这可能会动摇货币体系。Facebook 应该像富国银行（Wells Fargo）和 Equifax（一家数据分析与技术公司）一样被监管"。

③ 英格兰银行总裁卡尼（Kearney）此前表示，"Libra 拥有基于 Facebook 的 27 亿潜在客户，仅这一点就足以成为金融系统上的隐患"。

④ 法国经济财政部长布鲁诺·勒梅尔（Bruno Le Maire）明确表示了对 Libra 感到担忧，认为它可能对国家主权构成威胁，甚至会逐渐取代法国本国货币，所以绝不接受 Libra 在欧洲大陆发布。另，在德国和法国财政部长在芬兰首都赫尔辛基发表的联合声明中，重申货币主权重要性，反对美国 Libra 在欧洲推行，"我们认为货币权力属于国家主权，不应由私人实体掌握"。

⑤ 俄罗斯国家杜马金融市场委员会主席 Anatoly Aksakov 称，Facebook 将推出的加密货币 Libra 将不会在俄罗斯合法化。

所代表的秩序模式的核心要素与轮廓，完成这两步基础工作，就有助于阐明目前的形势，进而有助于采取下一步的对策。

一 主权秩序格局

主权是政治哲学、政治思想、公法学等领域的核心概念。它高度抽象，是对一系列具有生杀予夺性质的重要权力的概括，包括对外发动战争之权、对内处死子民之权等。它也是对特定时段的历史事实的总结，尤其是对十六世纪的西欧封建割据局面的终结所进行的总结。主权已经实现，今天我们无需再做厘定概念和提炼总结的工作。在已经实现的主权秩序受到挑战和冲击的时刻，反倒可以用形象化的语言去描摹主权秩序的清晰轮廓。

主权秩序就是一个一个国家划定自己的疆土范围后形成的格局。地球作为一个星体，本来是混合着水与土的一块巨石，但当把它看作与宇宙其他星体与众不同，且不应受外来星体生命侵犯的人类生存聚居之地时，地球瞬间成为我们的家园和母亲，这温情脉脉的描述其实就是人类对地球的主权宣示。同样道理，地球表面本来是浑然一体的，山连着山，水连着水，但当人为地在土地上面划定一条界线，如这条河或这座山这边是你的，山那边是我的，地球表面就变成了美国、英国、法国、中国等。只有划出这些界线之后，界线之内的这片地才变成这片地上聚居人群的祖国，这温情脉脉的描述同样是这群人对这片地的主权宣示。这种划界的思维可以继续往更小的范围限缩，进一步划出省、县、乡、村、家，随之衍生出家人、老乡等各种亲疏不等的亲密关系。

人类历史就在这划界思维逻辑的主导下摆布，当主宰人心胸的界限很小时，人就是小人；当充扩人心胸的界限足够大时，人还可能变成心系天下的圣人。为了维护自己的界限，人们可以舍命拼杀，一旦威胁来自于更大的外界，昔日仇隙又可瞬间化解，形成“兄弟阋于墙而外御其辱”的一致对外局面。

今日世界的秩序是以国家为基本单位的主权秩序，其基本含义就是，在一圈一圈的界限中，我听我父亲的、村主任的、乡长的、县长的、省长的、国家主席的，国家主席是这个命令链条的顶点和终点。今日世界中的个人需要服从的最高和最终命令的来源是其所在国家的元首以法律或其他规范的形式所发布的指令。通俗地说，美国的特朗普总统虽然权力很大，但我作为一个中国人，只要不到他的疆土之上，他便不能动我毫发。以国家为基本单位的主权秩序体现出国内井然有序和国际钩心斗角的两面特征。当国家要强调和维护自己的边界时，就会发生惨烈的战争；当需要营造或建立国家间的和平关系时，就需要淡化国界形成的心理区隔，强化自然地理的一体性，一衣带水正是表达这样的含义。国家间关系的这种变动不安的局面是再自然不过的。

国内井然有序和国际钩心斗角，并不等于说国内有序和国际失序，准确的理解应该是，国内和国际语境下的秩序是两个含义不同的概念。国内秩序是一种靠“命令——服从”形成的有序和稳定状态，之所以能够命令和必须服从，是因为发号施令的人一方面垄断军队和武器等物理性的暴力，另一方面，其发布的命令又是为了服从者利益或者是符合服从者意愿的。国内秩序的形成都是某一时刻靠命拼出来的，所以才可能筹划疆土、号令万民。国际秩序完全没有“命令——服从”的特征，无论一个国家多么强大，都没有权利去命令另外一个国家；同理，一个国家无论多么弱小，都没有义务去服从另外一个国家。虽然如此，如果秩序代表一种稳定或平衡的状态，国际大多数时间内也还是存在着秩序，这就是靠力量对比形成的一种均衡态势。对比来看，由于国内秩序通过毕其功于一役的建国行为，最后形成一套以正当性为基础、以暴力为执行手段的权利秩序，相对来说更加稳定；国际态势本质上类似于一国内部秩序更迭过渡期间的状态，全凭力量的对抗，虽然偶尔有均势状态，但终究是一种容易被打破的不稳定态。

当今世界舞台上林立着一个个井然有序的国家，就井然有序这一点来说，世界各国是如此趋同，但从这诸多的相同当中，竟没有提炼出一个最大公约数，作为世界最终的统一和稳定的秩序。我们是应该参照一国创设秩序的模式来思考世界秩序的未来吗？也就是说，我们可以期待世界各国协商立约通向永久和平吗？还是说，人类终难以避免最后一场战争，在烈火中重生，实现最终的大一统？

二　主权秩序格局下的人群

国家与国内生活的个人究竟是怎样的关系？表面来看，在“命令—服从”的关系中，国家发号施令，个人俯首低眉。但国家大多数时候终究是看不见摸不着的，个人才是具体可见的。

国家于个人来说究竟意味着什么？就其本质而言，国家是个人生活的基础设施（顺带插一句，脸书在其白皮书中曾言，Libra 的使命是“建立一套……为数十亿人服务的金融基础设施”）。基础设施是如此基础和重要，人们在天天使用但只有在极端时刻才能感受它的存在。国家这套基础设施不仅表现为可见的道路与桥梁，还可表现为清洁的环境、完备的法律，以及极端时刻通过生杀予夺而赋予人们的安全。

一个个内部井然有序但力量并不均等的诸多国家林立的格局究竟是什么样的人群所需要的局面？首先可以肯定地说，靠向内追求自觉的人群并不需要这样的局面；其次，恐怕也可以说，真正追求开疆破土、君临天下的人恐怕也不能满足于这种诸侯并立的状态。窃以为，在资本无限扩张逻辑推动下的人群才需要这样一种格局，这种既不统一又不失序的状态恰好形成高低不平的生态，塑造出回报不等的盈利空间，非常便于如水一样的资本便捷地流动盘旋。各个国家边界区隔，施行不同的货币，加征高低不等的关税，因发展水平不一而生产出成本不同的人力，因统治能力不等而造就出程度不一的安全环境，这一切构成的全球化为资本腾挪提供了无限空间。如果真正靠最后一场战争或各国立约实现了全球一国，恐怕那时也是资本主义的末路；只有各国林立的状态，各个国家才能被充分地当成资本流动的基础设施。

这是对当今世界格局的描述，于国家、于资本，均无个人感情色彩添附其中。完成这样的描述之后，每个人都可以在内心深处选择自己的感情寄托。你可以满足于寄托在无国界的资本之上，把各个国家都看作供你利用的基础设施；你也可以充满家国情怀，把自己的生命安放在与自己同语言、同命运的共同体当中。若从国家角度来看，也需思考国家的使命与任务，国家究竟应该只是子民的最后一道安全屏障，任其世界各地驰骋，还是需竭力教化，营造一个文化与命运共同体，在尽可能的程度上提供归属感。

三 Libra 对主权秩序的运用

Libra 并非全新事物，但代表了累积长久的一种趋势的高点。在诸国林立的格局下，Libra 通过锚定储备资产的方式，求取了主权秩序的最大公约数。虽然其白皮书申明 Libra 仅限于跨国支付领域，且首要服务于金融基础设施不发达的地区，但凭着互联网联通万事万物的能力，其未来可能迭代而出的新模式恐怕远远超出当前的预料。

主权国家在回应 Libra 时面临一种尴尬。凭着主权，一国当然可以在自己疆域范围内禁止 Libra 或者类似机制的运用。但如果假设 Libra 代表一种无法阻挡的潮流，那目前至少在思想上要准备应对预案。Libra 锚定储备资产，也就是说，Libra 只是寄生在主权权利之上，这是它作为资本推动下的商业模式的天然权利，也恰是因此，它可以游离甚或超越于主权之上，利用求取最大公约数的方式最充分地利用各国主权提供的便利。在这种情况下，如果一国政府（特别是央行或其他金融监管机关）也推行与 Libra 类似的机制，虽然看似因国家信用而具有竞争优势，但却缺乏 Libra 可以游离并超越于主权之外的便利。

主权国家之间的协调在理论上是最对口的应对思路，但 Libra 目前并未营造一种与主权国家利益对立的局面，与此相反，它的锚定机制，尤其是目前故意不明确锚定的对象这样一种策略，非常有利于在主权国家之间进行利益分化。从某种意义上说，寄主与寄生物之间在特定时期内是相互有利于对方的。

Libra 显然对未来的世界治理机制提出了非常尖锐的挑战，但也因此促进人们深思。如果一个国家把自己看作价值中立的平台，任由子民各凭能力自由发展，各找内心归属和生命救赎，那么，对 Libra 这种冲破国界充满世界主义情怀的机制就无须过多关注，完全可以任由子民自由选择，哪怕最终在去中心化的理念下掩藏着一个最终的操控者，对这个国家来说也无所谓，因为这种把国家看作价值中立平台的理念本身就早已把自己消解了。相反，如果一个国家自觉承担着文化使命，那就应该认真对待 Libra 所代表的趋势，但也无须惊慌。Libra 代表的是一种从国际层面来的争取本国公民认同的竞争，而且 Libra 也可能与其宿主形成联合，但这种竞争并不可怕，因为即使没有这种竞争，获得本国公民认同也照样是国家分内之事。直白地说，把自己国家的事情办好，就是应对一切竞争的基础。在此基础之上，承载文化使命的国家必能以团结的心态和紧致的“身态”在凶险和冷酷的国际层面赢得应有的地位和尊重。

（责任编辑：周　辉）

互联网精准营销中的算法规制问题初探

伦 一

（中国信息通信研究院互联网法律研究中心副主任
北京师范大学政府管理学院博士研究生）

内容摘要 互联网精准营销需要使用机器学习算法收集用户的初始信息，对用户信息进行加工，并向用户推送符合需求的产品或服务广告。随着精准营销效果不断提升，个人信息被挖掘的程度也不断加深，这产生了个人隐私泄露与国家安全威胁等问题。精准营销可分为数据收集、数据处理和数据使用环节。对精准营销的治理包括规制过程与规制算法的思路。当前，精准营销治理机制存在监管内容与对象复杂化、第三方机构参与程度低、数据保护责任不均等问题。有鉴于此，我国应从风险控制视角出发，针对数据应用场景和监管目的的差异，采取分阶段的立法和规制措施，以更好地平衡安全与发展的关系。

关键词 算法 精准营销 用户画像 算法治理

一 引言

当前，人工智能在医疗、交通、金融服务、媒体、广告、零售、制造、教育等领域的应用日益普及。[①] 随着互联网精准营销的引入，即使用户没有向平台披露过相关个人信息，企业依然可以通过深度学习算法，预测和推断用户的喜好、习惯等信息。[②] 美国研究者曾对“FacebookLikes”的58000名志愿者提供的高准确率个人信息进行数学建模，得知自动化算法在未获取志愿者其他任何信息和个性特征的情况下，可相当准确地预测出该Facebook用户是否为同性恋者。[③] 在加紧人工智能技术研发和利用的同时，人们也关注到了算法[④]自动化决策对现实社会所带来的影响，尤其是与消费者密切相关的隐私保护领域。[⑤] 继《欧盟通用数据保护条例》（以下简称：GDPR）首次将透明度和问责原则列为数据处理的核心原则后，各国隐私立法普遍关注到了算法自动化决策存在的规制难题，核心在于如何进一步增强数据处理的透明性，解决深度学习导致的“算法黑箱”问题。

当前立法者已提出了一些确保算法透明的有益尝试，如要求强制公开算法、引入算法验证或认证机制、实施算法结果控制等。[⑥] 在规制路径方面，则包括直接对算法进行监管、加强对网络服务提供商要求、追究事后责任等三个层面的探索。[⑦] 结合产业发展现状和消费者权益保护趋势，笔者认为，有必要讨论目前互联网精准营销中的算法作用机理，并根据产业发展的客观实际，提出规制算法的思路。本文尝试从互联网精准营销的实现路径切入，按照数据处理的生命周期，分析不同环节下存在的算法问题，探索下一步实施算法规制的可行性。

---

① PWC，“2018 AI Predictions”，https：//www. pwc. com/us/en/advisory-services/publications/artificial-intelligence-predictions. html，最后访问时间：2019年8月10日。

② 孙建丽：《算法自动化决策风险的法律规制研究》，《法治研究》2019年第4期，第109页。

③ Dennis Yu，Blitzmetrics：Facebook can predict if you're gay and like ice cream，https：//blitzmetrics. com/facebook-can-predict-if-youre-gay-and-like-ice-cream－3，最后访问时间：2019年8月7日。

④ 本文所指算法（Algorithm），是指解题方案的准确而完整的描述，是一系列解决问题的清晰指令，代表着用系统的方法描述解决问题的策略机制。

⑤ Michal Kosinski and David Stillwell，“Private Traits and Attributes arePredictable from Digital Records of Human Behavior”，110 *PROC*，*NAT' L ACAD. of Sciences*，5802（2013）.

⑥ 张凌寒：《风险防范下算法的监管路径研究》，《交大法学》2018年第4期。

⑦ 林洹民：《自动决策算法的法律规制：以数据活动顾问为核心的二元监管路径》，《法律科学》（西北政法大学学报）2019年第3期。

一　人工智能算法在互联网精准营销中的应用

（一）精准广告是互联网企业实现“数据变现”的主要模式

精准营销是有效的互联网行业运营模式。从定义来看，其通常指企业通过定量和定性结合的方法对目标市场的不同消费者进行细致分析，根据他们不同的消费心理和行为特征，采用有针对性的现代技术、方法和指向明确的策略，实现对目标市场不同消费者群体间有效性、高投资回报的营销沟通。[①] 从实现方式来看，互联网平台企业往往能够掌握大量的用户数据，描绘更加准确的用户需求；投放符合用户需求的广告能够更好提升广告效果，促进产品或服务销售；产品或服务销售的增加会带来广告主进一步增加广告投入，帮助互联网平台企业扩大经营规模，形成正向循环。从 2019 年第二季度上市公司财报来看，谷歌、脸书、百度、搜狗四家企业的广告收入占比均超过 70%，其中 Facebook 达到 98.4%。

互联网广告通常有不同的盈利模式，包括按点击付费（CPC）、按激活付费（CPA）、按下载付费（CPD）、按曝光次数付费（CPM）、按销售额付费（CPS）等。[②] 随着移动智能终端不断普及，广告展示频次和数量海量增长，单一广告对于消费者吸引程度逐渐下降。在这种趋势下，互联网广告的展示目的已经由过去的“越多人看到越好”向“越多用户互动越好”转变。[③]

（二）算法是精准营销中的关键内容

伴随着人工智能技术与互联网技术的结合，机器学习算法对于精准营销的影响贯穿始终。在收集用户信息环节，企业主要通过提供服务或以算法爬取的方式获取用户的身份信息、浏览/点击记录、行为习惯等数据。在生成用户画像环节，企业可以利用收集到的用户数据，使用算法形成不同维度的个体标签，如“作息规律”“生活健康”“喜爱宠物”

---

① 刘征宇：《精准营销方法研究》，《上海交通大学学报》2007 年 S1 期，第 144 页。

② 董丽荣：《大数据时代互联网广告的营销模式》，《传媒》2017 年第 8 期。

③ 吴嘉新、缪钧、应钧：《移动互联网广告机器监管研究综述》，《中国广告》2015 年第 2 期。

等，进而将不同的标签叠加，生成针对个人或某些群体的用户画像。在广告内容展示环节，广告主（或代理企业）、互联网信息服务企业、互联网广告联盟通过基于用户画像的分类，利用算法向用户匹配并展示符合画像特征的广告内容。

总体而言，互联网精准营销具有多主体参与、场景复杂、画像不透明、展示自发实现等特点。[①] 互联网精准营销的主体不仅包括向用户提供服务的企业，还包括广告主、广告代理商、广告联盟、技术服务企业、数据经纪商等；在场景方面，不同类型的广告向用户展示后续产品或服务信息的方式存在很大区别。例如，有些场景需要用户点击链接，有些需要用户下载 App，还有些则需要用户注册信息等。在画像方面，生成用户标签和画像的过程主要通过机器按照一定逻辑和算法进行归类，随着深度学习和强化学习的应用，用户画像的生成原因难以解释。在展示方面，精准营销主要依靠预设逻辑和算法，对于不同画像的用户展示不同的广告内容，其具有高度自动化特征。企业最终与用户的连接在于广告展示环节，造成的影响既包括直接的（如用户看到的信息内容），也包括了用户后续行为的影响（如点击、下载或购买行为）。

（三）围绕算法为中心的精准营销治理机制尚未建立

从用户视角来看，互联网企业通过机器学习算法对数据的整合和分析，可获得互联网用户的各种不同侧面，使得商品和服务推荐更加符合消费者需求。但其同时也带来消费者隐私保护、歧视定价等新的隐忧。从国家视角来看，互联网企业掌握的数据经过分析和处理，具备可以预测国家关键数据信息的能力，甚至在特定情形[②]下可能影响国家政治和经济活动。

目前，各国更多地从数据规制的视角出发，希望通过个人信息保护、数据共享利用规则的完善，实现数据的合理利用，算法仅仅作为促进要素出现。但需要注意的是，随着人工智能技术的发展应用，算法已经成为影响数据处理结果的关键因素，仅考虑数据治理规则，已经不足

---

① 冯鹊禾：《大数据时代互联网广告精准营销研究》，《中国商论》2017 年第 24 期。

② 例如，英国数据公司“剑桥分析”曾陷入影响和操纵美国大选丑闻，其关键就是盗用了 8700 万脸书用户个人信息/资料。

以回答为何归责、如何归责、向谁问责的问题。[①] 在这种情况下，以算法为中心开展互联网治理活动，正成为各国立法者和监管者的重要考量。

二 精准营销中的算法类型与规制路径

(一) 数据收集环节

数据收集是生成用户画像、进行广告推送的最初环节，主要涉及的问题包括Cookies信息的收集和使用、用户数据爬取等。

1. Cookies信息的收集和使用

Cookies是基于HTTP协议，由Web服务器保存在用户浏览器上的小文本文件，涵盖了用户的上网浏览信息，包括了HTTP Cookie、Flash Cookie、Ever Cookie、Fingerprinting等多种技术方向和信息类型。[②]

从国际来看，欧盟、美国在不同程度上均承认Cookies的个人信息属性。[③] 美国对于Cookies信息的收集和使用采用了“选择退出”（‘Opt-Out’）[④] 的模式，2012年美国联邦贸易委员会曾尝试推出“禁止跟踪”（‘Do Not Track’）法案，要求浏览器应提供设置使得消费者可就是否允许网站跟踪进行选择，[⑤] 但因难以提供便捷、易操作的选择方式，导致法案最终执法情况不佳。[⑥] 在2018年制定出台的《美国加州消费者隐私保护法》中，美国再次尝试将Cookies信息纳入个人信息界定范围，赋

---

① 廖建凯：《“大数据杀熟”法律规制的困境与出路——从消费者的权利保护到经营者算法权力治理》，《西南政法大学学报》2020年第1期。

② 丁晓东：《用户画像、个性化推荐与个人信息保护》，《环球法律评论》2019年第5期。

③ 张欢、文铭、汪友海：《从Facebook数据滥用事件谈个人信息法律保护》，《重庆邮电大学学报》（社会科学版）2018年11月第30卷第6期。

④ Opt-Out即用户只有选择退出，才可不被企业追踪上网日志信息，否则将默认允许企业追踪Cookies信息。

⑤ FTC, FTC Testifies on Do Not Track Legislation, https://www.ftc.gov/news-events/press-releases/2010/12/ftc-testifies-do-not-track-legislation，最后访问时间：2019年8月6日。

⑥ Ed Bott, Why Do Not Track is worse than a miserable failure, ZDNET, https://www.zdnet.com/article/why-do-not-track-is-worse-than-a-miserable-failure/，最后访问时间：2019年7月16日。

予消费者四项主要权利[①]，但依旧未改变“Opt-Out”模式。欧盟对于Cookies信息的收集和使用主要采取“选择进入”（Opt-In）[②]机制。自2009年以来，欧盟对“电子隐私指令”（e-Privacy Directive）进行修订，在用户的终端设备上存储Cookies需要用户主动选择同意。

对我国而言，《网络安全法》[③]和《信息安全技术个人信息安全规范》[④]等法律和标准明确将Cookies纳入个人信息界定范围，要求对于Cookies信息的收集和使用应该遵循用户的知情同意原则，符合用户的合理预期，给予用户拒绝信息收集和处理的权利，避免个人信息被不当收集和使用。[⑤]

Cookies信息对于网络广告和营销行为极其重要，美国、欧盟和中国对于相关概念界定和收集使用规定不尽相同，体现了不同国家在互联网行业发展模式和治理理念上的区别。

2. 数据的爬取

数据爬取，即通过计算机程序及算法获取网页上的内容信息，如文字、视频、图像等数据。在人工智能时代，数据爬取是企业（特别是初创企业）获取原始数据的重要来源，但也引起了越来越多的数据争端。

2017年，美国职场社交巨头领英（Linkedln）与数据检索公司hiQ的数据争端案引起多方关注。从事件起因来看，hiQ通过爬虫程序爬取领英页面数据，并提供了与领英公司类似的“人脉”服务，随后被领英公司采取技术限制措施，hiQ公司将领英公司起诉至美国地方法院，要

---

① 《加州消费者隐私法案》为消费者设置的四项权利分别为：1、企业根据消费者的要求披露收集信息的种类和目的以及共享数据的第三方的义务；2、根据消费者的要求删除所收集信息的义务；3、尊重消费者选择不出售个人数据信息权利的义务；4、不得通过拒绝给消费者提供商品或服务，对商品或服务收取不同的价格或费率等方式来歧视消费者行使该项权利。

② 与“Opt-Out”模式相反，“Opt-In”模式即需要用户自主选择后，企业才可追踪其上网日志信息。

③ 根据《网络安全法》第67条对个人信息的规定，“是指以电子或者其他方式记录的能够单独或者与其他信息结合识别自然人个人身份的各种信息，包括但不限于自然人的姓名、出生日期、身份证件号码、个人生物识别信息、住址、电话号码等。”Cookies信息应属于能够与其他信息结合识别自然人身份的信息。

④ 《信息安全技术　个人信息安全规范》（GB/T 35273—2017），2018年5月实施，第22页。

⑤ 朱芸阳：《定向广告中个人信息的法律保护研究——“兼评Cookies隐私第一案”两审判决》，《社会科学》2016年第1期。

求法院对领英实施禁令。双方各执一词，领英引用了此前 Power Ventures vs Facebook 的案例①，认为 hiQ 的数据爬取行为属于《美国计算机欺诈与滥用法》（CFAA）中规定的“未经授权访问”②，需承担相关民事或刑事责任。hiQ 则认为领英公司利用其市场支配地位提高了其他竞争者进入市场的难度，严重阻碍了企业正常开展业务。美国地方法院在裁定中支持了 hiQ 的诉求，认为 hiQ 仅仅利用了自动化网页工具对公开页面数据进行了抓取，如果支持领英等公司“自由支配”谁可以使用公共用户数据，有可能造成损害公共利益的“信息垄断”。随后领英再次向 hiQ 提起诉讼，而美国联邦第九巡回上诉法院于 2019 年 9 月发布决定，维持了一审中的观点，要求领英公司不得对 hiQ 实施技术限制措施，显示出美国法院对一般数据爬取行为适用《美国计算机欺诈与滥用法》进行处罚的犹疑。③

在处理数据爬虫问题方面，我国已有的法律规定和相关实践。从法律规定来看，我国立法对于“未经授权或者超越授权”“侵入、非法控制计算机信息系统”等行为已有规定，但相关要件不明确。④ 例如，《刑法》第 285 条⑤对“违反国家规定，侵入计算机信息系统或者采用

---

① FACEBOOK, INC v. POWER VENTURES, INC, No. 13 - 17102, D. C. No. 5：08 - cv - 05780 - LHK, UNITED STATES COURT OF APPEALS FOR THE NINTH CIRCUIT, pp. 17 - 18。Power 公司与 HiQ 行为不同之处在于，Facebook 对于 Power 公司访问有许可限制，而后者在 Facebook 取消许可后依然采用技术手段获取 Facebook 数据。该案也明确了 CFAA 对未经授权的两个界定原则：一是一旦数据访问许可被撤销，采用技术手段或第三方协助都将面临法律责任；二是违反网站协议并不能成为适用 CFAA 责任的前提。

② CFAA 对于“故意未经授权或超越授权访问受保护的计算机并获取信息”的行为界定可见 1030（a）（5）（A）（2008）条款，包括：未经授权故意访问计算机或超过授权访问权限进行规定，包括从任何受保护的计算机获取信息，或者被告“故意造成程序传输，并且对未经授权且受保护的计算机造成损害。

③ HIQ LABS, INC. , v. LINKEDIN CORPORATION, No. 17 - 16783, D. C. No. 3：17 - cv - 03301 - EMC, UNITED STATES COURT OF APPEALS FOR THE NINTH CIRCUIT, pp. 2 - 3.

④《关于办理危害计算机信息系统安全刑事案件应用法律若干问题的解释》仅明确何为《刑法》第 285 条第 2 款规定行为的技术手段，如程序、工具等，并未明确何为未经授权或侵入、非法控制计算机信息系统的行为要件。

⑤《刑法》第 285 条第 2 款规定：“违反国家规定，侵入前款规定以外的计算机信息系统或者采用其他技术手段，获取该计算机信息系统中存储、处理或者传输的数据，或者对该计算机信息系统实施非法控制，情节严重的，处三年以下有期徒刑或者拘役，并处或者单处罚金。“

其他技术手段，获取该计算机信息系统中存储、处理或者传输的数据”的行为创设了刑事责任；两高《关于办理危害计算机信息系统安全刑事案件应用法律若干问题的解释》对第285条规定有关内容进行了解释[①]，特别是有关“专门用于侵入计算机信息系统的程序、工具”的界定。但从司法实践来看，已有多起涉及数据爬虫的案件被纳入《刑法》规制范畴。

2017年，北京市海淀区人民法院审理的针对上海晟品网络科技有限公司及张某、侯某的案件[②]中，法院认定被告人在数据抓取过程中破解北京字节跳动网络技术有限公司的防抓取措施，使用伪造的ID绕过服务器身份校验，使用伪造用户代理（UA）及网际互连协议（IP）绕过服务器的访问频率限制，将字节跳动公司服务器上存储的视频数据进行抓取并储存，构成了非法获取计算机信息系统数据罪，相关自然人被判处有期徒刑9个月至1年不等。2018年，深圳市南山区人民法院[③]、深圳市中级人民法院[④]先后对就谷米公司诉元光公司及五名自然人案件进行了判决，判定相关自然人非法破解他人计算机系统，并使用爬虫获得该系统中公交信息数据的行为构成了非法获取计算机信息系统数据罪。

从中美两国对爬虫技术的规制路径来看，美国法院在判定爬虫技术是否属于“未经授权”侵入他人计算机系统行为时采取了较为谦抑的态度，法院对犯罪行为要件的判断综合考虑到了数据类型的不同，以及企业的自治手段，能够较好地保障数据初创企业的数据可获得性。我国在裁判类似案件时更加重视商业数据带来的经济利益，能够较好地保障数据初始获取者的权益，但对于数据类型、数据获取能力和数据应用效果的考量较少，可能导致初创企业获得数据的难度大大提高。

---

① 《关于办理危害计算机信息系统安全刑事案件应用法律若干问题的解释》第2条　具有下列情形之一的程序、工具，应当认定为刑法第二百八十五条第三款规定的“专门用于侵入、非法控制计算机信息系统的程序、工具”：（一）具有避开或者突破计算机信息系统安全保护措施，未经授权或者超越授权获取计算机信息系统数据的功能的；（二）具有避开或者突破计算机信息系统安全保护措施，未经授权或者超越授权对计算机信息系统实施控制的功能的；（三）其他专门设计用于侵入、非法控制计算机信息系统、非法获取计算机信息系统数据的程序、工具。

② （2017）京0108刑初2384号判决书。

③ 深圳市南山区人民法院153号刑事判决书。

④ 深圳市中级人民法院（2017）粤03民初第822号判决书。

(二)数据处理环节

机器学习算法通过分析已输入的海量个性化数据点来为用户进行画像[①],不仅能够知悉用户的性别、民族、收入等基本信息,还可以全面预测用户的心理特征和心理状态。精准营销在数据处理环节主要涉及的法律问题包括个人信息的超范围共享和使用问题,尤其是对用户画像的生成和使用规制。

目前各国立法关于“用户画像”定义并不统一,有些将其界定为个人信息,有些则将其界定为数据处理行为。例如,在《欧盟通用数据保护条例》(GDPR)[②] 中,用户画像自身是“处理个人数据的活动”,而且“形成或旨在形成用户画像”的活动亦属于个人数据处理范畴,数据控制者应向数据主体提供与画像逻辑、预期后果相关的有效信息[③],数据主体有权要求删除或拒绝继续处理相关数据[④]。在《美国加州消费者隐私法》(CCPA)中,对个人信息的概念采取了较为宽泛的定义方式,个人画像明确被纳入个人信息范畴。从我国来看,由于《网络安全法》《电信和互联网用户个人信息保护规定》等法律法规对于个人信息定义综合采取了“识别说”和“关联说”的界定,个人画像应属于个人信息范畴。此外,2020 年 3 月修订的我国《信息安全技术个人信息安全规范》对用户画像行为[⑤]的定义[⑥]及要求[⑦]进一步明确,同时对于用户画像的使用、个性化展示的使用进行了进一步约束[⑧]。此外,《规范》还区

---

① 根据《信息安全技术个人信息安全规范》3.7 界定,用户画像指的是“通过收集、汇聚、分析个人信息,对某特定自然人个人特征,如职业、经济、健康、教育、个人喜好、信用、行为等方面做出分析或预测,形成个人特征模型的过程”。

② General Data Protection Regulation, Article 4 (4).

③ General Data Protection Regulation, Article 14 (2) (g).

④ General Data Protection Regulation, Article 21 (1), (2), (3).

⑤ 用户画像指的是“通过收集、汇聚、分析个人信息,对某特定自然人个人特征,如职业、经济、健康、教育、个人喜好、信用、行为等方面做出分析或预测,形成其个人特征模型的过程”。

⑥ 《信息安全技术个人信息安全规范》3.8 条,2020 年 3 月。

⑦ 《信息安全技术个人信息安全规范》7.4 条、7.5 条,2020 年 3 月。

⑧ 《信息安全技术个人信息安全规范》7.4 (b) 条,2020 年 3 月。

分“直接用户画像”和“间接用户画像”的概念[①]，对于推送商业广告的目的，应使用后者而不是前者。

总体而言，各国网络法关于用户画像的性质界定尚未形成一致性观点。美国将个人画像作为一般个人信息进行管理，规制重点在于内容而不是行为；欧盟将个人画像作为数据处理行为进行管理，规制重点在于画像带来的后果和缘由，要求解释画像的合理性和逻辑；我国则采取了融合的处理方式，在立法中更加倾向于美国的界定模式，将个人画像视为个人信息的一种，但在标准中则更加倾向于欧盟的管理模式，将个人画像作为数据处理行为进行要求。

（三）数据使用环节

在互联网精准营销中，数据的使用主要指的是利用算法向用户呈现相关的广告内容，所带来的法律问题包括了个人权益或公共权益的侵害，如歧视性定价[②]、信息茧房[③]、虚假广告、不良内容泛滥等。

从各国立法来看，算法的设计者和部署者需要承担算法推送结果的解释责任。例如，GDPR 背景引言[④]提及，数据主体对于自动化决定不满意时，可以要求人工干预，并可以表达意见，获取对相关自动化决定有关解释。美国国会也于 2019 年 4 月提出《美国 2019 年算法问责法案》[⑤]，要求美国大型互联网公司[⑥]审查其计算机学习系统（如面部识别或广告定位）以避免偏见和歧视。我国对于算法效果的监管主要集中于信息内容领域。例如，《网络信息内容生态治理规定》要求网络信息内容服务平台设置相关推荐模型，并建立健全人工干预和用户自主选择机制[⑦]；《网络音视频信息服务管理规定》则要求网络音视频信息服务提

---

① 《信息安全技术个人信息安全规范》7.4（c）条，2020 年 3 月。

② 人民日报等多家媒体曾报道，机票、酒店、电影、网约车相关的多家电子商务平台都存在“大数据杀熟”现象，即同样的商品或服务，对老用户报出的价格反而比新用户要高出许多。

③ 许竹：《微博的“信息茧房”效应及其思考》，《新闻爱好者》2018 年第 2 期。

④ GDPR Recital 71.

⑤ Algorithmic Accountability Act of 2019，https：//www.congress.gov/bill/116th-congress/house-bill/2231，最后访问时间：2019 年 8 月 12 日。

⑥ 该法案对于大型互联网公司的界定为：每年收入超过 5000 万美元，持有至少 100 万人或设备信息，或主要业务为买卖消费者数据的数据代理商和企业。

⑦ 《网络信息内容生态治理规定》第 12 条。

供者和使用者以显著方式标识相关音视频信息服务[①]。

除立法规制外，各国还通过指南和公约等“软法”对算法透明度、非歧视性等问题进行规制。截至2019年8月，全球已有超过50个[②]国家、政府间国际组织、非营利组织、行业协会发布了与实现AI可持续发展、加强AI技术治理有关的原则或公约。二十国集团（G20）在2019年贸易和数字经济部长会议上共同提出的“G20人工智能原则”(G20 AI Principles)[③]体现了各国在AI伦理和治理方面达成的初步共识，要求“AI参与者应承诺透明和负责任地披露AI系统信息，应提供适合于客观实际并符合技术发展水平的有意义的信息”。[④]我国也于2019年6月发布了《新一代人工智能治理原则》[⑤]，要求人工智能发展相关各方提升人工智能系统解释性，在算法设计中消除偏见和歧视。

总体而言，各国对于算法效果的规制体现了监管取向的不同。欧盟主要集中于个人隐私保护方面，对于自动化决策效果的规定、适用条件、豁免情形等规定较为详尽。美国率先在公共事业场景下建立外部算法问责机制，主要目的为了保障公众的人格权利。我国较为注重人工智能对新闻、视听领域的影响问题规制，主要目的为了确保网络空间清朗有序。在深度学习“黑箱机制”的现实困境下，人工智能伦理和自律公约等软性规制可能成为特定性规制的有效补充。

（四）小结

总的来看，当前各国主要通过两种路径实现精准营销的算法规制：一是按照算法效果进行规制，比如不得歧视用户、不得超范围使用个人数据、不得产生非法内容等。这种规制方式主要适用于精准营销中的数据收集、形成画像和规制效果及影响环节，在这一阶段中，可以通过要求相关主体明确个人信息收集或使用的规则、明确责任主体等方式实现，属于对

---

① 《网络音视频信息服务管理规定》第11条。

② 数据来自于中国科学院自动化研究所Zeng Lab的统计。

③ G20 Ministerial Statement on Trade and Digital Economy，Annex，http：//www.g20.utoronto.ca/2019/2019 - g20 - trade.html，最后访问时间：2019年10月2日。

④ G20 AI Principles，1.3.

⑤ 《发展负责任的人工智能：新一代人工智能治理原则发布》，科技部，http：//www.most.gov.cn/kjbgz/201906/t20190617_ 147107.htm，最后访问时间：2019年7月9日。

收集或使用数据的方式追责。二是对于算法本身进行规制，比如算法应具有可解释性、公开算法透明、要求成立算法监督机构、赋予消费者算法救济渠道等[①]。这种规制方式对于监管技术和时机的要求较高，可在用户画像、推送广告环节中使用，属于对提供或使用算法的后果追责。

对精准营销规制的路径差异体现了不同国家围绕算法治理价值观的区别，也与人工智能的发展现状和监管手段密切相关。现阶段，监管者难以直接对以神经网络为基础的深度学习算法代码进行审查，提供技术和服务的企业在某些情况下也难以对最终效果进行解释说明，用户对于个人隐私保护和知情权的诉求越来越高。在这种情况下，如何平衡上述主体之间的利益关系，将成为未来对互联网精准营销行为进行规制的重点。

三　对精准营销中算法规制路径的思考

人工智能时代法律政策是基于风险的制度选择和法律安排。[②] 对于在人工智能时代开展的互联网精准营销而言，笔者认为，应明确目标和导向，区分算法应用场景，尽力消除风险，明确算法规制路径。

（一）对我国现有算法规制方式的审视

从目前我国对于精准营销中算法规制的模式来看，表现出以自律为主的特点，市场主体意思自治是支持相关数据共享合作行为的基础。行业监管集中在个人隐私保护层面，互联网企业和部分的数据分析企业已经被纳入到监管框架下，通过加强隐私条款审查[③]、开展治理专项行动[④]

---

① 有学者提出，对算法进行规制，首先应当通过法律的价值影响和引导算法，对其进行法律归化；其次保护数据主体对于数据的控制权益，尤其是被遗忘权；最后明确数据控制者合规使用数据、审查算法的义务以及侵权之后的责任。

② 周汉华：《论互联网法》，《中国法学》2015 年第 3 期。

③ 自 2017 年起，中央网信办会同工信部、公安部、国家标准委依托《网络安全法》，开始了对于多项网络产品和服务的隐私条款评审，重点规范其收集、保存、使用、转让用户个人信息的行为，督促整改不合法的条款。

④ 2019 年 2 月，中央网信办、工业和信息化部、公安部、国家市场监管总局联合发布了《关于开展 APP 违法违规收集使用个人信息专项治理的公告》在全国范围内组织开展 APP（应用程序）违法违规收集使用个人信息专项治理行动，重点对 APP 过度收集使用用户个人信息、加强用户知情同意、规制默认捆绑安装应用等行为进行规制，不符合要求的 APP 被要求立即整改。

等方式进行监管，属于本文提出的第一种算法规制方式。

如下图所示，用户个人信息实际上已由多个主体控制，直接向用户提供互联网服务的企业是最为广泛的市场主体，他们直接与用户签订隐私协议，通过隐私条款明确与用户之间的数据收集和使用要求。在互联网广告联盟内，他们还通过与数据分析企业、第三方机构签订数据共享流通协议，共享用户画像、Cookies信息等数据。数据分析企业作为专门从事数据相关服务的主体，也通过爬虫等方式直接爬取用户或企业的公开/非公开数据。此外，目前市场上也有从事数据交易服务的数据经纪商（Data Broker），其主要通过数据分析企业获取用户数据，并向更多的第三方机构或企业提供。

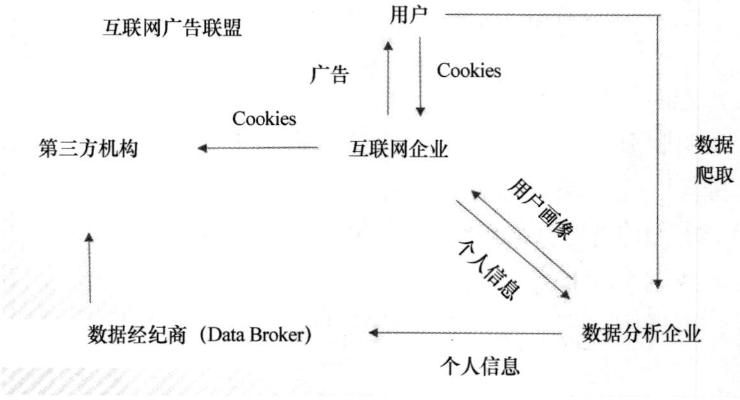

图1　精准营销各方主体数据流通关系图

（二）算法规制的难点及其原因

正是由于算法应用领域广泛，以及多方主体参与，目前围绕精准营销进行算法规制还需要回答一系列基础性问题，例如怎样界定算法的性质及概念，如何确定算法审查的内容和边界，谁来负责审查和解释算法结果等。

1. 监管内容复杂、监管对象多元

Cookies、算法、用户画像的性质和界定并不明确，导致部分制度条款落地存在困难。例如，精准营销中经常使用的 Cookies 和用户画像是否属于个人信息？在何种情形下属于满足用户的合理隐私期待？哪种呈现方式属于已经向用户明示并获得用户许可？删除人脸识别模型和不再构建人脸识别模型有何区别？个人信息脱敏到何种程度不再属于个人信息？这些问题都需要进一步的法律规定予以明确，否则监管者将缺少必要的执法依据。

对于经营行为的监管来说，最为困难的部分在于如何证明算法在精准营销中对用户的个人信息被收集和使用的影响，这种影响不仅仅在最初收集和使用用户个人信息的企业，也在于其他所有的产业链上的主体，而这些主体并没有直接与用户签订协议，也并未被纳入监管范围。目前法律缺乏对于促进数据流通的合理授权，也未建立起与行业发展相适应的主动、长效的监管制度设计。

2. 第三方机构的参与程度较低

精准营销所涉及的治理主体包括互联网企业自身、用户、监管机构、第三方机构等，主要通过平台与用户之间签订协议，并通过平台自治理方式完成，需要平台对第三方应用开发者予以管理。用户和第三方机构主要扮演监督者角色，在必要时向执法机构提供与算法规制相关的信息。在一些情形下，互联网市场的竞争机制也可为精准营销中的算法治理提供支持，如其他市场竞争者向执法部门提供相关违法依据等。但从上文对治理对象的分析来看，广告联盟需要由主导的互联网企业牵头治理，第三方机构、开发者与其具有共同的利益诉求，这种治理机制可能很难实际发挥作用。

3. 数据保护责任分配不均

从当前法律规定看，责任主要在于直接面向用户提供服务的平台企业，即使最终是第三方机构违规，依然需要平台企业予以补偿。但实际上，平台企业即使采用“白名单”等机制明确第三方接入者门槛，依然难以控制后续平台用户与不法主体开展合作和共享数据的情况。在这种情况下，不仅解决不了真正的问题，还会不断增加平台的经营负担。有学者指出，在算法不可解释性和新的人工智能责任体系构建起来之前，沿用平台责任严格化的制度必然是一种无奈的选择。[①]

（三）算法规制的可行性分析

大数据时代，超级平台往往利用自身营造的网络生态系统吸引海量用户，获取多类型数据，依赖数据控制提高市场进入门槛，进而成为市场寡头。有学者认为，资本利用其在数据和算法上的技术优势，有应用算法进行独裁和推动数据霸权的可能。[②] 这一判断存在部分合理性，但笔者认为，数据和算法的确能够为部分企业带来很大的竞争优势，但需要结合应用场景的不同和治理目的不同，以风险控制为目的，并不适宜直接将其上升到对国家安全甚至国家主权造成影响程度。

从规制思路来看，精准营销与数据使用之间存在天然的原则冲突，完全的自律方式不可能发挥很好效果，对于不同主体数据收集和使用的激励或许是可以考虑的。此外，不同参与方在精准营销不同环节中使用的算法类型是不同的，造成的影响追溯也应进行区分，特别应该估计到平台对于第三方数据控制的不确定性，推动民事主体通过签署平等的格式条款明确数据收集和使用的责任分配。

从规制路径来看，建议采取分类施策、分阶段的规制方式。现阶段重点需要对竞争、消费者保护、隐私保护、网络安全、内容管理等方面立法予以修正，特别明确 Cookies 信息界定、收集和使用的特殊性规则，进一步清晰用户明确同意建立和使用画像的要求，规定数据爬取合法性范围，进一步保障增强消费者选择权和知情权，同时赋予企业必要的技术创新空间。关于数据收集，建议顾及个人信息保护与企业创新发展之间的平衡问题，避免在立法中拟定过高的监管目标，更加注重为用户提供具有操作性的选择措施，切实保护消费者对于个人信息收集和使用的知情权和选择权。

关于个人信息画像问题，笔者建议应在立法中对“用户画像”与“画像”进行区分。前者与个人有关，应为个人信息；后者与行为相关

① 张凌寒：《算法规制的迭代与革新》，《法学论坛》2019 年第 2 期。

② 陈鹏：《算法的权力：应用与规制》，《浙江社会科学》2019 年第 4 期。

性更大，应为个人信息处理行为。鉴于用户画像是企业开展精准营销的关键要素，后续立法在明确“自然人特征模型”“用户标签”“用户画像”等概念的同时，还应合理界定用户画像逻辑的合理解释和删除程度。关于算法使用问题，未来在技术审查条件具备的情况下，可考虑通过立法推动算法审查制度的出台，明确公平、非歧视的界定标准，更好地提升行业主动监管能力，维护合理的市场竞争秩序。

结　语

毫无疑问，本文仅为互联网精准营销场景下的算法规制问题提供初步的分析框架，并不一定适用于所有人工智能应用场景。总体而言，互联网广告作为互联网行业的重要收入来源之一，是现阶段较为合理实现信息/数据价值的手段。因此，在实践中，我们应特别注意精准营销算法监管的边界和强度，避免对企业施加不合理责任，影响国家数字经济战略和规划落实。同时，也应从风险控制视角出发，区分个人数据与非个人数据、一般行业与重点行业、国际与国内等不同应用场景，明确监管目的和监管重点，分阶段处理算法规制问题。

（责任编辑：孙南翔）

司法科技：实现正义的新选择及其不足

——以三家互联网法院为视角

陈旭辉

（四川大学法学院人权法律研究中心助理研究员）

内容摘要 随着时代的发展，司法科技逐渐崭露头角，成为当前司法体制改革的重中之重。作为实现正义的新选择，从程序正义的角度上看，司法科技可以提高司法效率，促进程序公开透明；从实体正义的角度上看，司法科技有助于实现同案同判，促进法律适用的规范与统一。然而，司法科技并非实现正义，根治司法顽疾的“灵丹妙药”，一方面其在诞生之初就存在着“基因缺陷”，另一方面其在运行中与司法理念发生矛盾。应正视司法科技的“天花板”，明确定位，限制范围、强化救济，为司法体制改革服务。

关键词 司法科技 司法改革 人工智能 算法 大数据分析

一　从幕后到台前的司法科技

继“金融科技”（Fintech）之后，“司法科技”（LawTech）作为一个新兴名词开始步入大众视线，该概念最早见诸 2015 年，顾名思义，其是指运用于司法领域的各项科技手段，最为典型的就是：将区块链、大数据分析、人工智能等技术融入传统司法之中，以达到促进司法公正之目的。

实际上，早在司法科技这一概念提出之前，在我国就已有关于司法与科技相融合的先期实践，但是受限于技术的发展，其大多发挥着“幕后”作用，并未得到公众过多的关注。具体而言，20 世纪 80 年代就有学者敏锐地指出：“电子计算机已经被人们视为科学技术现代化的一个重要标志，法律工作和法学研究要顺应科学技术的发展，也要现代化。”① 并提出了以电子计算机辅助审判、管理司法数据的构想。随后，1985 年北京大学法律系在国内率先研制出首套涉外法规查询系统，即“北大法宝”的前身。1986 年时任最高人民法院院长郑天翔在第六届全国人民代表大会上就曾敏锐地指出，要将法院现代化问题提上日程，针对过去法院信息传递阻塞，统计工作落后等问题，应及时开展研究，根据国家财力情况，探索电子计算机辅助审判以及数据管理系统。② 在理论界与学术界的双重倡导下，20 世纪 90 年代伊始，我国各级法院的信息化建设有了实质性进展。1996 年，全国首个法院计算机系统在南京市中院正式启用，随后，上海、北京、辽宁等地法院也相继建起了计算机系统。但由于技术上的短板，长期一段时间内，法院现代化、信息化建设都是围绕实现法院内数据传输、统一数据格式、规范法院软件使用展开，③ 因此并没有对社会公众产生过多影响，一直在“幕后”默默运行。

2015 年最高人民法院公布《人民法院信息化建设五年发展规划（2016—2020）》《最高人民法院信息化建设五年发展规划（2016—2020）》等一系列文件，正式提出建设以“应用现代科技，深度融合司法审判和现代科技，运用现代先进技术，保障和促进司法公开、公平、

---

① 龚祥瑞、李克强：《法律工作的计算机化》，《法学杂志》1983 年第 3 期。

② 《最高人民法院工作报告（1986 年）》，中国政府网：http：//www. gov. cn/test/2008 - 03/27/content_ 929853. htm，最后访问时间：2020 年 3 月 10 日。

③ 程文：《司法踏上网络快车——最高人民法院信息化建设侧记》，《中国计算机用户》1999 年第 15 期。

公正”[①] 的“智慧法院”，这意味着以大数据分析、区块链、人工智能等为首的新一轮的“司法科技革命”即将到来。区别于有着固定输入与输出的计算机传统程序，目前的“司法科技”更多倾向于让“机器自主学习”，即让机器对信息进行动态处理、分析、预测，做出一些唯有人类才能处理的事情。

事实上，官方并非一开始就注意到司法科技对司法改革的作用，实属对中国司法改革过程中所出现的“偏差”之纠正，且大有借近年来科技市场的迅猛发展之态势而顺水推舟之嫌。具体而言，一方面，新一轮的司法体制改革，力求以员额制改革为推手，去除法官职业行政化问题，破除以往“审者不判，判者不审”的困境，“通过确立法官员额在法院内部和社会外部形成一种对法官的身份认同，并且重点是将人们对法官的身份认知与对行政官员的身份认知相区别开，以此获得法官的独立性和权威性，并在其中调动法官从事审判工作积极性。”[②] 然而，过去对于案件质量的常规化控制模式也随着“行政化”监督体制的破除而宣告破产，因此案件质量面临着长期“无人监管”的危险。同时，员额制导致的法官人数的下降，变相加剧了“案多人少”的困境，而突如其来的司法责任也加剧了法官的“逃逸现象”。[③] 有鉴于此，改革者为保持原有改革步伐，不得不将目光投向正在兴起的“司法科技”，期以“科技红利”弥补监管缺位、效率降低的困境。正如学者所言：“它之所以被及时补充为改革的重要配套措施，或许与人工智能技术的快速发展有关，但更主要是顺应司法实践迫切需求的产物。”[④]

改革者之所以会将目光投向“司法科技”，这主要得益于科技成果的市场化运作。市场在资源配置中的决定性作用命题的提出必然意味着以需求为导向的经济体制的建立。[⑤] 历史证明，唯有市场经济才能推动技术发展，并且将其快速投入运营，为消费者带来价值，从而创造社会

① 和芫：《人工智能进法院：对科技应用于司法的思考》，《科技与法律》2018年第6期。

② 丰霏：《法官员额制的改革目标与策略》，《当代法学》2015年第5期。

③ 龙宗智：《司法改革：回顾、检视与前瞻》，《法学》2017年第7期。

④ 黄京平：《刑事司法人工智能的负面清单》，《探索与争鸣》2017年第10期。

⑤ 马飞峰：《论“市场在资源配置中起决定性作用”的意义——从理论、政策、实践角度分析》，《人民论坛》2015年第21期。

财富。[①] 企业需要降低法律服务成本，科研单位需要获得更多更有价值的一手数据，个人律师则需要以“司法科技”为杠杆，平衡自身与大型律所的差距，这一系列的迫切需求，直接带动整个“司法科技”产业的蓬勃发展。2017 年前后，“小 e”“棠城小法”“青小律”“律梦梦”等大批以“法律机器人”为宣传的产品走入公众视野，“科技司法元年”的到来，使得“司法科技”真正从“幕后”走向“台前”，走进千家万户，成为“热搜”。

无论是市场背后的利益使然抑或是官方的“无心插柳”，不可否认的是，司法科技已处在改革浪潮的风口浪尖，处于社会关注的最前沿。如今，司法科技在司法服务、司法管理、司法审判、司法执行等方面大量运月且成果斐然，不仅对司法系统内部，对于普通大众也产生重要影响，受到诸多好评。[②] 那么，在铺天盖地的赞扬声中，笔者不禁想问，司法科技对于司法正义的实现究竟发挥着多大的作用？其是否存在着某些“基因缺陷”？是否与司法理念相协调？司法科技的未来何在？

由于全国三家互联网法院作为司法科技运用的集大成者，是包含大数据分析、人工智能、区块链等各项核心要素的专门法院，各种司法科技都可以在互联网法院中找到身影，是各项技术之集中体现，[③] 因此，本文无意对司法科技的运用情况进行大范围列举，而是以互联网法院为例展开，从不同方面考察司法科技在实现司法正义中的作用，并反思其在实现正义中的不足，期以为未来的发展提供一些可行性建议。

二 司法科技：实现正义的新选择

正如上文所述，在新一轮司法改革产生意料之外的副作用后，以大数据分析、区块链、人工智能为代表的“司法科技”作为实现司法正义的新选择而进入改革者的视野。正义是人类社会的最基本的价值，“一

---

① 张维迎：《市场的逻辑》，人民出版社 2010 年版，第 16 页。

② 崔亚东：《司法科技梦：上海刑事案件智能辅助办案系统的实践与思考》，《人民法治》2018 年第 13 期。

③ 邓恒：《如何理解智慧法院与互联网法院》，《人民法院报》2017 年 7 月 25 日。

般认为，正义是各得其所，而所得的内容是由每个人所处时代的物质生产条件和文化背景决定的。”① 司法正义作为正义系统的一个分支，是整个司法活动的核心目标。当我们回顾整个西方法制史时，其对于司法正义的讨论更多倾向于代表“自然永恒”的程序性正义保障。作为西方话语体系的程序正义观与我国传统文化中的实质正义观的长期割裂，不利于我国社会主义法治体系的构建。十八大以来，“以人为本”的司法理念要求真正的司法正义，即“马克思所强调的‘正义优先于法律’中的‘正义’，是兼顾程序与实体并真正‘实现人的自由与平等’的正义。”② 因此，司法正义包含了程序正义与实体正义的双重要求。

（一）程序正义：司法科技视角下的高效、公开与真实

程序正义被称为是一种“看得见的正义”，其对于司法判决的效力与公信力有着至关重要的作用。正如谷口安平所言：“审判结果是否正确并不以某种外在的客观的标准来加以衡量，而充实和重视程序本身以保证结果能够得到接受则是其共同的精神实质。”③ 那么，以人工智能、大数据分析、区块链为代表的司法科技如何助力程序正义的实现？

1. 建立电子诉讼平台，促进司法高效、公开

正义是司法的终极目标，而实现正义的过程却有着有效率的正义和无效率的正义之分，效率代表了司法的正义的质量，也体现了司法的形象。④ 而效率也顺理成章地成为正义的第二种内涵。⑤ 因此才有了所谓“迟到的正义已非正义”之说。除了要求司法效率外，程序正义更要求司法程序的公开与民主，即当事人有权参与且对当事人及社会公开，因为“不公开或秘密的程序让当事人产生疑虑是不可避免的”。⑥

首先，建立电子诉讼平台，覆盖从网上立案、网上审理，到审结执

---

① 江必新：《司法正义的特点及其辩证思考》，《法制资讯》2014年第9期。

② 彭卫民：《在程序与实体之间：新时代中国司法正义的整体建构》，《社会科学家》2019年第4期。

③ ［日］谷口安平：《程序的正义与诉讼》，王亚新、刘荣军译，中国政法大学出版社1996年版，第5页。

④ 蒋惠岭：《论司法效率中的八个关系》，《人民司法》2008年第17期。

⑤ 顾培东：《效益：当代法律的一个基本价值目标——兼评西方法律经济学》，《中国法学》1992年第1期。

⑥ 孙笑侠：《两种程序法类型的纵向比较——兼论程序公正的要义》，《法学》1992年第8期。

行的全流程。当事人只需进行实名制注册，通过生物认证之后，按照系统提示，选择案件、纠纷类型，诉讼标的物及其标的额，智能生成起诉书。同时，电子诉讼平台在大数据分析的技术支持下，嵌入案例检索系统，提供类案检索、跨库检索、智能问答等服务，向当事人自动推送所需法条、观点等信息。在当事人提交诉状之后，互联网法院电子诉讼平台将会对司法案例库中的案例进行相似度分析，对当事人的案件进行智能评估，使其快速了解案件风险，对自身利益做出最佳判断。当事人也可以随时浏览卷宗材料，查看案件审理进程，全流程依法公开，达到诉讼结果可预期，诉讼过程更公开、透明的效果。

其次，实现真正意义上的线上开庭、网上庭审，比传统审理模式节约时间约60%。彻底破解“跨地域”诉讼难题，免去当事人舟车劳顿，提高案件整体效率。在网络状况不佳时，采用特殊前向纠错、重传算法，减少因网络波动造成的庭审效果下降。庭审中，法官对于当事人提交的证据随时调取，对重点内容可实时标记，当遇见原被告情绪激动或爆发语言冲突时，法官可通过“关闭麦克风”或“关闭视频”的功能，避免庭审“失控”。采用智能语音识别技术，无须书记员记录，实时生成笔录，待庭审结束后，由当事人双方点击“确认”即可完成笔录确认工作，避免因书记员的录入速度而影响庭审流畅度。杭州互联网法院更推出“异步审理模式”，将审判环节进行拆分，法官与当事人充分利用空闲时间，在指定期间内自主选择时间登陆平台完成不同审理步骤，通过非同步、非面对面、错峰错时的方式，成功实现跨国网络案件的审理。①

最后，在送达、执行方面，采用大数据分析打通“最后一公里”，平台利用数据库检索当事人电子地址，并与立案时当事人自己提供的地址进行比对，若比对结果一致，则确认为送达地址，自动送达。若匹配结果有出入，则自动根据当事人的其他信息，匹配其手机号码、宽带、电商账号下登记的地址，实现精准送达。②

① 岳丰、黄洪连：《这里打官司原告被告“没时差”》，《杭州日报》2018 年 4 月 3 日。
② 胡盈：《人工智能在互联网法院中的运用及成效》，《中国高新科技》2019 年第 51 期。

2. 运用区块链存证，确保数据真实可信

区块链作为继大数据、云计算之后与人工智能齐名的新技术，是国家战略的重要组成部分，其作为去中心化、分布式加密新技术，具有去信任化、匿名化、难以篡改、可追溯等特性。[①] 它将数据存放在不同区块之中，而每一个区块又以独特密码学签名与其他区块相互“链接”，以“共识算法”维系真实性，在相应权限内协作共享，以哈希函数与非对称加密的方式防止数据篡改。采用哈希函数，即使仅篡改 1 比特[②]数据，哈希值也会截然不同，而依照哈希函数的性质，任何人都无法伪造出带有相同哈希值的数据，因此经篡改后的数据基本无法通过哈希值校对。

目前，区块链在金融监管领域得到广泛运用，而在司法领域中，作为一项新兴的司法科技则主要在三家互联网法院中得到深度运用。2018 年 9 月，最高人民法院发布《关于互联网法院审理案件若干问题的规定》，其中第 11 条充分肯定了区块链存证的法律效力，为其后续发展奠定坚实基础。

运用区块链全流程可塑、不可篡改性、不可伪造性的特点，使得在司法程序运转过程中，故意伪造证据、制造证据丢失等前信息化时代屡见不鲜的现象几近灭绝。当所有操作终会留痕，所有更改终会曝光，其本身就会对人性的黑暗产生遏制，从而倒逼程序正义，杜绝幕后操作。

表 1　　三家互联网法院区块链运行情况

法院	上线时间	区块链	特点
杭州互联网法院	2018 年 9 月 18 日	司法区块链	对公证处、司法鉴定中心、CA、法院等，支持对接多种国家机关或社会组织的联盟链

① 李世寅：《未来已来：区块链技术在智慧法院建设中的运用前景探析》，《信息安全与通信保密》2019 年第 10 期。

② 比特是英文 binary digit 的缩写。比特是表示信息的最小单位。

续表

法院	上线时间	区块链	特点
北京互联网法院	2018 年 9 月 9 日	天平链	以社会化参与、社会化共治的方式，践行“业务链、管理链、生态链”三链合一的“天平链 2.0”新模式，打造了社会影响力高、产业参与度高、安全可信度高的司法联盟区块链
广州互联网法院	2019 年 3 月 30 日	网通法链	以区块链为媒介，联通可信电子证据平台与司法信用共治平台，打造“一链两平台”新一代智慧信用生态体系

（二）实体正义：智能化的类案推送

在我国，实现实体正义的一个重要方向在于追求“同案同判”的司法效果，其也体现出对“法律面前人人平等”宪法要求之践行。① 实践中，杭州互联网法院上线“阿里 AI”助理法官，凭借人工智能的深度学习、迁移学习技术，在大数据中自动分析成千上万条纠纷案例，自主学习所涉及的相关法律条文，对每类案件模型化处理，提取关键要素建立法律知识图谱。“当法官遇到类似案件时，阿里 AI 可以针对纠纷争议点迅速开启‘大脑’进行分析和判断，并向法官给出调解和判案建议，通过模型的精准识别，这一过程只需 1 秒左右。”② 广州互联网法院上线“类案批量智审系统”，该系统以辅助法官审判为目标，综合类案智推、裁判文书辅助说理、智能量刑纠错、疑难案例研究、司法数据分析、自由裁量权校对等功能，实现关键词抓取、文书制作、自动结案归档、裁判风险提示、多部门协调等目标，有效减少法官“同案不同判”现象。北京互联网法院借助法律知识图谱技术、自然语言理解技术等，开发类案智能推送系统，对法律条文、法律文书进行双向解构，形成符合知识图谱的基本逻辑，通过对大数据信息挖掘技术，以特定算法对大量裁判进行分析，作出裁判建议或推送类案裁判。

① 杜文静：《法律论证视域中的同案同判原则》，《法律方法》2017 年第 1 期。

② 祝梅：《杭州互联网法院试点应用“AI 助理法官”》，杭州网：https：//baijia hao. baidu. com/s? id = 1636313472795379686&wfr = spider&for = pc，最后访问时间：2020 年 3 月 11 日。

在统计学看来，样本数量越大就越具有代表性。[①] 因此，只要采用科学的算法，对大数据进行分析，就越有可能制作出逼近真实的数学模型，找到最合适的类案，得出最贴切的裁判建议。同时，法官在行使自由裁量权时，也可以类案智推的结果为参考，反向佐证自身的裁判逻辑，确保法律适用统一，从而实现“同案同判”的构想。

三　反思：司法科技在实现正义中的不足

如上所述，似乎无论是当事人还是司法机关都能在司法科技的运用中获得一份属于自己的红利，更有学者甚至喊出“未来已来”的口号。然而，这是否意味着，司法科技将成为其中国司法改革的“救世主”，成为实现正义、根治司法顽疾的“灵丹妙药”？事实上，司法科技并非完美无缺，一方面，其诞生之初就存在着难以回避的“基因缺陷”，另一方面，在运用中也与核心的司法规则和理念产生矛盾。因此，在司法界“科技热”的浪潮中，我们不乏进行一场“冷思考”。

（一）司法科技的“基因缺陷”

根据目前的技术发展水平，以人工智能、区块链、大数据分析为代表的司法科技在实际运用中仍存在着一些难以克服的原生缺陷。而正是这些诞生之初就伴随着的“基因缺陷”，让我们不禁对司法正义的实现打上问号。

1. 大数据样本不足、质量不佳，造成分析结果偏差

大数据是人工智能、区块链建设的核心，是进行有效分析、预警、决策的前提，有着多样性（variety）、规模性（volume）、高速性（velocity）的特点。[②] 当前司法领域的大数据主要来源于裁判文书的上网工程，但事实上，这些上网的裁判文书仍存在着样本不足、质量参差不齐的困境。正如学者所言：“对于中国的法律大数据产业而言，其面临最大的问题恰恰是法律基础数据残缺不齐，即便是裁判文书网上海量的文书数

① 范柏乃、蓝志勇：《公共管理研究与定量分析方法》，科学出版社2015年版，第31页。

② 孟小峰、慈祥：《大数据管理：概念、技术与挑战》，《计算机研究与发展》2013年第1期。

据，也是充满了大量的 bug（残缺）。”①

首先，法院裁判文书公开种类有限、样本数量不足，缺乏过程性信息数据。当前中国裁判文书网仅对判决书、裁定书、决定书、调解书、通知书等结果性文书进行公开，缺乏对得出结论的过程性信息数据的公开，例如当事人的起诉状、答辩状、代理词以及相当部分案件中，合议庭、审判委员会就案件的讨论等，这些过程性信息有的未被记录而有的虽有记录但并未公开。但也就是这些证明结果性文书正确性的过程性信息，对于人工智能的深度学习、模拟思考、逻辑推演和分析起着至关重要的作用。在怀特海的“过程哲学”看来，“过程就是实在，实在就是过程”，② 整个世界就是由多元过程演化的结构，因此，对于过程的了解与剖析远比对结果的控制更为重要。事实上，法官对于案件的逻辑推理体现在裁判文书之中的仅是露出海平面的“冰山一角”，而冰山下的推理过程及其相关考量则蕴藏在这些过程性信息数据之中。“如果仅有代表‘结果’数据，而无代表‘过程’数据，人工智能系统所发挥的功能与传统的法院信息化无本质区别，也只起到数据统计而已，只不过是‘大量数据统计’，根本无法保障结论的客观准确。”③

其次，法院裁判文书质量参差不齐。大数据分析结果的准确性不仅取决于样本数量，更取决于样本本身，即对其质量的要求。在统计学中，仅仅依赖增大样本数量并非数据结果代表性的充分必要条件，还需要关注样本本身的质量。④ 目前，我国网上的公开裁判文书中仍存在许多错误。有学者对其错误进行整理后分为两个大类：其一是文书公开问题，包括文书分类错误、统计数据错误等等，例如某法院曾经把众多信息公开案件文书分类为民事裁判书；其二是文书写作问题，包括标识性信息错误，例如案号、时间、地点、审级等信息错误，导致“串案”、“一号多案”等现象，以及由于法律语言多样性问题造成的表述差异，

---

① 程金华：《未来还未来：反思中国法律大数据的基础建设》，《中国法律评论》2018 年第 2 期。

② 闫顺利：《马克思哲学过程论——一种实践过程思维方式》，中国书籍出版社 2013 年版，第 4 页。

③ 施珠妹：《智慧法院建设与“大数据”质量》，《东方论坛》2019 年第 1 期。

④ 范柏乃、蓝志勇：《公共管理研究与定量分析方法》，科学出版社 2015 年版，第 31 页。

极易造成机器误读，例如对于管辖协议的就存在诸如“协议管辖”、“管辖约定”、“约定管辖”等多种表述。① 不仅如此，裁判文书质量参差不齐还表现法官对法条的错误适用上，“例如《民法通则》总计 156 个条文，但有的法院竟然引用了第 1108 条。此外，有的法条不但从未被正确引用过，而且同一法院多份判决书还‘以讹传讹’，有的条文被错误引用的次数居然超过了被正确引用的次数，有的还出现了数字颠倒。”②

最后，裁判文书选择性公开，导致原始数据不完整，缺乏客观性。最高人民法院先后三次发布《关于人民法院在互联网公布裁判文书的规定》对裁判文书公开做出硬性规定，但选择哪些文书可以公开的过程却充满了主观色彩，毕竟各个法院都有权决定裁判文书的上传与否，而其中的标准则不得而知。以北京互联网法院为例，以“不宜在互联网公布的其他情形”为关键词，在北大法宝中检索可知，截止至 2020 年 3 月 12 日，共有 14921 份裁判文书收录于北大法宝，而其中有 11140 份裁判文书被认为不宜在网上公布，占到文书总数的 74.7%。

2. 算法缺乏透明度，导致公信力受损

算法本质上是以数字或代码作为一种意见表达的方式。③ 大数据分析需要算法，算法的优劣也直接反映在人工智能水平的高低上。大数据决定了人工智能的下限，那么算法则决定了人工智能的上限。李彦宏认为，真正推动社会进步的是算法而非数据。④ 如果说，公众对于法院的公信力和对司法正义的认同是建立在对算法的信任，那么这个说法显然无法自恰，因为算法本身就是公众质疑的对象。

首先，算法并非完全中立，其不公平集中体现在算法歧视之中。而

---

① 马超、于晓虹、何海波：《大数据分析：中国司法裁判文书上网公开报告》，《中国法律评论》2016 年第 4 期。

② 王竹：《法律大数据要注重质与量的提升》，《社会科学报》2016 年 6 月 2 日。

③ 苏令银：《透视人工智能背后的“算法歧视”》，中国社会科学网：http：//news. cssn. cn/zx/bw-yc/201710/t20171010_ 3662363. shtml? COLLCC = 3044501152&，最后访问时间：2020 年 3 月 12 日。

④ 寓扬：《李彦宏首抛“AI 思维”论：真正推动社会进步的是算法，而非数据》，《商业文化》2017 年第 16 期。

算法歧视可以由先前偏见所致，即“先前存在的偏见可以通过个人或机构有意识地或无意识地进入算法系统：算法设计者和参与者可以通过设计而将个人偏见嵌入算法中。”① 司法科技中所运用的算法，本应由法院作为建设者进行主要开发，然而考虑到开发成本以及技术人才的缺乏等问题，因此在实践中，包括互联网法院在内的“智慧法院”其使用的算法均是外包由第三方负责设计或直接向第三方购买“成品”，而第三方负责开发的算法工程师往往不具有法学背景，缺乏法律思维。对于法律精神、原则及其法条内在含义的错误理解，例如对于酌定量刑、法定量刑、累犯、惯犯等的错误理解，极易设计出存在偏见的算法模型。

其次，算法透明性不足，缺乏解释与救济。算法往往掌握在少数科技公司的手中，而出于商业价值与利益最大化的考虑，这些算法都是作为科技公司的最高秘密进行保存。同时，由于算法的复杂程度不断提升，算法系统逐渐变得不可观测且难以理解。

一般而言，人们质疑算法得出的结果，其原因在于算法只提供答案，而不对答案的产生进行解释，普通人只能看见数据的输入与输出，却无法了解整个系统的运作与框架。司法作为正义的最后一道防线，其既缺乏立法的民主性，也没有行政的强制性，它之所以受到信任的原因就在于理性，而理性则是通过法官的说理得出，人们通过观察法官的逻辑推理、论证过程，进而判断自身是否受到公正的对待。正如学者所言：“法律判决不断规范、完善的过程是一个不断增加其说理性的过程。一个判决只有能够被解释，才存在被评估、被信赖的空间。”② 因此，算法因缺乏解释所造成的“黑箱现象”事实上是难以获得当事人的信任的。除此之外，若当事人提出受到算法歧视，其权利如何受到救济？又该由谁承担证明责任？并且随着算法的日趋复杂，愈加难以解

① 刘培、池忠军：《算法的伦理问题及其解决进路》，《东北大学学报（社会科学版）》2019 年第 2 期。

② 洪凌啸：《误区与正道：法律人工智能算法问题的困境、成因与改进》，《四川师范大学学报》（社会科学版）2020 年第 1 期。

释且无法理解，是否还存在证明责任的必要？①

3. 人工智能产品名实不符，变相增加司法负担

现有包括类案智推等人工智能产品承仍处于初级阶段。智能辅助审判系统只能识别几类法律关系简单、事实清楚的案件，② 也并不能灵活模拟法官的逻辑推理过程，而这对于经验丰富的法官而言其实意义不大。同时“类案推送设置的前提条件过于复杂，层级过多，法官需要不断细化筛选条件，对输出结果进行反馈，修正检索参数，”③ 交互 UI 过于复杂且一次交互的关键词错误就有可能导致全部结果的不合格。类案智推系统对于表面相似而实质不同的案件缺乏辨识度，“较为典型的情形就是人工智能系统在归纳某些复杂案件的争议焦点时往往会出现抽取内容不准确、归纳存在较大偏差等问题。”④ 因而不得不投入大量法官或审判辅助人员进行人工校对、纠正，使系统重新建立正确模型，反而增加司法人员负担。

同时，人工智能产品即使能够达到技术理性与司法理性兼具的高度，但也无法完美复刻法官的在非专业领域的经验与政治意识，忽视地方性知识，上下文脉络及具体情景，就无法对纷繁复杂的社会矛盾纠纷提供可行性建议。这种毫无同情心和斟酌具体事实妥善处理的弹性的审判辅助、推送系统，“简直就像一台不停运转的绞肉机那样令人不寒而栗。”⑤

（二）司法科技在运用中与司法体系的矛盾

除大数据分析、人工智能等司法科技自带的“基因缺陷”外，事实上，这些司法科技在具体运用时也面临着与核心司法原则、理念的

---

① 伦理学中，“责任”意味着主体具有解释的义务，且客体具有可被解释性。然而随着作为客体的算法日趋复杂，其还可否向普通人做出解释，是否可以被理解？因此就出现了“责任盲区”的现象。

② 目前的类案智推大多运用的是“知识图谱”，其本质上属于专家系统，在面对真实案情时是无法做到自主学习、实时回应的，难以输出多个结果，不具备大量的知识处理能力，一旦出现新问题还需工程师手动设置。

③ 陈琨：《类案推送嵌入“智慧法院”办案场景的原理和路径》，《中国应用法学》2018 年第 4 期。

④ 杨焘、杨君臣：《人工智能在司法领域运行的现状及完善对策研究——以成都法院为样本进行分析》，《科技与法律》2018 年第 3 期。

⑤ 季卫东：《电脑量刑辩证观》，《政法论坛》2007 年第 1 期。

矛盾。

首先，法院线上开庭、异步审判与基本诉讼原则产生矛盾。直接言词原则是大陆法系国家所确立的一项基本诉讼原则。要想实现以审判为中心的诉讼制度改革，就必须贯彻直接言词原则。[①] 具体而言，直接言词原则可以细分为直接审理原则和言词审理原则两类，其中直接审理原则包括在场原则与直接采证原则两种，即要求诉讼中各个主体都积极有效地参与庭审活动，而法官作为庭审的主持者自始至终保持参与并在保证程序充分进行的情况下对案件形成直接印象；言词审理原则是直接原则的进一步体现，其着眼于证据的提出与调查方式。[②] 在直接言词原则的要求下，诉讼参与人在法庭这一特殊场合上进行言语交锋，最大限度地还原了事实真相，而证人、控辩双方等出庭时的状态、语气、呼吸、面色、微表情等即时信息也有助于法官自由心证的形成。[③]

目前司法科技的运用已经可以保证当事人线上开庭时画面、语音的清晰度与流畅度，并可实时对当事人细微表情与动作进行捕捉。但是这种由“面对面”到“屏对屏”的转换在根本上仍旧面临着模拟性难题。[④] 一方面，根据戈尔曼的“拟剧理论”，生活中人们的行为可分为“前台”和“后台”两个部分，[⑤]“前台”行为即利用具有象征性、实用性的布景和道具布置特定场景，进而将人们带入特定氛围以达到预期效果，“后台”行为则是人们在没有局外人时的放松行为。传统法庭通过国徽、制服、桌椅位置等营造出庄严肃穆的环境，从而产生“前台”效果，对诉讼参与人的不诚实、不严肃行为产生震慑效果。而在线庭审虽有对当事人的着装、场地有一定要求，但仍旧无法完整营造出传统法

① 陈瑞华：《什么是真正的直接和言词原则》，《证据科学》2016 年第 3 期。

② 徐拿云：《直接言词原则的理论阐释与实现路径》，《西南民族大学学报（人文社会科学版）》2018 年第 8 期。

③ 刘玫：《论直接言词原则与我国刑事诉讼——兼论审判中心主义的实现路径》，《法学杂志》2017 年第 4 期。

④ 姜丽萍、黄亚洲：《民事电子庭审与直接言词原则的冲突与协调》，《沈阳大学学报（社会科学版）》2019 年第 6 期。

⑤ 李心悦：《浅谈〈日常生活中的自我呈现〉》，《2011 年贵州省社会科学学术年会论文集》，2011 年。

院庄严肃穆的场景，庭审中当事人随意走动、录音录像，无关人员任意干扰现场等现象时有发生，更有甚者，在庭审中出现“场外求助”现象，向屏幕后方人员请求帮助，缺乏对庭审真正的尊重，与直接言词原则产生矛盾。另一方面，杭州互联网法院首创的“异步审理模式”，让审判在不同时空进行，将庭审由直接公开转为事后公开，采用“留言”的方式推进庭审进行，无异于对辩论原则、言词审理原则的破坏。

其次，类案智推、辅助审判系统与法院职能相矛盾。法院的任务并非只是被动的遵循法律，事实上，在司法能动主义者看来，法院对法律进行适用时应该倾向于对当下社会现状、趋势的回应，而非拘泥于已有的立法例，这就意味法院需要通过司法活动来达到对法律规则的补充和探索的目的。[①] 早有学者指出，在社会转型期的中国，法院担负着社会治理的重要责任，承担着丰富法律规则的使命。[②] 因此，当前的法律实际上是立法与司法相妥协，应然推动力与实然抗拒力相互作用的产物。[③] 而司法科技下的类案智推、辅助审判系统专注于“同案同判”的司法效应，以提前设定的算法或者大数据分析结果进行机械适应，一旦与刚性的算法相左则会认定为错误判决，进而对法官发出警告。而法官很有可能出于自我保护，推倒自我观点而选择与系统预测相一致的结果，“使得司法成为纯粹的‘执法’部门，一个固化的执法机构。司法不再是一个可以制约、审查立法与执法机构的部门而沦为立法部门的附属机构。”[④]

值得注意的是，对“同案同判”本身的过度追求是否就偏离了司法规律，成为“一个虚构的法治神话”？事实上，“同判”的前提在于“同案”，而对于“同案”的认定仅凭案件事实的对比或量化处理，换算可比值是难以准确判定的。因为并非所有具有法律意义的异

---

① 巩军伟：《中国语境下的司法能动主义》，《西北师大学报（社会科学版）》2012年第2期。

② 公丕祥：《当代中国能动司法的意义分析》，《江苏社会科学》2010年第5期。

③ 钱大军、马新福：《法律体系的重释——兼对我国既有法律体系理论的初步反思》，《吉林大学社会科学学报》2007年第2期。

④ 钱大军：《司法人工智能的中国进程：功能替代与结构强化》，《法学评论》2018年第5期。

同点都可以进行量化，并且为方便案情比对，也可能存在对某些特征的刻意忽略，而这背后必定是一个复杂的认识与价值评价的过程。在当代社会，坚持法律问题存在“唯一不变正确答案”的思想是不切实际的，马克斯·韦伯所认为的“自动售货机”思维也终将淘汰。[①]因此，致力于结果平等的“同案同判”主张在理论逻辑上脆弱不堪，其与司法正义的联系也需要进一步论证。[②]除此之外，对于类案智推、辅助审判系统等司法科技的运用，极有可能导致员额制改革倒退，司法责任制难以落实。员额制改革的目的在于减少法官对审判风险的不当规避，在过去，法官在面对棘手案件时往往选择交由审委会或上级法院决定，而“让审理者裁判，由裁判者负责”的司法责任制改革倒逼法官按照自己的决定审判并为自己决定负责。但类案智推、辅助审判系统的使用，是否又给予部分法官以规避审判风险的借口或基准？

最后，司法科技难以彰显“司法温度”，体现“以人为本”的司法理念。人工智能在司法领域如何弘扬和践行社会主义核心价值观，如何在辅助审判中完成“情理”与“法理”的统一？苏力教授指出，中国的法治之路必须注重本土资源。[③]在传统观念中，法院不只是打官司，更是“讲道理”、“评评理”的地方，并且中国人在纠纷中更多是倾向于以“情理”来修复社会关系。“‘情理’自古以来就作为中国人解决纠纷判断依据，而强调逻辑理性的‘法理’不能满足人们的需求，不能为解决‘情理’问题提供足够的支撑”。[④]很多时候，“情感并非只能是任性的和不公正的，并非不能作为法律价值的终极来源。”因此，人工智能如何对“情理”作出判断，满足老百姓渴求说理的愿望，并真正听懂“人情世故”，产生共鸣，以同理心博取群众满意度，以饱含“温

① 马克思·韦伯认为法官的功能就像自动售货机，人民将诉讼费投入其中，由法官将判决从法典上抄下递给人民，法官只能机械地适用法律。详见马克斯·韦伯：《论经济与社会中的法律》，张乃根译，中国大百科全书出版社1998年版，第62页以下，

② 周少华：《同案同判：一个虚构的法治神话》，《法学》2015年第11期。

③ 苏力：《法治及其本土资源》（第三版），北京大学出版社2015年版，第6页。

④ 陈旭辉：《社会主义核心价值观如何融入行政诉讼——基于138份裁判文书的实证分析》，《中共青岛市委党校学报》2019年第5期。

度”的语言取代冷冰冰的格式化回应，才是“司法为民”理念的正确方向。

四　出路：正视司法科技的“天花板”

司法科技的“基因缺陷”以及运行中与核心司法原则、理念的矛盾，使其并不能成为实现司法正义的“救世主”。我们要承认司法科技在司法正义实现中的有限性，明确司法科技的定位、限制范围、加强救济，扬长避短，更好地服务于司法体制改革服务。

（一）明确定位：司法科技——寻求正义之“器”

“形而上者谓之道，形而下者谓之器。”“道”“器”之争自古有之，所谓“道”指的是事物的本源、运行的规则，而“器”则指的是具体而熟练的某种技巧。中国古代哲学认为“道”本而“器”末，器物有形而为下，大道无形而为上。笔者认为，司法科技终是作为寻求正义之“器”而非正义之“道”，切不可本末倒置。

具体而言，新时代背景下，要想落实司法责任、体现司法民主，就必须妥善处理好两大基本问题，即如何有效缓解法官执业压力？如何避免法官“逃逸责任”？中国的改革者们选择了以司法科技提高案件审理效率，减少法官事务性劳动，同时搭建 ODR 矛盾纠纷多元解决平台，探索溯源治理。其结果，却在一定程度上造成治理主体繁多，助长司法惰性等问题。即使人工智能、辅助审判系统的使用能在一定程度上提高司法效率、减少司法腐败，但是由其产生的“算法黑箱”也很可能给法官带来了新的推卸理由从而无从问责。再进一步而言，一旦智能算法在整个公检法系统铺开，公安机关用算法侦察、检察机关依靠算法起诉、法院以算法定案，除非不同部门算法不同，否则案件一经侦察事实上就已经判决。在结构功能主义视角下，当三机关功能消失殆尽之时，“以审判为中心”的司法结构就不再有存在的理由与必要，这一结论是与改革者初衷存在本质矛盾的。

由此，大数据分析、人工智能、区块链为代表的司法科技必须是实现正义的辅助，而司法正义之“道”在于法治思维、法治理念的全民运动，在于规则的完善与制约。正如季卫东教授所言："所谓国家治理体系和治理能力的现代化，关键在于树立法治理念，规范公权力的运行，培养政府与全体人民共同遵守法律规则的行为方式和思维方式。"[①] 善于倾听、体察民情、反映最大公约数价值的制度规则，放弃目中无人的机械思维，采取海纳百川的司法理念才是正义的选择。

（二）限制范围：突出人脑在部分案件中的作用

司法科技的局限性就意味着其不能在司法的所有领域一味追求全覆盖。我们要警惕司法科技干扰司法独立，减少因与直接言词原则、辩论原则、以人为本等的冲突而造成的不良影响。正如何渊教授所言，人工智能介入司法需要谨慎，法院对技术的追求并非"越新越好"。例如，在法院立案和送达、执行阶段，可以积极发挥"科技红利"，实现效益最大化。而在案件审理阶段，则要根据案件的不同性质进行划分：对于涉及婚姻、家事、继承、未成年人保护等案件应降低智能化辅助审判、大数据分析等司法科技的介入，鼓励以人为本，加强说理，唯有真实的人际沟通，才有助于打开当事人的心扉，真正解决问题，促进社会和谐。婚姻家事类案件具有较强的身份性与伦理性，马克思指出家庭是一种"由爱而生"的直接、自然的伦理性实体，是人类的第一个社会关系。[②] 因此对这类案件的处理关键在于运用"柔性司法"，将"僵硬"的当事人关系进行"软化"，进而推动案件纠纷得到实质性解决，而司法科技所缺乏的恰恰是柔的一面。

此外，对于涉及国家秘密、个人隐私等应该不公开审理或商业秘密等经当事人要求可以不公开审理的案件应该进行"降智"处理，减少电子数据化程度，更多以传统文字保留。公开审理制度的核心功能在于加强监督、防止舞弊，而不公开审理制度的核心则在于对当事人秘密、隐私等实体权益的保护。传统文字资料碍于时空的限制，处于相对隐秘的环境，扩散的可能性较低且范围更加可控。同时，按照我国法律规定，即使不公开审理的案件也应该公开宣判，因此，对这些不公开案件的裁

---

① 季卫东：《人工智能时代的司法权之变》，《东方法学》2018 年第 1 期。

② 梁西圣：《家事审判改革之基石——一种伦理性实体》，《人民法院报》2019 年 8 月 2 日。

判文书也要全面“瘦身”,[①] 可以考虑适当引入英美法系国家的当事人“匿名诉讼”制度，降低互联网“人肉”的风险。[②]

(三) 强化救济：算法可视化改革

无救济无权利，既然以人工智能、大数据、区块链为代表的司法科技在短期内无法彻底克服“基因缺陷”，因此更需要加强监督，将其控制在可接受范围。当人们对算法公正性有所怀疑，从而质疑整个智能系统时，我们该如何回应？算法作为现代司法科技的核心，应该具有人本精神，要推进算法可视性改革，以公开促公平、以透明促公正。正如学者指出：“让算法指出可疑之处，由人类去完成最后的核查。”[③]

对于不同用途的算法，可以设置不同的公开、可视化程度。对于完全服务于商事行为的商用算法可以选择不公开，但对于涉及公共事务，例如司法、社会保险、医疗福利等事业时，应提高算法公开与可视化程度。同时在“法律人工智能系统在设计时即应当增加可解释的模块。从算法的角度而言，‘深度学习’虽然在预测方面有较大的优势，但在可解释方面却偏弱。”[④] 而“知识图谱”在可视度方面有较强优势，但对于复杂案件则无法提供更多帮助，因此可以考虑将两种算法组合使用。

在政策层面，一方面，由政府拨付专门经费支持可视化程度较高的算法公司的发展，法院、政府部门、事业单位等可选择拒绝使用无法提供解释且缺乏透明度的算法，以此鼓励科技公司积极开源、公开其算法的计算过程，促进行业自律。另一方面，尝试建立人工智能算法监督体系，设置人工智能算法监管委员会，这也符合《国务院关于印发新一代人工智能发展规划的通知》中的要求，即“建立人工智能安全监管和评估体系”。[⑤] 实行设计问责和应用监督并重的双层监管结

---

① 狄亚娜：《论大数据时代的不公开审理与隐私权保护》，《法学杂志》2016年第9期。

② 赵泽君：《关于匿名诉讼的立法思考——拷问实名诉讼的缺憾》，《现代法学》2010年第5期。

③ 叶伟民：《凯西·奥尼尔：盲目信仰大数据的时代必须结束　算法密码》，搜狐：https：//www. sohu. com/a/222617256_ 681737，最后访问时间：2020年3月16日。

④ 洪凌啸：《误区与正道：法律人工智能算法问题的困境、成因与改进》，《四川师范大学学报》（社会科学版）2020年第1期。

⑤ 《国务院关于印发新一代人工智能发展规划的通知》，中国政府网：http：//www. gov. cn/zhengce/content/2017 -07/20/content_ 5211996. htm，最后访问时间：2020年3月16日。

构，对算法设计、产品开发全流程监控。产品投入使用也并不意味着监督工作的完成，人工智能监管委员会要对在运行中的产品定期复查，制作并公布“智能产品白皮书”，并对公众的申诉进行受理。

五　结语

实现正义绝非一蹴而就的通途。毋庸置疑，司法科技对于司法正义的实现确有帮助，但绝非尽善尽美。司法科技与生俱来的“基因缺陷”及其运行中发现的问题要求我们不得不保持谨慎态度。对司法科技的运用必须划定界限，必须是作为司法体制改革之“器”而服务于司法体制改革之中，尤其在现有司法体制还无法完全顺应司法逻辑之时，更需厘清科技与改革的关系，找到平衡点，推进国家治理体系、治理能力现代化。

（责任编辑：刘灿华）

企业数据竞争的法治出路

——由企业数据竞争裁判规则切入

葛　迎

（新浪集团法务部政策研究顾问）

内容摘要　数据产业的勃兴，使既有法律已不能精准体现数据财产性权益的配置。作为智能互联网时代的“新石油”，数据在企业数据竞争的场域触发角力。与学理构建的争执不下和立法体系的散乱缺失不同，法院在“不得拒绝审判”的法律原则面前，给出了数据财产性权益分配的司法解答，为数据财产性权利的构建提供了有效参考。区分“授权性数据获取”和“非授权性数据抓取”，司法实践暗含着可归纳的不正当竞争路径下的裁判规则，也暴露其应对数据产业多元发展的乏力。解决数据竞争难题，需要在优化反不正当竞争法的司法适用的同时赋予数据控制者合理的数据产权。

关键词　数据竞争　数据产权　数据抓取　不正当竞争

跨越数字鸿沟，从互联网新闻平台、电子商务到大数据分析、人工智能服务，信息技术产业的勃兴催生了全新的社会关系和生产关系。它们与既有的法律调解体系融合、冲突，并衍生新的法律关系。历史上，智力劳动的发展常会引发对新型无形财产本体性的争论，[1] 信息技术的

---

① ［澳］布拉德·谢尔曼等：《现代知识产权法的演进——英国的历程（1760—1911）》，金海军译，北京大学出版社2012年版，第16—32页。

发展正激励人们重新审视数据资源的合理配置。宏观上，官方预计到2020年底大数据相关产品和服务业务收入将突破1万亿元[①]，这一数字已超过2019年全年国民总收入[②]的1%，数据产业将成为未来经济的重要增长点；微观上，大数据的挖掘能力已成为企业成长和发展的关键，建立在用户数据分析基础上的市场分析、个性化服务和业务流程决策都依赖于优质的数据资源。数据财产性权益的配置将成为大数据时代的重要课题。

从传统数据库到“大数据”，数据价值的指数级增长驱动着数据产业的发展，但法律对数据财产性权益的配置未能紧跟数据产业发展的节奏。企业间数据竞争规制、数据财产性权益认定、用户个人数据权益保护等法律问题日渐显现。企业对数据资源的追逐，不仅丰富了原有法律体系中竞争关系的内容，也催生出大数据时代独有的法律争议和法律面向。与学理构建的争执不下和立法体系的散乱缺失不同，在“不得拒绝审判”的法律原则面前，法院给出了数据财产性权益争议的司法解答。

本文认为，解决数据财产性权益配置的法律困境，需要对传统的权利观进行修正，重新审视个人在该类法律关系中的定位。一方面，智能互联网时代，理性人的“意思自治”部分丧失了权利行使的空间，当个人数据进入流转，个人对其控制力微乎其微。“理性人”的法律思维模式正在经受挑战，微粒化的个体“将会在这个数字和程序算法的世界里发展出一种新的人性形态”,[③] 法律只能在数据流转的端口加强个人对其控制，并在数据流转过程中建立侵害个人权利的法律防御机制。另一方面，以数据为核心的“权利束”[④] 中，集合了多元权利类型和多种参与主体。国家、企业、个人，公权力、私权利在数据的流转中复杂地交

① 工信部：《大数据产业发展规划（2016—2020）》（http：//www. miit. gov. cn/n1146295/n1652858/n1652930/n3757016/c5464999/content. html）。

② 根据《中华人民共和国2019年国民经济和社会发展统计公报》提供的数据，我国2019年国民总收入为988458亿元。

③ ［德］克里斯多夫·库克里克：《微粒社会——数字化时代的社会模式》，黄昆、夏柯译，中信出版社2018年版，第XII页。

④ 闫立东：《以“权利束”视角探究数据权利》，《东方法学》2019年第2期。

织。法律不应该试图以一种模式或单一立法来解决所有数据相关的法律问题。明确数据产权与权利限制则是一种合理路径。数据财产性权益的分配亟须一个平衡经济效益和法律正义的体系性设计，以系统回应数据流动中产生的各类法律关系，以数据的获取、储存、分析和应用为轴线，建立逻辑闭环，寻找权利内容的共性，以建立数据产权体系。

一　数据权益与数据竞争的演变：从传统数据库到“大数据”

伴随信息技术的发展，数据集合经历了从传统数据库到“大数据”的演变，它们都以数据内容为基础创设数据内容以外的产业增值模式，但也在多个维度上呈现差别。

传统数据库依据其选择和编排是否具有独创性又分为独创性数据库和非独创性数据库。针对独创性数据库，因其与汇编作品具有同质性，通说认可依据著作权对其进行保护。[①] 我国《著作权法》对汇编作品的定义就暗含了数据库在不损害数据材料原有著作权的前提下可享受汇编作品的专有保护。《伯尔尼公约》、欧盟《数据库法律保护指令》和 TRIPS 协议均有类似的规定。针对非独创性数据库，因其选择和编排方式的独创性不足及数据内容的客观性，对其的规制路径尚存争议。但非独创性数据库与“大数据”在数据收集者的前期投入、收益模式和侵害方式上有一定的相似性，为大数据时代企业数据竞争的法律规制提供了有益参考。

（一）非独创性数据库的法律保护及其修正

非独创性数据库的表达形式不具有独创性，不宜适用著作权保护。同时，对该类数据库的主要侵害并非对独创性编排的非法复制，而是对数据库内容的非法复制、加工及搭便车行为。[②] 法律实践中主要通过两种方式保护企业对非独创性数据库的财产性权益。第一，不正当竞争路

① 王迁：《论人工智能生成的内容在著作权法中的定性》，《法律科学》（西北政法大学学报）2017 年第 5 期；吴汉东：《论反不正当竞争中的知识产权问题》，《现代法学》2013 年第 1 期。

② 李扬：《数据库的反不正当竞争法保护及其评析》，《法学论坛》2005 年第 2 期。

径。适用反不正当竞争法保护企业数据库财产权益的典型案例是阳光诉霸才案。[①] 法院认为涉案电子数据库是对特定金融数据的汇编，但不符合独创性要件，不适用《著作权法》。但企业对数据库的投资及由此产生的正当利益应当受到法律保护；被诉企业的行为也构成对诚实信用原则和商业道德的违背，是侵害竞争企业合法权益的“搭便车行为”。因此，法院从规范企业竞争行为的角度出发，基于《反不正当竞争法》对企业数据库合法收益予以保护。第二，特别权利设定路径。以设定特别权利来保护非独创性数据库的立法代表是欧盟的《数据库保护指令》，它主张对企业付出投资的数据库，即使其不具有独创性，也给予特殊权利保护，并设定了权利的客体、归属、内容和限制。国内暂无立法为该类数据库提供财产性保护，仅在司法实践中从投资获益的角度肯定了企业对该类数据库享有财产性权益。比如在上述阳光诉霸才案中，法院认为阳光公司为数据库的开发制作付出了投资，承担了投资风险，由此产生的合法收益应当受到法律保护。可见司法裁判至少认可了企业对非独创性数据库享有收益权。

然而，上述两种保护模式在国内的法律实践中都存在挑战。一方面，国内尚无针对性保护数据库财产性权益的法规，特别权利设定路径无从谈起；另一方面，不正当竞争路径的法律实践也颇受质疑：第一，不正当竞争路径不能明确企业对非独创性数据库享有的权利类型，利益权衡缺乏一致性标准。依据反不正当竞争法做出的裁判不能赋予数据库稳定的财产属性，这使得数据库财产性权益的配置缺乏一个稳定的规则分析基础，在个案平衡争议双方的利益得失，在缺少强制性判例指导原则的前提下，存在着裁判结果失衡的可能。第二，不正当竞争路径不能有效应对竞争者以外主体对数据库的恶意损害行为。反不正当竞争法的适用需要以严格的竞争关系为前提，这使得非竞争者对数据库的侵害行为难以得到有效的法律救济。尽管商业运营中对企业数据库的损害以企业竞争者为主，但这种不完整的保护模式仍给对数据库的不法侵害留下了空间。

---

① 北京市高级人民法院（1997）高知终字第66号。

（二）大数据时代企业数据竞争的新面向

大数据时代，对企业数据财产性权益的规制延续并发展了数据库时期的不正当竞争路径。个案裁判缺乏一致性标准、对竞争者之外的侵害主体缺乏约束力等问题仍然存在。与此同时，爬虫技术、算法技术和用户权益的介入，为数据产权的规制增设了全新的挑战。企业获取用户数据的途径有三种：一是通过与用户达成格式化的协议，取得用户授权，通过技术手段直接获取用户数据；二是通过获得前述企业的协议授权，通过其开放的数据接口间接获取用户数据；三是通过技术抓取途径，利用爬虫技术抓取各类网页的用户数据。区别不同的数据获取途径，企业、用户之间形成了有区别的、以数据流转为纽带的权利义务关系，包括企业与用户之间的授权关系、企业之间的数据开放合作关系和企业之间的数据抓取关系。

1. 用户数据权益保护与数据抓取技术的规制

大数据时代，数据在流转过程中均与用户动态绑定，对数据财产性权益的配置不能忽视用户个人数据权益的保障，否则将会造成经济效益与个人权益的失衡。美国和欧盟试图通过隐私权保护或人格权保护的方式来规制数据流通。但这种对用户权益的保护并不能有效应对信息处理需求的高速增长和数据资产经济价值的指数升级。① 依前所述，为保障数据的高效流通，用户数据权益的保护宜采用防御性设置。与非独创性数据库相似，企业因投资和风险承担等理由享有数据集合的财产性权益具有明显的合理性。而在大数据时代应更加关注的是，在数据收集、流转、使用的过程中，企业应该因其获得经济收益付出符合比例的收集成本和安全保障义务。

此外，数据抓取技术的发展让企业的数据竞争优势遭到极大的损害。数据抓取主要依靠爬虫技术，爬虫技术是一个高效的下载系统，能够将海量的数据传送到本地，在本地形成镜像备份。从技术层面，爬虫技术是一种中立手段，但不受法律规制的“爬取”行为将塑造一个原始竞争的互联网丛林社会。因此法律既不应根本否定数据抓取行

① 龙卫球：《数据新型财产权构建及其体系研究》，《政法论坛》2017年第4期。

为的合法性和合理性，也不能忽视探究其在具体法律关系中的正当性边界，对企业的数据抓取行为予以相应规制。现阶段，规制路径相对明确的是前述第一种数据获取方式。“告知—同意”框架成为各国立法、裁判的通行思路，法律实践力争兼顾用户个人信息保护、数据的流通效率和企业的适当投资成本。而对后两种发生在企业间的数据流转予以法律规制，业界仍存争议，后文中将集中阐述。

2. “大数据”财产性权益与企业数据竞争规制的路径参考

与非独创数据库相似，“大数据”的财产性权益不宜适用著作权保护，既有的法律体系亦不能精准对接数据财产性权益的全部内容。比如，若参照民法体系对“财产”的保护模式来规制数据财产性权益，会发现不论是单一数据还是集合而成的“大数据”都欠缺与传统财产概念的逻辑契合，其客体性和财产性阙如。目前对数据财产性权益规制路径的建议包括①：第一，构建数据财产权，扩充民法财产权内容。认为应将数据定性为一种新的财产客体，赋予权利主体数据财产权，即直接支配特定的数据财产并排除他人干涉的权利。可以结合数据经济的双向动态结构建立数据新型财产权制度②，确立用户基于个人信息的人格权、财产权和数据经营者基于数据的经营权、资产权。第二，保护数据财产性法益，拓宽反不正当竞争法保护的法益类型③。可以在《反不正当竞争法》中设定独立法益类型，通过控制特定行为赋予企业有限的数据财产权。或对平台数据进行场景化的保护④，通过自下而上的个案判断来制定规则。⑤ 第三，跳脱原有的权利设置路径，通过对代码的规制间接塑造数据权利。认为数据确权的困境植根于以意志论、利益论为代表的传统权利理论无法解释新的数据问题。数字经济下代码⑥才是主宰数据

---

① 梅夏英：《数据的法律属性及其民法定位》，《中国社会科学》2016 年第 9 期。

② 齐爱民、盘佳：《数据权、数据主权的确立与大数据保护的基本原则》，《苏州大学学报》2015 年第 1 期。

③ 龙卫球：《数据新型财产权构建及其体系研究》，《政法论坛》2017 年第 4 期。

④ 郝思洋：《知识产权视角下数据财产的制度选项》，《知识产权》2009 年第 9 期。

⑤ 丁晓东：《数据到底属于谁？——从网络爬虫看平台数据权属与数据保护》，《华东政法大学学报》2019 年第 5 期。

⑥ 韩旭至：《数据确权的困境及破解之道》，《东方法学》2020 年第 1 期。

财产性权益的根本，可以主张对代码空间的民事关系的保护应构建新型的代码空间权①等。

立法机关通过充实原《反不正当竞争法》的方式规制网络空间共性的竞争失序行为。2017 年修订版《反不正当竞争法》在总结既有裁判规则的基础上增设了“互联网条款”，主要约束插入链接、强制跳转、强迫拒绝其他服务等行为。然而，“互联网条款”的司法适用并不如预期：其一，适用“互联网条款”裁判企业间竞争行为的案件比例较小。自 2018 年新《反不正当竞争法》实施，明确适用第十二条作为裁判依据的案件仅 23 件，占网络领域不正当竞争案件总量的比例较小。其二，“互联网条款”并未取代“一般条款”在企业数据竞争裁判中的作用。如在微博诉饭友案②中，“互联网条款”被援引论证通过技术手段损害竞争企业合法利益的行为违反竞争法，但这一判定并不能独立构成不正当竞争的完整要件，仍需与“一般条款”配合论证其违法性。③

综上所述，不论是数据库还是“大数据”，不论是理论观点还是法律实践，法律对数据权益和数据竞争的规制仍需完善。面对日新月异的互联网商业竞争，法律研究亟须从更精准的视角分析司法实践中对企业数据权益的规制路径，以避免在复杂的网络商业竞争中泛化反不正当竞争法“一般条款”的适用。

二　大数据时代企业数据竞争的司法面对：对不正当竞争进路的归纳

诉讼是利益争端解决的方式，利益和思想在此对抗交锋，记录这一过程的裁判具有示范效应。目前法院通常适用反不正当竞争法“一般条款”，透过“道德”视角和“利益”视角来判定企业行为的违法性。显

① 吴伟光：《构建网络经济中的民事新权利：代码空间权》，《政治与法律》2018 年第 4 期。

② 北京知识产权法院（2019）京 73 民终 2799 号。

③ 笔者通过“北大法宝”司法案例库进行检索，在 2018 年 1 月 1 日至 2020 年 4 月 30 日期间，以“不正当竞争纠纷”和“其他知识产权与竞争纠纷”为案由的司法裁判中，共有 23 则裁判文书援引适用了《反不正当竞争法》第十二条。

然，通过分析竞争行为是否违反公认的商业道德和诚实信用原则，进而认定其是否构成不正当竞争的审判逻辑，符合我国的法律传统及我国公民对审判正义的心理预期①。为澄清争议中不同的法律关系，本文以企业获取数据是否取得“合法授权”为标准②，将企业间的数据流转形式区分为“授权性数据获取”和“非授权性数据抓取”③。授权性数据获取是经过数据控制者授权，根据特定的数据需求，调用数据控制者提供的不同接口以获取结构化数据的数据流转行为。其形式包含了传统 Robots 协议下的消极授权和企业合作模式下的协议授权等。非授权性数据抓取是指未经数据控制者授权，通过爬虫技术进行的，可被数据控制者识别的数据流转行为。司法实践中，对两类数据财产性权益的规制有所区别。

（一）“授权性数据获取”裁判规则

数据的商业价值呈现出一种不可预测的增长态势，并间接塑造了企业间的竞争关系。企业间数据竞争并不都存在于显性的对抗关系中，建立在数据合作开发基础上的数据财产性权益纠纷屡见不鲜。其中最具代表性的案件是微博诉脉脉案④，以下将对该案的一般审判逻辑和数据竞争相关的裁判规则进行梳理。

首先，认定涉案用户社交类信息存在竞争利益，具有竞争关系。对网络服务提供企业间竞争关系的判定上，法院采取了广义竞争关系的解释原则。该案中，法院认为“外在形式的不同并不影响双方都提供网络社交服务的实质”，与狭义的依照“同业者原则”判定竞争关系的逻辑不同，法院在数据竞争的案件中对双方“用户群体、业务模式、经营范围”进行全面分析。有学者将竞争关系划分为三种类型，即同业者之间的竞争关系、为自己或他人争取交易机会所产生的竞争关系和因破坏他人竞争优势所产生的竞争关系。智能互联网时代，众多的网络服务平台

---

① 王磊：《“网络转播体育赛事”的法律保护路径探讨》，《电子知识产权》2018 年第 10 期。

② 张钦坤：《反不正当竞争法一般条款适用的逻辑分析——以新型互联网不正当竞争案件为例》，《知识产权》2015 年第 3 期。

③ 北京知识产权法院（2016）京 73 民终 588 号。

④ 北京市海淀区人民法院（2015）海民（知）初字第 12602 号。

争夺着相对固定市场的用户、流量和数据。[①] 狭义竞争关系显然不能有效涵盖和约束这种商业模式下的竞争关系，法院适用广义竞争关系规制企业间数据竞争具有合理性。

其次，适用“一般条款”规制企业间数据竞争行为，建构“一般条款”的适用原则。用户数据是企业长期积累的重要商业资源和竞争优势，对其故意侵犯同时损害了用户信息安全与企业竞争利益，违反了诚实信用原则和商业道德，构成不正当竞争。反不正当竞争语境下的诚实信用原则和商业道德是为创建一个公平的市场竞争环境而设定。该案中，法院认为既往案例形成的适用反不正当竞争法“一般条款”的条件在互联网时代应当秉持更为谦抑的立场，加以规制，并在原有“三原则”的基础上，将“一般条款”在互联网行业的案例适用中扩展为“六原则”。

最后，以商业诋毁的行为为核心，规制数据竞争中的信息披露行为。网络空间的参与性和互动性将传统商业诋毁行为的损害后果空前放大，成为判定市场商业竞争正当性的重要参数。该案中，法院依据相关法规对商业诋毁行为的构成描述，认为被告方未完整、真实地披露双方合作终止的始末，回避了其侵犯合作企业用户数据信息的客观事实，造成了原告方信用度的降低和商业名誉的损害，构成商业诋毁行为。[②]

除了上述对不正当竞争法的具体适用，法院还对授权性数据获取法律关系中特有的争议做出了裁判性指引，回应了既有立法体系和司法实践尚未澄清的法律问题。

1. 以合同相对性为基础建立“三重授权原则”

依据《开发者协议》《用户协议》和《隐私条款》，该案中的数据控制者、数据开发者和平台用户之间形成了三重法律关系：数据控制者和数据开发者间的合同关系；数据控制者和平台用户间达成的关于数据收集、使用、开发、共享的授权；数据开发者对原平台用户个人数据的收集、使用和开发行为。针对企业间的合同关系，法院通过对证据材料

---

① 孔祥俊：《反不正当竞争法的创新性适用》，中国法制出版社2014年版，第121页。

② 《北京市高级人民法院关于涉及网络知识产权案件的审理指南》。

的系统性分析，排除了脉脉从 Open API 接口以外的渠道获得微博用户数据的可能。因此，案件裁判焦点集中在以“开发者协议”为前提，以开放接口为唯一获取途径的数据流转的合法性判定。依据合同的意思自治原则，法院充分认可了《开发者协议》的效力，将授权性数据获取的合法性边界划定在“开发者协议约定的授权范围”。此外，针对数据控制者和平台用户之间达成的授权，法院也认可《用户协议》和《隐私协议》的法律效力，肯定了直接获取的用户授权的合法性。争议的关键点来到了数据开发者对继受取得的用户数据的使用和开发行为的合法性上。法院认为，企业之间、企业与用户间达成的授权应严格受到限制，不得扩大解释或扩张适用到间接协议企业和间接协议用户。即使在企业合作期间，脉脉也不能当然地依据《脉脉服务协议》收集脉脉用户在其新浪微博中可能留存的非脉脉用户的信息。在 Open API 开发合作模式中，第三方通过 Open API 获取用户信息时应坚持“用户授权” + “平台授权” + “用户授权”的三重授权原则。这一原则其后被一再适用。[①]

2. 数据控制企业应恪尽诚信义务和管理义务

法院在裁判中肯定了企业对其合法收集的数据享有财产性权益，但也意识到掌握数据量优势的企业对公平自由的市场竞争环境潜在的威胁。因此从两个方面提示了企业相关义务。第一，秉持诚信经营原则，升级和完善数据合作模式。微博诉脉脉案中，法院倡导数据优势企业应诚信经营并不断提升 Open API 合作模式中对开放权限的技术控制水平，以保障数据的高效流转。因为数据优势企业是数据分享合作模式的主导者和合作规则制定者。若对其享有的数据优势和财产性权益不加约束将导致竞争环境的严重失衡，甚至形成数据垄断。第二，积极履行网络服务提供者的管理义务，防止用户数据泄露、窃取或篡改，防范网络非法干扰、破坏或非授权访问。裁判之外，网络服务提供者的管理义务多在网络安全语境下讨论。我国的《网络安全法》从协助执法办案、信息内容监管和个人数据保护等几个方面规定了网络服务提供者的安全管理义

① 比如在腾讯诉微播视界案、淘宝诉美景案中，法官均援引了“三重授权原则”。

务。“刑九”修订后，该类义务被纳入了拒不履行信息网络安全管理义务罪的定罪要件，成为打击网络犯罪的利器。但两者均隶属于公法的调整模式，主要规定了义务类型和责任结果，并未明确申明义务来源和与之对应的权利内容。企业数据竞争的司法动议为网络服务提供者管理义务的私法溯源提供了突破性路径。

（二）“非授权性数据抓取”裁判规则

与授权性数据获取相比，企业间更为常见的数据竞争模式是非经授权的技术性数据抓取。抓取行为的正当性，要在企业竞争保护和数据权利保护的双重思想指导下展开，从而全面实现数据关联利益。[①] 司法实践尚通过行为保护（不正当竞争行为认定）为数据抓取行为提供规制进路。

首先，进一步淡化对竞争关系的判定要求，强调侵害结果的权重。司法理念而言不正当竞争行为是经营者违反法律和诚实信用原则、以不正当竞争方式与竞争对手或者其他经营者直接或间接地争夺交易机会的行为，竞争关系就是由此发生的侵害与被侵害的关系[②]。在淘宝诉美景案[③]中，法院认为在网络经济模式下，“只要双方吸引争取的网络用户群体存在此长彼消的或然性对应关系”即可认定竞争关系的存在。在其后的微博诉饭友案、腾讯诉微播视界案[④]中，法院再次申明“对于竞争关系的判定不应仅限于同业之间的竞争关系，而应从经营者实施的经营行为本身是否在本质上构成竞争进行判断”，同时指出“在当前的互联网环境下，流量和数据是互联网公司争夺的最为主要的资源，在此背景下竞争的本质亦是对流量和数据的争夺。”

其次，数据具有无形财产属性，属于受反不正当竞争法保护的法益。谷米诉元光案[⑤]中，法院认定后台服务器存储的公交实时类信息数据具有实用性并能够为权利人带来现实或潜在、当下或将来的经济利

① 李帅：《网络爬虫行为对数据资产确权的影响》，《财经法学》2020年第1期。

② 郑友德：《知识产权与公平竞争的博弈——以多维创新为坐标》，法律出版社2011年版，第271页。

③ 浙江省杭州市中级人民法院（2017）浙8601民初4034号。

④ 天津市滨海新区人民法院（2019）津0116民初2091号。

⑤ 广东省深圳市中级人民法院（2017）粤03民初822号。

益，其已经具备无形财产的属性。谷米基于收集数据的投入获得了其上的财产性权益，并排除他人的使用和收益。企业收集的用户数据信息不应被认定为公共信息资源。其后的微博诉饭友案中，法院从企业与用户之间协议的有效性出发，肯定了数据对企业的商业价值，进而确认了数据控制企业对其合法取得的前后端全部数据享有权益。

最后，社会公共利益是数据财产性权益正当性的重要考量。反不正当竞争法具有社会法属性，在认定竞争行为正当与否时，不能仅考虑竞争者的利益，还要考虑社会的总体利益。淘宝诉美景案中，法院认为对数据相关利益分配应综合考量法律规定、双方间法律关系属性以及有利于社会公共秩序与社会公众利益维护等因素，申明了公共利益因素在不正当竞争行为认定中的重要性。腾讯诉微播视界案中，法院也反向强调了公共利益因素的重要性，认为用户合法权益及相关市场竞争秩序的维护有利于保障社会公共利益，并以此为基础否定了微播视界一方对保全措施的异议。可见，法院在判断某类行为是否违反反不正当竞争法“一般条款”时，逐渐加入了对社会总福利的量化分析。①

法院在规制非授权性数据抓取行为的过程中，不仅丰富了反不正当竞争法原有审判逻辑，也使得对数据权利属性的探讨更加深入和具体。

1. 数据财产性权益与用户授权前提下数据处理行为的正当性

要将数据财产性权益作为一种法益进行保障，需要确认其法益正当性。数据竞争场景下，主要涉及企业排除他人非法获取数据的正当性和企业处理数据以获得衍生数据及其财产性权益的正当性。谷米诉元光案中，法院以数据的无形财产属性为基础，判定数据收集企业对其享有财产性权益，是对企业数据法益正当性的一种确认。尽管无形财产的定性仍待商榷，但企业对其收集的数据享有一定财产性权益自此成为司法上的共识。在淘宝诉美景案中，法院认为在原始数据收集的合法性（获得用户合法授权）和一般合法性（比如违约行为或违反强制性法律）的双重前提下，企业享有衍生数据的财产性权益具有正当性。具体而言，其应符合三方面要求：第一，对不能单独识别用户身份的非个人信息，

① 孔祥俊：《论反不正当竞争的基本范式》，《法学家》2018 年第 1 期。

需在符合法律规定且未侵犯用户合法权益的前提下收集；第二，对非个人信息的收集需明确取得用户的授权；第三，取得用户授权应当遵循合法、正当、必要的原则，公开收集、使用规则，明示收集、使用信息的目的、方式和范围。由此，企业享有数据财产性权益的正当性基本得到确认。

2. 区别原始数据和衍生数据以区别数据财产性权益内容

以数据是否直接来源于用户为标准，企业控制的数据分为原始数据和衍生数据。原始数据在形成数据集合并具有实用性后，被赋予一定的财产属性。谷米诉元光案中，法院以合法收集的数据合集具有实用性并能够为权利人带来经济利益为基础，肯定了企业以此取得财产性收益并排除他人非法获取的正当性。在淘宝诉美景案中，法院进一步阐明了数据财产性权益的层次：一方面，网络用户单一信息不具备当然的经济价值，如无其他法律要件配合，网络用户对单个用户信息不享有独立的财产权或财产性权益；另一方面，网络服务提供者收集原始数据过程中的技术投入并不足以支撑其获得独立的财产权，仅能在用户授权范围内主张使用权。与原始数据相区别，衍生数据的数据内容虽然源于网络用户，但包含了数据控制者大量的劳动投入，成为与网络用户信息、原始网络数据无直接对应关系的全新数据内容。网络服务提供者应对其应享有独立的财产性权益。然而，既往裁判主流观点并未将任一主体的数据财产性权益上升为财产所有权，因为这将意味着不特定多数人将对其承担义务，从而造成不必要的义务风险。

3. 技术中立不能构成对不正当的数据抓取行为的有效抗辩

技术的客观性随着其对社会生活的影响加深与社会性交织，已跳脱出“意识形态”① 的法律认识，呈现工具属性。因此，法律限制纯技术导向的商业竞争，以保障市场的运行秩序。“互联网条款”从立法层面申明了对技术性不正当竞争行为的否定，并在司法实践中得以执行。在爱奇艺诉聚网视案②中，法院认定使用中立技术仍应尊重他人的合法利

① ［德］哈贝马斯：《作为“意识形态”的技术与科学》，李黎、郭官义译，学林出版社1999年版，第38—83页。

② 上海知识产权法院（2015）沪知民终字第728号。

益，在法律允许的边界内应用新技术，而不能以技术中立为名，违反商业道德，侵害他人的合法利益。任何以技术创新为名的“丛林竞争”手段都是与法治精神相违背的。① 而在爱奇艺等诉千影网络案②、优酷诉百狐案③中，法院援引了“互联网条款”进行论证，认为利用技术手段屏蔽具有竞争关系的企业的广告、片头的行为具有主观恶意，是违反了竞争原则的违法行为。在微博诉饭友案中，法院进一步将数据抓取技术纳入“互联网条款”的约束范围。法院认为，微博基于用户服务协议享有平台独家的数据权益并承担相应的数据维护义务，饭友抓取其数据并依照不同的展示规则展示在己方平台的行为不仅减损了微博用户数据安全程度，也破坏了微博数据的展示规则，造成了微博平台数据流量的流失，妨碍、破坏了新浪微博的正常运营，构成了对“互联网条款”的违反。

三　不正当竞争路径的法律留白

企业数据竞争的规制应对经营者利益、消费者利益和公众利益做系统权衡，在具体个案中协调技术创新与社会正义。司法实践为现阶段企业数据竞争纠纷提供了出路，但数据财产性权益的配置尚未得到系统应对。

（一）个案利益平衡模式不能明确数据权利

反不正当竞争法的“一般条款”是在运用司法的创造性弥补法律相对于市场的滞后性。④ 不正当竞争法的司法实践可能将个案裁判的逻辑、规则归纳为指导同类裁判的法律规则；也可能将援引“一般条款”裁判的案件中同类的法律关系提炼出来，形成权利性的设置和约束。在几则典型的数据竞争裁判中，可被归纳、运用的规则一般局限于不正当竞争直接相关的法律概念和法律关系，比如竞争关系的判定、诚实信用原则

① 广州知识产权法院（2018）粤73民终1022号。
② 上海市徐汇区人民法院（2018）沪0104民初243号。
③ 北京市海淀区人民法院（2017）京0108民初54830号。
④ ［以］巴拉克：《民主国家的法官》，毕洪海译，法律出版社2011年版，第6页。

的适用、商业诋毁行为的判断等。尤其在是否构成不正当竞争的判定上，始终要向违背诚实信用原则或商业道德这种抽象的法律概念上挂靠，或者以实际造成损害结果作为不正当竞争行为的判定理由，对具体行为的分析如缺少明确的法律依据，则可能形成一种对不正当竞争行为的泛化解释。其中，不正当竞争路径下数据权利的缺位是不能回避的法律空白之一。

（二）企业间数据抓取行为的正当性标准阙如

不正当竞争路径下，法院常以“是否取得合同授权或实际造成竞争损害结果”为依据判定企业行为的合法性，并未正面回应抓取技术的正当性边界。究其原因，仍是数据财产性权益的权属不明。法律对技术的直接干预能力是有限的，但在权利边界的设置上却可以有所作为。反观前文中的案件裁判，因为数据财产性权益的权属不明，抓取行为的违法性判定只能停留在具体的利益衡量之上。但司法的个案正义不能保障裁判标准的统一，也不能高效回应频发的数据财产性权益纠纷。更为重要的是，对数据抓取正当性的判定会因为很多非法律因素而产生差异，使其缺乏稳定性。比如在域外的 hi Q v. LinkedIn 案与 Facebook v. Power Venture 案中，同样面对数据爬取行为，法院因为是否是公开数据、企业是否明示主张权利以及是否设置防爬取技术措施等具体差异，给出了相反的裁判结果。因此，想要以稳定的法律依据来设置企业数据抓取行为的正当性边界，数据财产性权利的设置是必由之路。

（三）“互联网条款”存在内容上和体系上的不足

“互联网条款”的增设是由司法规则向立法规则进化的尝试。它部分地归纳了既往裁判规则的共识，对部分类型化的企业竞争纠纷有一定的裁判指导价值，却也存在内容上和体系上的短板。其一，条文内容偏向对技术行为的约束，未涉及对数据抓取行为的直接规制。条文中明确列举的三类网络不正当竞争行为中，主要约束强制插入链接、恶意软件不兼容和强迫用户选择交易等行为，而对数据抓取这类普遍发生的企业数据竞争行为未做针对性规定。尽管在微博诉饭友案中，法院通过条文的演绎将“互联网条款”适用在企业数据竞争案件的裁判中，但这种适用路径既缺乏明确性，又使得“互联网条款”的适用呈现泛化趋势。其二，“互联网条款”的设计存在自身结构的矛盾和与其他法律适用的冲突。在对数据抓取行为直接约束缺失的前提下，司法会转而求助对互联网不正当竞争行为约束的兜底条款，即“其他妨碍、破坏其他经营者合法提供的网络产品或者服务正常运行的行为”。然而，该条的内容表意模糊、要素简单，易导致不恰当的扩大适用。与此同时，受条文内容所限，司法裁判中仍需要借助“一般条款”结合立法目的对案件进行补充论证，① 使得“互联网条款”与“一般条款”在衔接、适用、分工上存在诸多争议。

（四）企业数据权益保障义务缺乏私域性设置

我国现有立法体系对数据安全保障义务的规制主要依托行政法和刑法等公法基础，并未从私法视角设置数据权利保障义务。这使得数据权利保障缺乏柔性，偏重惩罚性而忽视了鼓励数据流通和开发的初衷。尽管不正当竞争案件中倡导的部分正当性规则，将网络服务提供者的数据权利保障义务纳入私域考量，但却未做出与公法思路相区别的层级性的设置。这将导致两方面的误导：其一，仅申明了数据权利保障义务，却未提供相对应的私法救济手段，会导致义务违反后归责依据的公法化。这非但没有疏解原有数据权利保障体系的困境，反而加重了网络服务提供者的负担。其二，义务主导的数据权利保障设计忽视民事主体的意思自治。基于数据收集和开发而产生的财产性权益本源于民事主体的生产与交换，尽管对数据财产性权益的约束前提区别于传统缔约关系（比如用户协议缔约双方的信息高度不对称），但仍不能完全脱离意思自治的基础。将部分义务内容留给数据控制方和数据主体之间的自治，将更为充分地保护数据主体的权利。

四　企业数据竞争的法治出路

综上所述，不正当竞争路径是现阶段规制数据竞争的必然选择，也

① 陈兵、徐文：《优化〈反不正当竞争法〉一般条款与互联网专条的司法适用》，《天津法学》2019 年第 3 期。

是建立数据产权的必由之路。通过优化反不正当竞争法在数据竞争案件中的司法适用，并不断探索数据产权的赋权模式，数据竞争的治理路径可以得到不断完善。

（一）优化反不正当竞争法的司法适用

适用《反不正当竞争法》规制企业数据竞争可以通过司法解释的完善和司法实践的优化加以克服。

第一，推进对“互联网条款”的司法解释，明确法律适用标准。作为互联网领域竞争行为规制的专项条款，“互联网条款”应明晰数据竞争的合法性边界，回应“一般条款”和“兜底条款”泛化适用的质疑。对“互联网条款”做出明晰的司法解释可以补强该条款的司法适用价值，比如可对“妨碍、破坏其他经营者合法提供的网络产品或者服务正常运行的行为”这类宽泛的表达做出进一步解释和限缩，予以进一步明确。

第二，增设和调整数据竞争相关不正当竞争行为的类型。现行《反不正当竞争法》明确列举的互联网领域违法竞争行为比较有限，也未直接涉及数据竞争行为。法律应进一步明确数据竞争行为的违法性边界，列明该类行为的核心要件，为司法机关提供可参考的法律规范。一方面，对司法实践中经过充分理论论证和实践检验裁判规则和裁判逻辑加以总结、提炼，归纳为新的竞争行为规则，以补充原有行为约束体系。另一方面，对现行的《反不正当竞争法》行为规则进行反思和检验，对表意模糊、适用困难的词句加以调整、删改，以保障法条的有效适用。

第三，避免兜底性条款的泛化适用，保障司法裁判逻辑和裁判规则的一致性。“一般条款”和“互联网条款”中第四款的适用之所以遭受诟病，主要是因为兜底条款在司法裁判中泛化适用易造成审判结果不统一。法院应在司法审判中坚持兜底性条款的适用原则，在严格遵照法律规则的前提下，适当参照指导性案例中裁判逻辑和裁判规则，从而实现审判规则实质性统一。

（二）赋予数据控制者合理的数据产权

不正当竞争路径下法律适用的局限很大程度上源于数据产权的缺位。赋予数据控制者合理的数据产权不仅可以为不正当竞争法的司法适用提供明确的法律依据，也可以明晰划分不正当竞争法和其他法律的适用范围。数据产权的权利主体为数据控制者；权利客体是以数据集合为基础，通过技术手段收集、储存、加工、应用的数据内容。针对数据控制者与数据内容之间的权利义务关系，本文将从数据流转[①]的视角，提供三点可参考的赋权原则。

第一，在数据流转端口加强用户对数据的控制权，提高数据控制者获得授权的标准。作为重要的数据源和数据应用对象，用户在数据收集和数据应用两个端口有较高的参与度，对数据的控制能力达到最强。在数据流转的前端（数据收集），可通过“告知—同意”类规则让用户自决参与数据内容的生产，提高企业获得授权的实质标准，完善企业获得授权的形式要件，避免格式化的授权协议过度侵犯用户的自决权。在数据流转的后端（数据应用），为用户增设排除算法控制的权利，设置拒绝个性化服务的机制，保留个人意思自治的空间。

第二，对初级数据控制者限制赋权与对次级数据控制者全面赋权。[②]初级数据控制者为获取数据付出投资成本、承担安全风险，但并未改变所获取数据内容形态。因此，在肯定其对所收集数据的财产性权益之外，也应当对其权利行使加以限制，防止形成数据垄断。次级数据控制者通过算法等技术手段对数据进行分析、应用，生产出衍生的数据产品。此时，数据源已变成“原材料”，数据控制者需要投入大量的研发和人力物力成本，以形成更具效用的数据产品。因而，对该类数据控制者应全面赋权，使其享有对数据产品完整的收益、使用、处分的权利。

第三，加强数据流转全程对用户个人数据权益的保障。大数据时代个体数据价值密度极低，不宜赋予个体用户数据产权。但用户个人数据权益不容忽视，包括与数据流转相关的个人信息保护和数据安全保障。一方面，可以借鉴域外立法经验，构建符合我国立法原则的个人信息

① 本文依据数据控制者的投入形式将数据流转过程区分为数据获取、数据储存、数据分析和数据应用四个阶段。在此基础上，依据不同阶段用户的参与程度和参与能力再划分为数据流转端口（包含前端的数据获取和后端的数据应用）和数据流转中路（包含数据储存和数据分析）。

② 依据数据控制者对所获取数据内容的处理程度，将数据控制者分为初级数据控制者和次级数据控制者。

权。明确信息控制权、公开权、被遗忘权、剩余权等的权利内涵，构建出一套既能让数据有效流动，又能防止因个人信息流动而产生巨大风险的个人信息保护法律体系。[①] 另一方面，可以综合运用私法手段和公法手段保障用户数据安全。以协议的数据安全保障义务为基础，以行政手段、刑事手段为补充，全面构建企业内部的数据安全管控体系，加强对侵害用户数据安全的恶性行为的打击。

五 结语

“唯一跳出星球运转循环意义外的革命不是政治革命而是技术革命。”[②] 面对技术的更迭，法律不应迷惘。大数据时代数据竞争的本质乃是法律应如何调整“大数据”资源的社会分配，也即数据财产性权益的合理配置。为应对数据竞争的难题，不正当竞争路径在不断的司法适用中得到充实，却也存在不能回避的问题。因此，本文通过梳理相关案例，一方面归纳出司法裁判中共性规则，作为之后案件审理的参考；另一方面总结出司法实践中的明显不足，为今后法律可能的调整提供借鉴。在此基础上，为更全面和妥善的应对数据竞争难题，本文主张法律实践需要在优化反不正当竞争法的司法适用的同时，赋予数据控制者合理的数据产权。这是大数据时代的必然选择，也是全面应对数据财产性权益纠纷的有效路径。

（责任编辑：吴　峻）

① 许娟：《中国个人信息保护的权利构造》，《上海大学学报》（社会科学版）2019 年第 2 期。

② ［法］雷吉斯·德布雷、赵汀阳：《两面之词：关于革命问题的通信》，张万申译，中信出版社 2015 年版，第 23 页。

从计算社会科学到计算法学：重新检视因果关系科学之范畴*

王　伟

（香港大学法律学院博士研究生）

摘　要：法情景在文本意义上作为“教义法学”研究的质素，在我国引入“社会科学法学”之际面临反权威遵从的价值困境；同时，依赖传统小数据低维集群所形成之“实证法学”与基于新兴大数据高维空间所表征之“计算法学”在“智慧司法”的科学主义情怀基础上，形成围绕法本体论、法律共同体职业化与法学研究方法论的争论。以“计算法学”为关照旨在辨明“作为文本大数据的法律”（Legal Text as Data）如何在工具性的层面构成法学量化研究的基本范畴，并因此成为“问题导向”的探索或实证路径的正当性基础。研究目的有三：第一，引入社会科学实证研究之体系，探讨实证计算方法是否可以和如何缓和上述争议；第二，阐述如何以计算智能所赋予的“因果关系科学”为基础构建法学研究范式，而非仅仅“诠释性”与“相关性”；第三，解释如何经由计算社会科学之方法（数据抓取、在线实验、网络分析、文本挖掘与内容分析、时空分析等），将微观个体层面的元数据推演至表征宏观整体的作为社会事实的法律。

* 本文计算社会科学相关部分之完善得益于香港城市大学祝建华教授的指正与建议，机器学习与社会科学研究之关系的部分受到西安交通大学“中国社会学40年与实证社会学发展”国际会议与会专家的启发，在此谨致谢忱。但一切文责归于作者本人。

关键词：计算社会科学　计算法学　法教义　文本大数据　因果关系科学

西方科学的发展基于两个伟大的成就：希腊哲学家发明形式逻辑系统（欧几里得几何），以及通过系统实验发现因果关系的存在（文艺复兴时期）。——Albert Einstein（1953）

一　问题的提出

哈佛大学的迈克尔·桑德尔在其著作《公正》的开篇中至少显明了两种关于道德推理（Moral Reasoning）的政治哲学考量：结果主义与绝对主义①。概括言之，结果主义道德推理构筑于事物导致的后果，亦即：可经由量化的数值对结果的“功利”进行测度；而绝对主义隐喻了一种行为本身的道德性，亦即：不论结果如何，道德本身总表征一系列具有限定性的明确的职责和权利。因循此种二分法②，不难发现我国法学界曾经面临的“教义法学”（规范分析）与“社科法学”之争有着类似的逻辑③。随着学术讨论的深入④，不可否认的是，“教义法学”至少存在三个质素⑤：第一，概念化或者“概念遵从”，意指“教义法学”是对法律文本和法律概念的研究并遵从文本，而文本来源是法律或规范本身以及司法判例；第二，体系化或者“语义规范”，指“教义法学”中的

① ［美］迈克尔·桑德尔：《公正》，朱慧玲译，中信出版社2011年版。

② 熊秉元教授把这种二分类归纳为“后果式思维”和“规范式思维”。参见熊秉元《论社科法学与教义法学之争》，《华东政法大学学报》2014年第6期。

③ 苏力教授认为，我国法学研究的范式曾经历“政法法学”“诠释法学”与“社科法学”之流变。参见苏力《中国法学研究格局的流变》，《法商研究》2014年第5期。

④ 除上述熊氏与苏氏观点外，关于“诠释法学”与“社科法学”之间的对话，可同时参见：张翔：《形式法治与法教义学》，《法学研究》2012年第6期；侯猛《社科法学的传统与挑战》，《法商研究》2014年第5期；陈柏峰《社科法学及其功用》，《法商研究》2014年第5期；孙海波《论法教义学作为法学的核心——以法教义学与社科法学之争为主线》，《北大法律评论》2016年第1期；雷磊《法教义学的基本立场》，《北大法律评论》2016年第2期。

⑤ 雷磊：《法教义学与法治：法教义学的治理意义》，《法学研究》2018年第5期；Terry Hutchinson & Nigel Duncan，Defining and Describing What We Do：Doctrinal Legal Research，17 *Deakin Law Review* 83（2012）.

规范所涵摄之价值通过互恰的结构性语词被外界感知；第三，科学化或者“逻辑外观”，指为实现法的安定性并因此可以被公众预测，需要将体系化的概念用因果证明进行科学构建。

有趣的是，“教义法学”的这种“概念—体系—科学”层次结构说明其重视法律文本与语词之间逻辑的自洽，亦即形式逻辑在其中占有较大比重。在这个意义上，“教义法学”因容易滋生法律中心主义①、法律万能论②或法典拜物教③而饱受自由法学运动的批判④。基于类似的理由，“社科法学”反对全然的概念遵从，至少有观点认为“社科法学”的出现与需求恰好反映了经验性的社会事实对“法律为何不能被实践”这类问题的回应⑤。而若将法学方法论的“光谱”置于现时，人工智能的飞速发展也为法学研究与法律实践奠定了科学主义⑥的基调。在我国，多家法学院已经开设“计算法学”⑦、“人工智能法学”⑧、“未来法治”（法律＋科技）⑨、“智能审判与法律大数据”⑩ 等面向或涉及数据科学或人工智能的跨法学学科课程教育。但是，我国实际缺乏具有多学科背景与知识同理心的教学与研究人员⑪。难以想象一位不懂机器学习算法及其逻辑以及精通至少一种编程工具（比如，Python 或 R）的法学家讲授需要精巧数理功底的数据分析，也难以想象没有经过系统法律思维训练

① ［美］菲利普·K. 霍华德：《无“法”生活》，林彦等译，法律出版社 2011 年版。

② 易继明：《技术理性、社会发展与自由：科技法学导论》，北京大学出版社 2005 年版，第 14—29 页。

③ 尹田：《民法典总则与民法典立法体系模式》，《法学研究》2006 第 6 期。

④ 雷磊：《法教义学与法治：法教义学的治理意义》，《法学研究》2018 年第 5 期；Terry Hutchinson & Nigel Duncan，Defining and Describing What We Do：Doctrinal Legal Research，17 *Deakin Law Review* 83（2012）.

⑤ 陈柏峰：《社科法学及其功用》，《法商研究》2014 年第 5 期。

⑥ 虽然人工智能通常被看作是技术，但是法律共同体试图借助其以实现对法律现象与法律事实的科学化观测和理解，实际上是一种科学主义的倾向。这里的“科学主义”指“把自然科学技术作为哲学基础，并坚信其能够解决一切问题的观点”。参见曹志平、邓丹云《论科学主义的本质》，《自然辩证法研究》2001 年第 4 期。

⑦ 清华大学法学院成立智能法治研究院，并在法律硕士项目下开展“计算法学”教育。

⑧ 参见《西南政法大学拟增设目录外二级学科“人工智能法学”公示》。

⑨ 中国人民大学法学院成立未来法治研究院，并开设“数据法学”荣誉课程。

⑩ 四川大学法学院依托法律大数据实验室讲授“智慧审判技术装备”系列课程。

⑪ 左卫灵：《关于法律人工智能在中国运用前景的若干思考》，《清华法学》2018 年第 2 期。

的数据科学家能够在思索算法结构的同时考虑到法律的朴素价值及其形式与实质推理程式。就如同有的学者所告诫的那样，当下许多“AI+法律”的任意性组合不过是借用人工智能所能提供的部分“人脑智慧增强”，将自动化处理等同于人工智能，将需要借助乃至倚靠计算（机）科学的法学学者标签化为人工智能学家是一种对教义法学的反智化[①]。

有鉴于以上争论，本文试图回答：是否有一种被称作“计算法学”的学科框架可以承载作为辅助性新工具的数据科学和人工智能，并同时与法教义相契合？本文无意起定纷止争之目的，相反，其旨在论证一种基于“作为文本大数据的法律”（Legal Text as Data）如何在工具性的层面构成法学量化研究的基本范畴，并因此成为“问题导向”的探索或实证路径的正当性基础。本文之目的有三：第一，引入社会科学实证研究之体系，探讨实证计算方法是否可以和如何缓和上述争议；第二，阐述如何以“因果关系”为基础构建法学研究范式，而非“诠释性”与“相关性”；第三，解释如何经由计算社会科学之方法（数据抓取、在线实验、网络分析、文本挖掘与内容分析、时空分析等），将微观个体层面的元数据推演至表征宏观整体的作为社会事实的法律。

二　对实证法学研究方法的误解与澄清

法律在本体论层面是教义的（Doctrinal）、规范的（Normative），但也是拟制的（Positive）。因此理想状态下，拟制的法律规则和法律标准会具像化规范价值并保障规范目的之达成[②]。法律规则和标准的基础是对个体智慧、态度和行为的拟制性假设，亦即，关于个体普遍接受何种规范价值以及如何激励个体做出适当的社会行为，以最大化地实现社会规范目标的假设[③]。如果法学研究的格局仅仅止步于此，则我们无法找

① 刘艳红：《人工智能法学研究中的反智化批判》，《东方法学》2019年网络首发，https://doi.org/10.19404/j.cnki.dffx.20190819.001

② John A. Ferejohn & Barry R. Weingast, “A Positive Theory of Statutory Interpretation”, 12 *International Review of Law and Economics* 263 (1992).

③ John A. Ferejohn & Barry R. Weingast, “A Positive Theory of Statutory Interpretation”, 12 *International Review of Law and Economics* 263 (1992).

到一种范式来验证为何应当采用（立法面）或适用（司法面）某种法律、法规和程序性规则的拟制性假设之效用与有效性[①]。这种观点的萌芽与早期的经济学家基于法律现实主义（Legal Realism）[②] 率先探索实证法学这一现象密切相关[③]，比如波斯纳曾就霍姆斯大法官对法律现实主义的论点[④]进行比较分析，以佐证他的法经济学理论[⑤]。正是由于经济学家的前期积淀，实证法学很容易被误认为只是定量研究。比如，在当代美国的实证法学研究谱系中，方法论主要是定量的，并侧重于因果探究。采用定量方法的学者经常将统计技术应用于大型数据集以寻找法律事实之间的因果关系[⑥]。

近年来在中国，实证法学作为一种“新事物”开始受到关注和实践，但是中国实证法律研究的群体对域外的实证研究的态势和体系化并不明确[⑦]。同时，左卫民教授认为：“所谓法律实证研究，本质上是一种以数据分析为中心的经验性法学研究”，并将之与社科法学进行了“血缘”的区分，同时提出“定量法学”与“质性研究＋定量法学”之范式争论[⑧]。此种争论在笔者看来可以归结于“定量法学”对于学术期刊的市场需求（尤其是美国期刊市场）的迎合以及前文所述的经济学家之

① Robert A. Kagan，“What Socio-Legal Scholars Should Do When There is Too Much Law to Study”，22 *J. L. & Soc'y* 140（1995）.

② Karl Llewellyn，作为法律现实主义的创立者之一认为：实证研究（定量和定性研究方法）可用于提高美国司法制度的规范效率。参见 K. N. Llewellyn，“The Normative，the Legal，and the Law-Jobs：The Problem of Juristic Method”，49 *Yale L. J.* 1355（1940）.

③ Deborah R. Hensler & Matthew A. Gasperetti，“The Role of Empirical Legal Studies in Legal Scholarship，Legal Education and Policy Making”，in *Rethinking Legal Scholarship* 450，452（Edward L. Rubin et al. eds.，2017）.

④ Oliver Wendall Holmes，“The Path of the Law”，10 *Harv. L. Rev* 457（1897）. 霍姆斯法官曾预言：“对理性的法学研究而言，当前的主宰者或许还是‘白纸黑字’的研究者，但未来属于统计学和经济学的研究者。”参见苏力《法律与科技问题的法理学重构》，苏力译，《中国社会科学》1999年第5期。

⑤ Richard A. Posner，“The Present Situation in Legal Scholarship”，90 *Yale L. J.* 1113（1981）.

⑥ Lee Epstein & Andrew D. Martin，An Introduction to Empirical Legal Research（2014）.

⑦ 左卫民：《一场新的范式革命？——解读中国法律实证研究》，《清华法学》2017年第3期。

⑧ 左卫民：《一场新的范式革命？——解读中国法律实证研究》，《清华法学》2017年第3期。左卫民教授就“法律实证研究”做了美国式（定量）和英国式（质性＋定量）的区分，认为整体上，美国式的解读，即定量法学研究已经成为实证法学的主流。

早期介入，况且纵观国际学术史，不论“教义法学”或“社科法学”乃至“质性法律研究”在晚近十年之前已经蓬勃发展①。

具体而言，实证法律研究的理想方法应当随着对研究问题（Research Question）的了解程度而按照“探索性—描述性—阐释性”进行调整。在此调整过程中，首先，实证法律研究并不直接等同于定量法律研究，比如在探索阶段和个案研究中，“实证”也可以意味着“以研究者本人为工具，对资料的整体性关照和推理”（质性）；其次，“实证”所代表的经验性使得该研究主要关注事实（Facts）而非价值（Values）；再次，“实证”聚焦在“实然”层面，而非“应然”，而“实然”并不能当然地推导出“应然”，只能作为“规范论证的实然基础”，即“手段能否达成目的”②。最后，实证法律研究的“科学性”主要体现在可重复性（Replicability）之上，因而可以被证伪③。

三　从计算社会科学到计算法学：作为文本大数据的法律

我国的实证法学和实证社会科学都面临着工具性需求跟不上理论发展的困境。在社会科学领域，尽管定量方法发展迅速，但是直到2010年前后才有人开始正视内生性问题④，大部分研究仍然停留在简单统计回归的相关性分析，“缺乏基于因果推断的解释能力”⑤。类似的，我国实证法律研究还处在“以描述性统计为主，兼及较少推断性统计”等较弱工具性的经验研究阶段，其测量复杂社会法律关系的数理工具远远落后于社会学等社会科学研究。比如左卫民教授在梳理之后发现，按照实证的基本特质判断，法学部门甚至存在“看似实证”的学术研究⑥。法

① Hensler & Gasperetti, “The Role of Empirical Legal Studies in Legal Scholarship, Legal Education and Policy Making”, in *Rethinking Legal Scholarship* 450, 452 (Edward L. Rubin et al. eds., 2017).

② 张永健、程金华：《法律实证研究的方法坐标》，《中国法律评论》2018年第6期。

③ 波普尔定义：一个命题是科学的，当且仅当它是可证伪的。参见［英］卡尔·波普尔《科学发现的逻辑》，查汝强、邱仁宗、万木春译，中国美术学院出版社2008年版。

④ 陈云松、范晓光：《社会学定量分析中的内生性问题：测估社会互动的因果效应研究综述》，《社会》2010年第4期。

⑤ 陈云松、贺光烨、吴赛尔：《走出定量社会学双重危机》，《中国社会科学评价》2017年第3期。

⑥ 左卫民，《一场新的范式革命？——解读中国法律实证研究》，《清华法学》2017年第3期。

学与其他社会科学都严重依赖人类社会的内部互动，而以人类为中心生发出的“联系性”网络在复杂系统意义上是“不确定性的非线性”[①]。这意味着传统实证方法基于的“方程建模”并不能足够精细地表征这样一种非线性的结构[②]。因此，社会科学各部门如社会学、政治学、传播学甚至语言学等传统上被视作“定性或半定量”的学科开始凭借大数据，试图参与社会计算（Social Computing）[③]。

（一）计算社会科学的兴起及特征

2009 年，以大数据为讨论对象的著作《第四范式：数据密集型科学发现》面世[④]。同年，Lazer 等人在《科学》上较为完整地介绍了“计算社会科学”（Computational Social Science）[⑤]，其强调计算社会科学的快速发展得益于传播媒介自动产生的大量痕迹性非结构化数据。紧接着第二年，Cioffi-Revilla 延展了 Lazer 提出的概念，并根据适用环境的不同，将计算社会科学的方法分为自动信息提取（数据抓取、文本挖掘与内容分析）、社会网络分析、空间地理分析、复杂系统建模以及社会仿真模拟[⑥]。学科范式讨论的热度一直持续到 2012 年，由 Conte 为代表的 14 位学者在著名物理学期刊上发表《计算社会科学宣言》[⑦]，宣言表明“与实验方法相结合的计算方法，将使社会科学更接近于建立理论、经验事实和研究之间的良好连接”[⑧]。因此，大数据计算社会科学的“化合反应”开启了社会科学方法的更新与迭代。

计算社会科学的兴起主要源于网络科学（Network Analysis）的发展和巩固。复杂系统中的大数据带来了人类思维的转变。大数据挖掘在知

---

① 梁玉成、贾小双：《数据驱动下的自主行动者建模》，《贵州师范大学学报》（社会科学版）2016 年第 6 期。

② 梁玉成、贾小双：《数据驱动下的自主行动者建模》，《贵州师范大学学报》（社会科学版）2016 年第 6 期。

③ 范如国：《公共管理研究基于大数据与社会计算的方法论革命》，《中国社会科学》2018 年第 9 期。

④ Tony Hey et al. , The Fourth Paradigm: Data-Intensive Scientific Discovery（2009）.

⑤ David Lazer et al. , *Computational Social Science*, 323 Science 721（2009）.

⑥ Claudio Cioffi-Revilla, “Computational Social Science”, 2 *Wiley Interdisciplinary Reviews* 259（2010）.

⑦ R. Conte et al. , “Manifesto of Computational Social Science”, 214 *Eur. Phys. J. Spec. Top.* 325（2012）.

⑧ 张小劲、孟天广：《论计算社会科学的缘起、发展与创新范式》，《理论探索》2017 年第 6 期。

识发现的含义上与传统研究方式的区别在于：首先，传统统计的演绎推理模式不同于大数据挖掘分析中“演绎推理 + 归纳总结”相结合的模式①；其次，传统统计强调有限个自变量对因变量的影响，而大数据挖掘分析强调多因素共同作用②；最后，传统统计关注变量之间的线性关系，但是大数据挖掘分析“自动考虑变量的形式转换”，从而能够可视化变量之间的非线性关系③。所以，计算社会科学的兴起主要是为了克服类似“根据传统的社会科学调查方法所收集的数据所建立的模型无法满足研究者模拟复杂的环境下的动态社会过程的需求”这样的窘迫④。

计算社会科学的主要特征顾名思义，即“可计算性”⑤。“可计算性”脱胎于社会的信息处理范式（Information-Processing Paradigm），其有两层含义：第一，从实质的角度来看，计算社会科学的存在前提是人类和社会广泛的加工处理信息，这意味着计算社会科学使用“信息处理”作为解释和理解其学科范围内的社会和人类如何运作以产生、涌现复杂系统的关键要素⑥；第二，从方法论的角度来看，信息处理范式指向计算作为建模和理解社会复杂性的基本工具方法。但这并不意味着其他方法，如历史、统计或数学变得无关紧要。相反，计算方法必然依赖于这些早期的方法，以便提高人类对社会复杂性的解释力和理解力⑦。因此，“可计算性”保证了前文论述的实证研究方法仍然可以在计算时

---

① 传统统计学经历“抽象理论—具体假设—数据与资料收集—数据分析—变量模型—参数估计”的惯常流程之后才能经由统计推断验证假设是否成立，而大数据挖掘分析经由“数据先行—数据反映之规律—临时假设—数据确证”从而形成理论框架。参见舒晓灵、朱博文：《知识发现与数据挖掘在计算社会科学中的应用》，《贵州师范大学学报》（社会科学版）2016 年第 6 期。

② 传统统计学强调描绘一种变量之间的方向，但是依照前文所述“混沌性”，当变量足够多的时候，表面上无方向的“交互作用”在经过大量自动检测建议后，有较高的预测力。

③ 舒晓灵、朱博文：《知识发现与数据挖掘在计算社会科学中的应用》，《贵州师范大学学报》（社会科学版）2016 年第 6 期。

④ 梁玉成、贾小双：《数据驱动下的自主行动者建模》，《贵州师范大学学报》（社会科学版）2016 年第 6 期。

⑤ 王成军：《计算传播学：作为计算社会科学的传播学》，《中国网络传播研究》2014 第 0 期。

⑥ Claudio Cioffi-Revilla，“Introduction to Computational Social Science” 2 – 3，*Texts in Computer Science*，2014.

⑦ Claudio Cioffi-Revilla，“Introduction to Computational Social Science” 2 – 3，*Texts in Computer Science*，2014.

代适用。这为“作为计算社会科学的法学”（计算法学）的底层方法论标注了讨论的起点。

（二）计算法学：作为文本大数据的法律

广义地讲，计算法学（Computational Law）涉及人工智能与法律互动的三种方式：法本体论，即人工智能对法律的结构性影响（Legal Implications of AI）；法律职业科技化，即法律科技与法律共同体的嵌入乃至自洽（Legal Tech）；法学研究视角，即法学研究可以如何迎接作为研究工具的人工智能之机遇和挑战（Computational Legal Studies）。在这个角度，本文同意学界对“计算法学方法”与“计算法学的研究方法”的区分①。而作为计算社会科学的法学实际上依赖“可计算性”。如同有的学者归纳的那样②，经济学、心理学、计算机科学、生物学、语言学分别找到一种“度量衡”，比如货币衡量经济，分组实验比较心理，比特度量信息，基因分析遗传和变异，关系和矩阵描述网络和语言，从而获得“可计算性”。那么作为计算社会科学的法学（计算法学）的度量衡应当是什么？

1. 计量法学的“可计算性”

全球范围来看，最早提出法学的“可计算性”的学者要数提出将计算机与符号逻辑应用到法律议题的罗伊温格（Lee Loevinger）；而何勤华是我国最早提出法的“可计算性”的学者，并将之定义为“计量法律学”，只是这个概念在当时太过“前沿”，很少有能够对法“可计算性”具备同理心的学者③。后来，有学者定义“计量法学是指通过收集大样本数据，对具有数量变化关系的法律现象运用定量研究的交叉学科。它是一门独立的学科，其研究对象是具有数量变化关系的法律现象，研究方法是实证方法和计量方法”④。从这个定义中不难看出，计量法学的内涵几乎与定量法学研究的内涵相同。

---

① 邓矜婷、张建悦：《计算法学：作为一种新的法学研究方法》，《法学》2019 年第 4 期。

② 王成军：《计算传播学：作为计算社会科学的传播学》，《中国网络传播研究》2014 第 0 期。

③ 于晓虹、王翔：《大数据时代计算法学兴起及其深层问题阐释》，《理论探索》2019 年第 3 期。

④ 屈茂辉：《计量法学基本问题四论》，《太平洋学报》2012 年第 1 期。

那么，计量法学在这个定义之下的“可计算性”指代何种质素？从其描述看，计量法学运用了传统统计学的方法，其在构筑法学量化研究的中文语境之中层理论时对概念进行了“套用—延展”乃至“局部创新”[①]，依然属于“理论驱动”的实证研究。回到前文提到的计算社会科学的“可计算性”之上，计量法学并未强调“信息处理范式”，即并未依赖痕迹型数据进行实证研究。传统的统计数据非自动化收集[②]，属于“矮胖型”，即样本量少，变量多[③]；而法律大数据意义上“可计算”的数据自动化收集（比如痕迹型数据[④]），属于“均衡型”，样本量大，变量也多。同时，以裁判文书为例，文书信息公开中存在的元数据“过度隐匿与缺失”使作为文本大数据的法律大数据呈现“异质性”较高的特点[⑤]。由此对比来看，计量法学的“可计算性”更多地指向传统的“矮胖型”数据，并非自动化收集的“均衡型”数据。

2. 计算法学的“可计算性”

张妮博士与蒲亦非教授所著《计算法学导论》在中文世界里第一次明确提出计算法学的概念，张妮博士随后参与撰文提出：“计算法学涉及计算法学理论、立法实验、司法预测、法律的语义挖掘、法律逻辑分析、司法管理系统、司法证据等几方面研究”[⑥]。其所总体上强调的“计算智能”（Computation）恰好印证了“可计算性”所要求的信息处理范式。钱宁峰博士通过对计算法学概念的拓展，将计量法学的传统样本数据突破至“第四范式”的“密集型数据”，他认为这是“传统法学

① 张小劲：《加强实证研究，建构概念体系：试论中国政治学术话语的发展策略》，《济南大学学报》（社会科学版）2017 年第 1 期。

② 左卫民：《一场新的范式革命？——解读中国法律实证研究》，《清华法学》2017 年第 3 期。

③ 祝建华、黄煜、张昕之：《对谈计算传播学：起源、理论、方法与研究问题》，《传播与社会学刊》2018 年第 44 期。

④ Scott A. Golder & Michael W. Macy, “Digital Footprints: Opportunities and Challenges for Online Social Research”, 40 *Annual Review of Sociology* 129 (2014).

⑤ 杨金晶、覃慧、何海波：《裁判文书上网公开的中国实践——进展、问题与完善》，《中国法律评论》2019 年第 6 期。

⑥ 张妮、徐静村：《计算法学：法律与人工智能的交叉研究》，《现代法学》2019 年第 6 期。

研究融入更为高级的法学研究形态中的过程”[①]。直到最近，学界几乎同时出现两种计算法学的认知体系。邓矜婷博士和张建悦[②]认为计算思维可以继逻辑思维和实证思维之后成为第三种思维模式，因为这种观点将计算思维与实证思维进行了区分，实际上将计算法学的研究方法与实证法律研究进行了切分，突出计算智能，本文以“计算智能论”为指代；另一种体系具有强烈的社会科学方法论关照，于晓虹博士和王翔[③]认为“计算智能”属于计算法学研究的一环，比如提取文本数据；因为其尝试用因果关系（Causality）、定量与定性等概念构建混合的计算法学，突出实证与解释主义；他们通过比较数据法学、计量法学以及计算法学，认为计算法学位于数据驱动、问题驱动以及算法驱动的平衡态；同时，其立足现有在量化体系较为成熟的法社会学、犯罪学与司法政治学，将计算法学的发展概括为基于“法律科学 + 计算科学 + 数据科学”的“计算法学研究”生发出的“法律科技”、“智慧法院”与“智慧检察”共同体生态体系[④]，本文以“计算研究论”指代。以上两种论断不分轩轾，只是视角不同，但是某种程度上表明应从认识论上适当区分“广义计算法学”（Computational Law）与“计算法律研究”（Computational Legal Studies）[⑤]，以厘清计算智能为法律共同体（产业、实务与学术研究）带来的不同面向的机会与挑战。

---

① 钱宁峰：《走向“计算法学”：大数据时代法学研究的选择》，《东南大学学报》（哲学社会科学版）2017 年第 2 期。

② 邓矜婷、张建悦：《计算法学：作为一种新的法学研究方法》，《法学》2019 年第 4 期。

③ 于晓虹、王翔：《大数据时代计算法学兴起及其深层问题阐释》，《理论探索》2019 年第 3 期。

④ 于晓虹：《计算法学：展开维度、发展趋向与视域前瞻》，《现代法学》2020 年第 1 期。

⑤ 在英文世界，谈到 Computational Law 的时候，多半沿用法律信息学（Legal Informatics）的概念。比如，斯坦福大学的教授认为：计算法学是一种自动化法律推理的方法，重点关注经电子媒介的巨语义丰富的法律、法规、合同条款和商事规则。参见 Nathaniel Love & Michael Genesereth, *Computational Law*, Proceedings of the 10th international conference on Artificial intelligence and law 205（ACM Press Bologna, Italy 2005）. 匹兹堡大学的 Ashley 教授在其一份教学大纲中主要关注了人工智能的法律推理（Legal Reasoning）与法律信息萃取与处理（Legal Information Retrieval, Information Extraction, and Text Processing），参见 Kevin Ashley, “Teaching Law and Digital Age Legal Practice with an AI and Law Seminar”, 88 *Chi. – Kent L. Rev.* 783（2013）. 但是 MIT Computational Law Course 里面同时包含了计量、定量、法律推理与信息萃取等。

四 法律论证与规范：基于因果关系科学的计算法学框架

同时，上述的两种认识论划分也可以回到本文一开始提出的问题：是否有一种被称作“计算法学”的学科框架可以承载作为辅助性新工具的数据科学和人工智能，并同时与法教义相契合？

（一）法教义的计算法学外观

开篇已经论证，教义法学有强烈的概念遵从，并符合形式逻辑。司法三段论是法律推理的基本形式①，即以法律条文或先例为大前提，案件事实为小前提，所获结论是案件的判决结果②。因此，理想情境下，教义法统摄下的司法三段论应当具有合概念性的判断。在法律推理智能化的研究成果里，匹兹堡大学的 Kevin D. Ashley 的论述具有里程碑意义，尤其是其出版的《人工智能与法律分析学：数字时代的法律实践新工具》中搭建了一个关于法律推理的框架和愿景③。他从法律专家系统（Legal Expert System）讲到论证检索与认知计算（Argument Retrieval and Cognitive Computing），并认为人工智能之于法律分析应当包含至少两种法律推理、一种法律预测和一套法律论证模型④：

1. 制定法推理（Statutory Reasoning），

2. 基于案例的推理（Cased-based Reasoning），与之对比基于规则的推理（Rule-based Reasoning）

3. 基于机器学习的法律预测（Predicting Legal Outcomes with ML）以及

4. 法律论证的计算智能模型（Computational Models of Legal Argument）

---

① 黄泽敏：《案件事实的归属论证》，《法学研究》2017 年第 5 期。

② 张妮、杨遂全、蒲亦非：《国外人工智能与法律研究进展述评》，《法律方法》2014 年第 2 期。

③ Kevin D. Ashley, *Artificial Intelligence and Legal Analytics*: *New Tools for Law Practice in the Digital Age* (2017).

④ Kevin D. Ashley, *Artificial Intelligence and Legal Analytics*: *New Tools for Law Practice in the Digital Age* (2017).

而在我国，智慧司法的科学主义研究和实践远超想象。比如在刚闭幕不久的“中国法研杯”中文法律阅读理解比赛中，大赛主办方以篇章片段抽取型阅读理解比赛（Span-Extraction Machine Reading Comprehension）为基础，事先公布民事与刑事裁判文书的两类测试集。测试集里是一段段冗长的案件事实，比赛设立三个片段抽取问题（比如金额、地点、时间人物关系等），一个是否类问题以及一个拒答问题①。这样的经过数据训练的机器学习同时也是类案推送这样的“智慧法院”② 项目的基础性工作。

“智慧司法”中国方案的核心体现在司法体系中“计算智能”参与“审判辅助”、“事实查明”与“规则适用”的程度，从而形成从“专家审判司法”演变至“智能人工司法”的趋势③。可惜，就“规则适用”而言，何帆法官曾结合自己的经验概括目前还达不到类案“智能推送、精确回应”的原因主要是：每一个法教义背后都隐藏了千百种“适用场景”，对应着各类成文或不成文的规则。如果没有法律专业人士去提炼、分类、整合并标准化这项“法律适用规则”、“量刑操作规则”、“证据审核规则”、“程序把关规则”等等，将之转化为算法嵌入，机器就只能按照自然语言处理后的、问答间具有一一映射的简单问题，面对复杂案情束手无策④。他还归纳了理想的“类案推送”应当符合相似性判断、有效性判断、相关性判断以及技术性判断，经过“投入多少人工，就有多少智能”，绘制出“法律知识图谱”以完成法律概念（法教义）的本体论（Ontologies）⑤ 与类型化系统⑥。

---

① 第八届全国社会媒体处理大会：《SMP2019“中国法研杯”中文法律阅读理解比赛》（http：//conference. cipsc. org. cn/smp2019/fayanbei. html）。

② “智慧法院”主要可以达成四个目的：信息的电子化、数据化；办案辅助系统的智能化；实体裁判的预测和监督；建立统一的电子化证据标准。参见左卫民《一场新的范式革命？——解读中国法律实证研究》，《清华法学》2017 年第 3 期。

③ 程金华：《人工、智能与法院大转型》，《上海交通大学学报》（哲学社会科学版）2019 年第 6 期。

④ 何帆：《AI 时代的法律工具书应该是什么样的》（https：//reurl. cc/d0On1z）。

⑤ 本体论是指：在给定域中，将对象间关系和对象本身属性概念化详述，并保证这种详述清晰、正式和一般化。换句话说，本体使域中的概念明确，以便程序可以基于它们进行推理。参见 Kevin D. Ashley，*Artificial Intelligence and Legal Analytics*：*New Tools for Law Practice in the Digital Age*（2017）.

⑥ Kevin D. Ashley：*Artificial Intelligence and Legal Analytics*：*New Tools for Law Practice in the Digital Age*（2017）.

(二) 计算法学前史之相关关系(Correlation)与因果关系(Causality)

在计算法学的概念兴起之前(此处称为计算法学前史),定量实证法学在美国和欧洲基于计量经济学(Econometrics)的发展,较我国更早开始关注因果推断(Causal Inference)①。而我国法学界的现实状况是以描述性统计为主,能够分析相关关系者渐多,有探寻因果关系者寥寥无几。若坚持以“规范与事实之间有效联系”为法律的圭臬,则可能片面忽视法政策层面的评估和检验,同时此处的相关关系(相关性)应当特指大数据网络科学意义上的“点与点”之间的“连接”,而不是本文此处打算拿之与因果关系做比较的统计相关关系。下文讨论统计学意义上的相关关系与因果关系如何影响法学研究。

首先,当实证法律研究大量使用回归分析等统计方法来进行因果推断时有一个重要前提:研究者应该已经通过探索性研究知道变量之间的内在逻辑关系②。在没有达成这个前提之下,单就统计推断进行参数估计并不能推断因果。这其实与事物本身的复杂性有关,在任何非实验情形下的事物极少有单一变量诱发的因果,多变量的因果关系影响反而更加普遍③。如表二所示,其说明了三个变量之间的因果关系的复杂性。“为了证明因果关系,研究者一定要说明变量间的关联关系,确定合适的时间顺序以及对关联关系排除其他解释”④。必要时通过统计控制,对可能的因果路径进行打断,以辨明因果路径。

---

① Hensler & Gasperetti, “The Role of Empirical Legal Studies in Legal Scholarship, Legal Education and Policy Making”, in *Rethinking Legal Scholarship* 450, 452 (Edward L. Rubin et al. eds., 2017), at 451; Epstein & Martin, An Introduction to Empirical Legal Research (2014).

② 王舒鸿、崔欣、姚守宇:《统计相关还是真实因果?——基于“因果推断”的新兴研究范式》,《金融与经济》2018 年第 8 期。

③ 舒晓灵、朱博文:《知识发现与数据挖掘在计算社会科学中的应用》,《贵州师范大学学报》(社会科学版)2016 年第 6 期。

④ [美] ALAN AGRESTI, [美] BARBARA FINLAY:《社会科学统计方法》,朱红兵,何丽娟译,电子工业出版社 2011 年版,第 310 页。

表 1　　**多变量因果关系图示**①

图形	名称	控制 X_2 后的结果
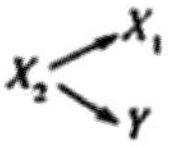	X_1 Y 伪关联	X_1 和 Y 之间的关联关系消失
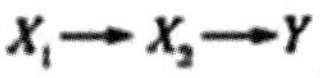	链关系，X_2 是干扰变量，X_1 间接影响 Y	X_1 和 Y 之间的关联关系消失
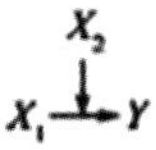	交互效应	X_1 和 Y 之间的关联关系随着 X_2 的水平而变化
	多个因果关系	X_1 和 Y 之间的关联没有改变
	X_1 对 Y 的作用既是直接的也是间接的	X_1 和 Y 之间的关联有变化，但不会消失

其次，相关关系包含在因果关系内，反之不然。即是说：只有在 1）A 和 B 存在相关关系；2）A 先于 B 发生；3）不存在或已排除其他因素 C，这三点同时满足才能说 A、B 之间存在因果关系②。有学者试图归纳社会科学中的因果关系范式。梁玉成认为③：至少存在三种可以推断因果的径路。第一，观察范式（Observational），其“基于实证、大数据的关联性视角，观察数据之间因果关系的横向视角”；第二，实验范式（Experimental），其“通过随机试验的干预，获得真实因果机制”④；第三，基于行动者模型/仿真模拟（ABM），其“基于生成性视角，观察

① [美] ALAN AGRESTI，[美] BARBARA FINLAY：《社会科学统计方法》，朱红兵，何丽娟译，电子工业出版社 2011 年版，第 311 页。

② 王舒鸿等：《统计相关还是真实因果？——基于“因果推断”的新兴研究范式》，《金融与经济》2018 年第 8 期。

③ 梁玉成：《机器学习对实证研究的启示》，于“中国社会学 40 年与实证社会学发展国际会议（2019）”上的演讲。

④ 通过实验获得真实因果多用于自然科学、医学等，对于社会科学家、法学家而言，研究者既不知道有哪些实验类型也不知道不同实验类型的比例。

数据生产过程，通过纵向视角了解微观个体涌现出的宏观现象”。

最后，非实验方法对于社会科学研究者而言容易导致内生性（Endogeneity）的危机①，简言之，即前面提到的作为因果关系成立重要前提的“内在逻辑关系”（理论或假设）无法完全得到事先的确证。通过确保实验的随机性，这种自选择偏误可以得到有效消解，但实验费用昂贵以及存在研究伦理的问题，因此基于随机实验原理的评估工具被广泛使用②；同时，针对遗漏偏误而言，基于反事实的理论框架可以清晰定义因果关系③。

（三）计算法学（计算法律研究）的因果关系科学

1. 作为计算法学“理论桥梁”的“计算智能”

在计算法学前史中，不难发现依赖传统小数据微观低维集群所形成之“定性实证法学”（个案质性研究）在探索性研究阶段缺乏归纳式的思维工具，前辈的研究尽管以文献综述或者理论框架服务于后人的解释主义，样本的代表性为定性实证法学研究带来不可知论的恐惧。就算大数据的到来，传统“理论驱动”的定量实证法学研究方法总是带来因果关系内生性的焦虑，尤其值得注意的是内生性随着理论积累的过程有被放大的风险，用“可能早已污染的源头”（知识缺陷、信息不对称的累加）概括这样的窘境再恰当不过。陈云松在指出社会科学“研究时空的窄化与滞后”危机时，曾按照因变量 Y 与自变量 X 所对应的社会层级划分出④：

- “微观定量社会学”（X 和 Y 都在个体层次），
- “中层定量社会学”（X 在群体层次，Y 在个体层次），
- “中层定量社会学跃迁分析”（X 在个体层次，Y 在群体层次）

① “由于总有某种无法观测的个人能力或者异质性的存在，基于观测数据的定量研究，其单方程经典回归模型系数统计显著与否，本质上只能说明该对变量在统计上是否具有关联，至于孰因孰果，以及这一关系的真正体量，却因偏误重重而无力推断。”参见陈云松等《走出定量社会学双重危机》，《中国社会科学评价》2017 年第 3 期。

② 这些工具包括断点回归、双重查分以及倾向值匹配等。参见陈云松等《走出定量社会学双重危机》，《中国社会科学评价》2017 年第 3 期。

③ 王舒鸿等：《统计相关还是真实因果？——基于“因果推断”的新兴研究范式》，《金融与经济》2018 年第 8 期。

④ 陈云松等：《走出定量社会学双重危机》，《中国社会科学评价》2017 年第 3 期。

- “宏观定量社会学”（X 和 Y 都在群体层次）

这样的划分对法学研究亦有参考价值。按照陈云松的判断，前两种层次的主要矛盾是内生性问题，需要通过“更高质量和信息量的数据”以及“高级计量模型”加以解决；第三层次的跃迁针对复杂系统的“涌现”现象，即“群体现象从个体选择中涌现产生”，理想的研究手段自然是“通过实证校准的仿真模拟”；第四个层次由于缺乏宏观数据而发展滞后①。参照法学研究的现状，这样的情况可能更加严峻。以司法文书为例，大量庭审笔录、内部讨论等反映司法微观过程的材料并不公开，甚至非文字化、非数据化②；同时，比如作为程序法的民诉法规定涉密涉私不公开，使得一些要案、大案、异质性特别强的案件文本无法作为数据被收集和处理；再者，法学界“高级计量模型”、“仿真模拟”的运用实力尚显不足③。最后，仅仅关注“量化”（“定量”）的实证是不能导出具有“应然”价值的法教义的，即代表因果关系的实证体系与代表法教义的法律推理之间缺少了一座理论桥梁，同时，法学研究的学科边界固化严重④，而使得“计算法学”的学科框架不能共融。笔者认为这座理论桥梁就是“计算智能”（现阶段尤其指机器学习）。

本质上，机器学习使用数学函数来执行各种分析和分类任务。在“深度学习”方法中，数据被组织成概念，这些概念按层次表达，而其中较复杂的概念则由更简单的概念构建而成。通过使用量化的权重将数据分类为概念，权重的值会随着系统接收新输入数据而随时间调整。同时，通过递归操作，系统可以调整其内部操作模式，或换言之“学习”，从而从原则上纠正并逐步消除错误⑤。

---

① 陈云松等：《走出定量社会学双重危机》，《中国社会科学评价》2017 年第 3 期。

② 左卫民：《一场新的范式革命？——解读中国法律实证研究》，《清华法学》2017 年第 3 期。

③ 左卫民：《一场新的范式革命？——解读中国法律实证研究》，《清华法学》2017 年第 3 期。

④ 王利明：《“饭碗法学”当休矣》，《法制资讯》2011 年第 6 期。

⑤ Markou, Christopher and Deakin, Simon F., Ex Machina Lex: Exploring the Limits of Legal Computability (June 21, 2019). Simon Deakin and Christopher Markou (eds) Is Law Computable? Critical Perspectives on Law + Artificial Intelligence (Hart Publishing 2020). Available at SSRN: https://papers.ssrn.com/abstract=3407856.

从系统论来看，法律体系则利用概念来存储和保留信息。法律概念是按层次结构排序的，较高抽象级的类别统摄较低抽象级的子类别的范畴。法律概念具有响应外部信号进行自我调整的能力（规范解释）。同时，通过多种机制可实现系统级别的错误纠正，包括由索赔人主导的诉讼，上级法院对下级法院判决的复审以及对不可行或功能失调的规则进行撤销①。

从这个意义上说，将法律规则应用于一系列社会事实是一种演算法的过程，该过程取决于概念和规则之间的交互作用，这些交互作用在不同的普遍性水平上表达②。因此，此种过程与深度学习中使用的人工神经网络对输入端数据的相对权重进行神经层次化和分配的过程类似③。此为“计算智能”之所以有成为“理论桥梁”的重要基础。

2. 作为计算智能“工具理性”的“因果关系科学”

“计算智能”（Computation）是计算类学科的通用特征，其强调对信息处理的过程性④，这意味着应用型计算类学科的数据获取不再是被动地接受，而是主动的通过研究者自己的编程或其他计算处理获得比如“痕迹型数据”⑤，因此带来高质量数据、大数据处理的高效性、“自下而上”的归纳优势以及“非介入性”的方法优势⑥。同时，狭义的“计算智能”

---

① Markou, Christopher and Deakin, Simon F., Ex Machina Lex: Exploring the Limits of Legal Computability (June 21, 2019). Simon Deakin and Christopher Markou (eds) Is Law Computable? Critical Perspectives on Law + Artificial Intelligence (Hart Publishing 2020). Available at SSRN: https://papers.ssrn.com/abstract=3407856.

② Bart Verheij, Arguments for Good Artificial Intelligence (2018).

③ Nicola Lettieri et al., *Ex Machina: Analytical Platforms, Law and the Challenges of Computational Legal Science*, 10 Future Internet 37 (2018).

④ Cioffi-Revilla, ntroduction to Computational Social Science 2 - 3 (Texts in Computer Science, 2014), at 2 - 3.

⑤ Golder & Macy, “Digital Footprints: Opportunities and Challenges for Online Social Research”, 40 *Annual Review of Sociology* 129 (2014)；祝建华等：《对谈计算传播学：起源、理论、方法与研究问题》，《传播与社会学刊》2018年第44期。

⑥ 参见祝建华等，《对谈计算传播学：起源、理论、方法与研究问题》，《传播与社会学刊》2018年第44期。高质量数据是指，“痕迹型数据”是“对个体行为第一手的、客观、细致记录；其次，它往往包含时间变量，为研究行为演化提供了可能”；大数据处理的高效性远高于“劳动密集型分析”；“自下而上”是指，“由于处理能力的局限，传统的分析大多采取自上而下的演绎推理（deductive reasoning）。而计算社会科学则是从观察（observation）出发，总结模式（pattern），继而验证假设并提出理论，其逻辑则是基于归纳推理（inductive reasoning）”；“非介入性”是指，“介入性方法”（例如采访、问卷等）有自我报告（self-report）的数据的可靠性风险，计算过程中涌现的数字痕迹有替代自我报告数据的可能性。

虽然并不主要建立在因果关系之上[①]，但是却生发衍生出了具有工具理性的“因果关系科学”[②]。Judea Pearl 的《因果论》中曾有论断[③]：

“［…］从一个笼罩着神秘色彩的概念转变为一个具有明确语义和逻辑基础的数学对象。悖论和争议得以解决，模棱两可的概念得以阐明，那些依赖于因果信息、长期被认为是形而上的或无法解决的实际问题，现在也可以借助初等数学加以解决了。简言之，因果论已经完成了数学化。”

在此意义上，“计算智能”的“因果关系科学”为计算法学的研究提供了新方法和新视角。比如，于晓虹等人认为，计算法学突破传统实证法律研究的原因之一就是其能“追问法律制度、规范条文背后的事实基础和社会动因，……，在实然与应然之间的比照中，探究法律制度的内在理性与意义空间”[④]。这也就回应了本文上节试图提出的传统法学的缺陷以及计算法学中“计算智能”所起的作用：“代表因果关系的实证体系（实然）与代表法教义的法律推理（应然）之间缺少了一座理论桥梁，即计算智能”。

首先，计算法学挑战了传统法学甚至传统实证法学的认知逻辑，其核心在于将研究重点从“分析数据”转换为“分析数据的生成过程”[⑤]。大数据与大数据的生成过程并不等同[⑥]。计算法学强调“发现的逻

① 相反，其关注网状结构中的“交互关系”，通过预测“不相关”或消除“伪相关”，当然，在这个角度上其实际为因果关系的发现减少了工作量。参见舒晓灵等《知识发现与数据挖掘在计算社会科学中的应用》，《贵州师范大学学报》（社会科学版）2016 年第 6 期。

② Judea Pearl，Causality：Models，Reasoning and Inference（2nd ed. 2009）.

③ 参考序言部分，［美］朱迪亚·珀尔，［美］达纳·麦肯齐：《为什么：关于因果关系的新科学》，江生、于华译，中信出版集团 2019 年版。

④ 于晓红等：《大数据时代计算法学兴起及其深层问题阐释》，《理论探索》2019 年第 3 期。

⑤ ［美］朱迪亚·珀尔等，《为什么：关于因果关系的新科学》，江生、于华译，中信出版集团 2019 年版，第 325 页。

⑥ 可以这样想象：研究的总体可以组成一个包含时间和空间的高维复杂系统图示，其中每个个体都有联系性或无联系性，有联系性的部分用“连线”相连，若在联系性基础上有因果关系，则“连线”上标注有“有向箭头”表示先后次序和作用方向。大数据分析，在没有实验或者类实验环境下，只能描述“连线”；而大数据的生成过程分析，因为关注数据生成的先后，这种分析是“有向”的。而这里的“生成过程”正是“计算智能”（运用广义的计算机）。当然，不能否认：“大数据分析“是“大数据生成过程分析”的前提和一部分。

辑”[①]，即：“研究问题导向[②] + 法学理论奠基[③] + 数据驱动[④] + 算法约束[⑤]”。这意味着，经过“计算智能”的挖掘、清洗、算法处理等操作之后，非结构化的数据或变为结构化数据，或被注入一种事先设定条件的生成性、涌现型模型（有监督学习）进行训练和修正，或探索数据集的形式外观和样态（无监督学习），比如分类（Classification）[⑥] 和聚类（Clustering）[⑦] 等。继而引入因果模型和可迁移性（Transportablity）以形成法律大数据和因果关系的合作和融合[⑧]。

其次，计算法学重新回答了法学研究的导向性问题，将法学研究的视角放置于长期被忽视的[⑨]，从前难以科学化理解的，更加高维的，宏观、大格局、整体性的群体复杂系统研究。依赖计算智能，计算法学可以将包含法律事实的文字、音频、图片和视频进行数据可视化，联系性地揭示法律实践运行中微观个体与宏观系统之间动态的“神经级”（Neuroscience Level）决策过程，使法学成为行为科学研究的学门。就在今年，《物理学报告》上线了关于“计算社会经济学”（Computational Socioeconomics）的综述性文章[⑩]。其实际上基于 Duncan Watts 的观点理论[⑪]提及社会科学在定量研究中比物理学更加复杂和困难的原因[⑫]。作者

---

① 于晓虹等：《大数据时代计算法学兴起及其深层问题阐释》，《理论探索》2019 年第 3 期。

② 祝建华等：《对谈计算传播学：起源、理论、方法与研究问题》，《传播与社会学刊》2018 年第 44 期。

③ 于晓虹等：《大数据时代计算法学兴起及其深层问题阐释》，《理论探索》2019 年第 3 期。

④ 孟天广：《政治科学视角下的大数据方法与因果推论》，《政治学研究》2018 年第 3 期。

⑤ ［美］朱迪亚 · 珀尔等，《为什么：关于因果关系的新科学》，江生、于华译，中信出版集团 2019 年版，第 XVII 页。

⑥ 例如机器学习通过决策树（Decision Tree）等方法来预测样本类标，以模拟人类面临选择时的决策过程。参见周志华《机器学习》，清华大学出版社 2016 年版，第 73—74 页。

⑦ 例如机器学习通过原型聚类 K-Means 等方法使得具有相似属性的对象聚集在一起形成子群体，方便观察子群体的特征。参见周志华《机器学习》，清华大学出版社 2016 年版，第 202—204 页。

⑧ 可迁移性，是指得益于大数据，将基于大量不同个体、不同研究地点、不同研究条件完成的研究，从原总体迁移到新的总体，以发现新总体与原总体的不同。参见：［美］朱迪亚 · 珀尔等：《为什么：关于因果关系的新科学》，江生、于华译，中信出版集团 2019 年版，第 326—330 页。

⑨ 尤其是缺失性命题，即所谓研究中难以通过小范围观察察觉的“灰色地带”，贝叶斯网络就是一种相对有效的手段，其使得“灰色地带”自己涌现出来，用数据“自己说话”。参见：［美］朱迪亚 · 珀尔等：《为什么：关于因果关系的新科学》，江生、于华译，中信出版集团 2019 年版，第三章。

⑩ Jian Gao et al. , *Computational Socioeconomics*, 817 Physics Reports 1（2019）.

⑪ Duncan J. Watts, *Computational Social Science: Exciting Progress and Future Directions*, 43 THE BRIDGE ON FRONTIERS OF ENGINEERING 5（2013）.

⑫ 他们明确提到了法学也是如此，参见 Gao et al, Computational Socioeconomics, 817 Physics Reports 1（2019）, at 2.

们把个人之于社会科学研究的作用与原子之于物理学研究的作用相比拟，但是又强调这样的比喻忽视了人的行为模式难以刻画这个挑战①。这同时也是自量化法学起，凡事涉及对法律进行数量化、数字化的研究饱受质疑的原因。但是学术界已经有些独特的尝试，即使用一些数据结构不常规，与传统社会科学中涉及的数据迥异的数据②，典型的例子包括卫星遥感数据③、移动电话数据④、社交媒体数据⑤等。类似做法在法学界主要集中在使用裁判文书⑥和专利⑦等被其他具有量化经验的学科（比如政治科学、经济学和管理学）经常使用的数据，也包括前面提到的社交媒体数据⑧等。

最后，计算法学要求主动干预和践行实验法则，防止法学研究出现

---

① Computational Socioeconomics, 817 Physics Reports 1 (2019), at 3.

② Computational Socioeconomics, 817 Physics Reports 1 (2019), at 3.

③ 比如，最早使用卫星数据的文章是关于这种数据与人口、经济活动和电力消耗的相关分析的研究。C. D. Elvidge et al., *Relation between Satellite Observed Visible-near Infrared Emissions, Population, Economic Activity and Electric Power Consumption*, 18 International Journal of Remote Sensing 1373 (1997). 再比如晚近，使用街道灯光数据的研究颇为常见，Tilottama Ghosh et al., Shedding Light on the Global Distribution of Economic Activity (2010).《科学》杂志上甚至发表了用卫星图像和机器学习的结合来预测贫穷的文章，参见 Neal Jean et al., *Combining Satellite Imagery and Machine Learning to Predict Poverty*, 353 Science 790 (2016).

④ 较为著名的例子是：有学者通过商业公司提供的移动电话的通话记录查明了特定空间范围人口流动的样态。参见：Joshua E. Blumenstock, *Inferring Patterns of Internal Migration from Mobile Phone Call Records: Evidence from Rwanda*, 18 Information Technology for Development 107 (2012).

⑤ 在中国，有学者收集了2009年至2012年近2亿微博用户的注册位置信息，并探讨了在线活动与社会经济指标之间的关系。具体而言，在线活动是根据注册用户数估算的，社会经济指标是指常住人口数、GDP 和人均 GDP。参见：Jin-Hu Liu et al., *Online Social Activity Reflects Economic Status*, 457 Physica A: Statistical Mechanics and its Applications 581 (2016).

⑥ 有学者使用中国河南省内的裁判文书作为数据来源进行了话题模型（Topic Modeling）等机器学习、自然语言处理的操作。参见 Benjamin Liebman et al., *Mass Digitization of Chinese Court Decisions: How to Use Text as Data in the Field of Chinese Law*, UC San Diego School of Global Policy & Strategy, 21st Century China Center Research Paper No. 2017-01; Columbia Public Law Research Paper No. 14-551 Jan. 1, 2017. Available at https://scholarship.law.columbia.edu/faculty_scholarship/2039.

⑦ Laura G. Pedraza-Fariña & Ryan Whalen, *A Network Theory of Patentability*, 87 U. Chi. L. Rev. 63 (2020). Available at https://papers.ssrn.com/abstract=3347365.

⑧ 关于使用微博数据对我国“隐私权”概念进行话题模型分析，参见：Elaine J. Yuan et al., *“Privacy” in Semantic Networks on Chinese Social Media: The Case of Sina Weibo*, 63 J Commun 1011 (2013).

悖论和伪命题。实验法则一直是自然科学的“天条”[①]。通过把大数据直接融入实验设计之中，强调“操作化干预（原因）、随机化分配干预、控制威胁内部和外部效度之因素、测量和识别实验效应（结果）”[②] 实验[③]的终极目的除了尽量消除前文提到的内生性以外，辨清实证法学研究中容易发生的悖论[④]和伪命题也可以是实验的应有之义。在前文提到的痕迹型数据的帮助下，法学研究也有机会进行在线实验（Online Experiment）[⑤]。同时，实验法则高度反映了“反事实”（Counterfactual）[⑥]的思维过程。反事实的构建依靠假设分析（What-ifs），即尝试问“假如…，则…”，以此形成道德行为和人类的独特思考[⑦]，在法学意义上，形成了一种对教义的反思，“反抗”概念的遵从，因此能够弥补法教义的经验性缺失。

（四）结论与解决方案：计算法学的框架构筑

综上所述，计算法学的出现在本质上是因为“计算智能”的技术升级，因此，计算法学的学科发展也同步受到计算科学的影响。在这个意义上，回头再次审视本文的研究问题：是否有一种被称作“计算法学”的学科框架可以承载作为辅助性新工具的数据科学和人工智能，并同时与法教义相契合？本文认为，这样的学科框架是存在的：以将法律视为

---

① Gao et al., Computational Socioeconomics, 817 Physics Reports 1 (2019), 112.

② 孟天广，《政治科学视角下的大数据方法与因果推论》，《政治学研究》2018年第3期。

③ 尤其指随机对照试验（randomized controlled trial，简称RCT），在因果关系科学意义上，其主要通过引入“Do算子”体系来体现干预（原因）的作用。参见［美］朱迪亚·珀尔等《为什么：关于因果关系的新科学》，江生，于华 译，中信出版集团2019年版，第七章。

④ 悖论几乎都体现了“某种与因果直觉有关的冲突”，“人类的直觉是根植于因果的，而不是根植于统计和逻辑的”。参见［美］朱迪亚·珀尔等《为什么：关于因果关系的新科学》，江生，于华译，中信出版集团2019年版，第XXV—XXVI页。

⑤ ［美］马修·萨尔加尼克：《计算社会学：数据时代的社会研究》，赵红梅、赵婷译，中信出版集团2019年版。

⑥ “反事实”就是和我们能够观测到的现实情况相反的一种状态，由Rubin于1980年提出。参见王舒鸿等《统计相关还是真实因果？——基于“因果推断”的新兴研究范式》，《金融与经济》2018年第8期。

⑦ ［美］朱迪亚·珀尔等：《为什么：关于因果关系的新科学》，江生、于华译，中信出版集团2019年版，第XXVII页。

文本大数据为出发点[①]，在学习和研究的逻辑上可以根据三个维度和三个层次进行循证和认识：教义法维度、计算数据科学维度与统计学维度，以及方法论层次、方法层次与工具层次，如图 1 所示。

在方法论层次（Methodology），对于教义法而言，其强调概念遵从。社会和人类发展的经验并不应该影响法律体系的核心价值；对于计算科学而言，其基于实验法则形成相对严谨的因果关系科学，可以给法教义以经验的反馈；也因此，进一步完善了传统统计学维度的准实验规则（类实验环境）。因此，在方法论层面，法教义、计算科学以及统计学在功能上互补（先验与经验），内容上具有认识论意义上的先后次序（先掌握统计学，才能较好理解计算科学）。

在方法层次（Methods），教义法因为总是概念的自洽，对形式逻辑的论证、推理和预测需要在模型上与计算科学相适应，具体而言知识图谱和神经网络在推理模型上最为接近计算科学；计算科学之于社会，因为在人的复杂性上有别于自然学科，计算社会科学因此强调对“数据生成和涌现的过程”考察以发现模拟实验意义上的因果，以补足统计学的相关性分析。因此，在方法层次，法教义与计算科学同样功能互补，计算科学与统计学之间同样有认识的先后次序。

最后，在工具层次（Tools），教义法依据法律事实和法律规则，依照法解释学进行实践；计算智能通过对样态（Pattern）的分解，以元属性（Metadata）形成对法律事实和法律规则的具象化对应和映射；计算智能也同时是对统计模型的高维度的 4V[②] 升级。所以学科习得角度来看，有两条平行路线：第一，教义法的习得需要贯穿始终；第二，只有先习得统计学之后，计算智能才有灵活掌握的可能。

其实，这样的学科框架乍一看几乎无法精通，因为不论教义法、计算科学还是统计学，这三条路径几乎都可以让一个人穷尽一生。而事实上，目前全球范围内，同时依赖教义法与计算/统计知识的法学研究的研究者背景近乎都是美国式的“法律博士 JD + 非法学的博士学位

① Law as Data：Computation，Text，and the Future of Legal Analysis（Michael A. Livermore & Daniel N. Rockmore eds.，2019）.

② 4V 指，Volume（大量）、Variety（多样）、Velocity（高速）以及 Value（价值）。

图 1　计算法学之学科框架

PhD”，或者本就是非法学出身的学者研究非教义部分的法律问题，又或者纯粹法学出身的法学家寻求与非法学学者（计算机科学家、通晓机器学习的计量经济学家、计算语言学家等）的合作。因此，计算法学的提出并不是一种时髦的刻意的创新，反而它是一种对知识的包容与好奇，以及反抗保守和故步自封的自由科学主义。否则，不难想象，在面临技术革新越来越快的浪潮，法律共同体可能越来越无法与其他学科对话，法律共同体曾为之自豪地思辨与表达，在“法律奇点”[①] 到来之时，在某个时间点却可能突然变成“失语之症”。

（责任编辑：刘灿华）

① Benjamin Alarie, “The Path of the Law: Towards Legal Singularity”, 66 *U. Toronto L. J.* 443 (2016).

物格理论视角下人工智能的法律地位

王子逊

（浙江大学光华法学院博士研究生）

内容摘要 作为一种人造物，人工智能产品无须被拟制为法律主体。但随着智能机器技术的发展与应用的普及，人类与智能机器之间的关系可能会远较人类与一般物之间的关系更为复杂。为了妥善处理人工智能的法律地位问题，在民法上引入区分“伦理物”与“普通物”的“物格”理论是一种可能的应对方式。目前而言，人工智能产品仅仅是一种普通物。未来，随着智能机器与人类之间关系的变迁，一些特定智能产品的法律地位可能需要由普通物升格为伦理物，进而得到立法的特别保护，对此我们应当保持审慎的观察态度。

关键词 人工智能 技术伦理 法律物格

“人工智能主体资格”“机器人权利”等话题是近年来学界讨论的热点。这些讨论反映出了人们对于人工智能法律地位的困惑：人工智能产品仅仅是一种普通“物”吗？抑或其需要被拟制为享有“权利”、承担“责任”的法律主体？要将人工智能这一新兴现象纳入法律框架，这是我们首先需要予以回应的问题。[①]

在当前的相关讨论中，认为人工智能需要被拟制为法律主体的声音一直不绝于耳。另一方面，一些反对论者在提出人工智能不应具有主体资格后，似乎又容易走入另一个极端，认为人工智能产品的法律地位只能是一般意义上作为工具的“物”，乃至认为无论人类如何对待人工智能，都不会存在任何伦理问题。这两种极端对立的观点都有偏颇之嫌。本文认为，作为一种人造物，人工智能产品没有必要被拟制为法律主体。但随着智能机器技术的发展与应用的普及，人类与智能机器之间的关系可能会远较人类与一般物之间的关系更为复杂。为了妥善处理人工智能的法律地位问题，在民法上引入区分“伦理物”与“普通物”的“物格”理论是一种可能的应对方式。目前而言，人工智能产品仅仅是一种普通物。未来，随着智能机器与人类关系的变迁，一些特定智能产品的法律地位可能需要由普通物升格为伦理物，进而得到立法的特别保护，对此我们应当保持审慎的观察态度。

一 “人工智能主体资格”否定

法律主体与法律客体是一对基本的法理学概念范畴。一般认为，法律主体是法律关系的参加者，即在法律关系中一定权利的享有者和一定义务的承担者。而法律客体是指法律主体之间形成法律关系时权利和义务所指向的对象。[②] 法律主体以自主行动者的身份进入法律世界，能够独立享有权利、履行义务、承担责任。法律客体则以被动的静态面相示人，是法律主体之间形成权利义务关系时所指向的对象。就法律活动的开展与法律关系的形成而言，法律主体无疑具有比法律客体更加重要的地位。从某种程度而言，区分法律主体与法律客体概念的一项重要意义就

① 严格而言，“人工智能”与“机器人”是两个有交叉但不能完全等同的概念。人工智能以模仿人类智能为目标，可以表现为单纯的软件程序，而机器人之本质是某一物理载体的自动化。近几十年来，人工智能技术与机器人的结合展现出了巨大的应用前景，二者的结合体又被称之为“智能机器人”，本文所关注的一大重点也在于此。为了表述上的方便，在本文接下来的讨论中，对于“人工智能”“机器人”与“智能机器人”三个概念的使用不再做具体区分。

② 舒国滢：《法理学导论》，北京大学出版社 2006 年版，第 151—156 页。

在于对法律主体进行筛选。所有现实世界的实体要被纳入法律框架予以调整，首先也必须在法律主体与法律客体之间择一并明确其法律地位。人工智能产品当然也不例外。在当前学界的讨论中，对于人工智能法律地位的安置就形成了法律主体支持论与反对论两派观点。

支持人工智能成为法律主体的学者主要从以下几个方面展开了论证：一是从属性的角度，认为现阶段人工智能已经具有了独立自主的行为能力，具备了主体性与人格性，故应当具有法律人格；二是从历史类比的角度，以曾经不具有法律主体资格的奴隶、法人等都被赋予主体资格为例，说明法律主体的范围是不断扩大的，人工智能拥有主体资格在法律技术上并无障碍且有迹可循；三是从已有实践的角度，举国际上已经出现的将人工智能视为法律主体的案例或官方建议为佐证，认为人工智能拥有主体资格是一种时代趋势；四是从功能的角度，认为赋予人工智能主体资格，使其独立享有权利并承担责任，能够有效解决诸如自动驾驶汽车的事故责任承担等因人工智能产品应用而产生的新问题。① 反对论者则往往由两条进路展开反驳，一是强调人工智能与人在属性上的区别，如认为人工智能仅仅具有智性而不具有心性，不可能成为欲望主体，不具有真正的生命；② 二是由结果主义的视角提出质疑，认为赋予人工智能主体资格不具有任何实际意义，无法解决任何问题。③

本文赞同否定论的观点，同时希望在已有讨论的基础上再补充几点论证意见。首先，当前一些学者之所以提出人工智能应当成为法律主体的观点，其实是出于对人工智能技术存有误解，对此有必要指出并予以澄清；其次，通过梳理支持论者提出的各种论据，可以发现多数学者提出观点时的问题意识并不清晰。而即使对于少数有待解决的“真问题”，

---

① 代表性论述可以袁曾：《人工智能有限法律人格审视》，《东方法学》2017 年第 5 期；刘宪权：《人工智能时代机器人行为道德伦理与刑法规制》，《比较法研究》2018 年第 4 期；张志坚：《论人工智能的电子法人地位》，《现代法学》2019 年第 5 期。

② 代表性论述可以龙文懋：《人工智能法律主体地位的法哲学思考》，《法律科学》2018 年第 5 期；范忠信：《人工智能法理困惑的保守主义思考》，《探索与争鸣》2018 年第 9 期；赵万一：《机器人的法律主体地位辨析》，《贵州民族大学学报》（哲学社会科学版）2018 年第 3 期。

③ 代表性论述可以郑戈：《算法的法律与法律的算法》，《中国法律评论》2018 年第 2 期；冯珏：《自动驾驶汽车致损的民事侵权责任》，《中国法学》2018 年第 6 期；黄云波：《论人工智能时代的刑事责任主体：误区、立场与类型》，《中国应用法学》2019 年第 2 期。

法律主体拟制也绝非是最好的答案；最后，人工智能技术的一项重要特殊性在于其可能带来巨大的伦理风险，因此，在讨论人工智能的法律地位问题时，仅仅从法理角度进行分析是不够全面的，伦理层面的反思也必不可少，而当前法学界对这一视角的关注还远远不够。

（一）人工智能祛魅

从某种程度而言，当前法学界对于人工智能问题的研究热潮是被工业界的研究进展所带动的。铺天盖地的媒体宣传与大众讨论似乎让所有人都有了一种新时代来临前的危机感，法律学者也难免裹挟其中。但另一方面，不得不承认的是，大多数法律学者对于人工智能技术的理解其实并不比一般民众更深，其对人工智能的了解也大多来自于媒体惯于夸张的报道，因而难免存在不准确之处。事实上，在支持论者的论述中，由人工智能可以“深度自主学习”、使用“神经网络”，得出人工智能“具有独立思考能力”“具备自主选择能力”；① 由智能机器人能够独立创作出“作品”，得出“其主体性、人格性、创造性特征已初露端倪”；② 由自动驾驶汽车的现实应用，得出“当前阶段的高级人工智能产品具有自己的思维，能够做出并执行决策，已经具有了一个‘人’的能力”，③ 乃至认为基于智能机器人的自我意识，授予其法律主体地位将有助于促进其进行自我管理，更好地为人类服务，④ 均可归于对人工智能技术的误解。

从技术原理角度看，人工智能的实现不外乎规则驱动与数据驱动两种方法。规则驱动型智能通过人类“告诉”机器标准的推理逻辑与相关知识，使其能够完成特定领域的任务，实现所谓的“智能”。早期的数学定理自动证明和专家系统均是其代表性应用。数据驱动型智能则通过机器从海量数据中“发现”规律，习得函数模型，从而机器未来在面对新的输入数据时，能够得到一个符合人们预期的输出结果。无论战胜人

① 袁曾：《人工智能有限法律人格审视》，《东方法学》2017 年第 5 期；王耀彬：《刑法上的自由意志与自由意志中的 AI——基于现代泛心论的分析视角》，《浙江社会科学》2019 年第 12 期。

② 刘宪权：《人工智能时代机器人行为道德伦理与刑法规制》，《比较法研究》2018 年第 4 期。

③ 梁鹏：《人工智能产品侵权的责任承担》，《中国青年社会科学》2018 年第 4 期。

④ 许中缘：《论智能机器人的工具性人格》，《法学评论》2018 年第 5 期。

类棋手的 Alpha Go 或在公路上行驶的自动驾驶汽车，都属于典型的数据驱动型智能。近几年来，人工智能热潮出现的一个重要原因就在于硬件性能的提升使我们拥有了更强大的数据收集、存储与分析能力，进而数据驱动型智能的应用表现有了大幅度提升。当前我们在提到人工智能时，主要指涉的也都是数据驱动型智能。

数据驱动型智能的实现方式，即机器从数据中“发现”规律的过程，往往又被人们称之为“机器学习”。不过，这里的“学习”与人类的“学习”是两个完全不同的概念。人类进行学习依靠的是记忆、理解、想象等认知能力。而机器进行“学习”的过程就是通过数学方法（即“算法”）从训练数据中求得一个关于输入与输出之间确定的、数学意义上的函数。这样未来再遇到新的输入数据时，机器就可以将其带入之前习得的函数，运算得出一个符合人们预期的输出结果。[①] 即使是看似具有“创造性”的作曲，其底层逻辑依然如此。只不过此时机器习得的函数模型是符合人类审美的音阶排列组合方式，所以在人类看来，机器的输出仿佛具有了“创造性”。至于貌似玄妙高深的“深度学习”，其实只是“利用深度神经网络实现机器学习”的一种简称表述。“神经网络”是受人类神经元结构启发而设计的一种用以实现数据驱动型智能的计算结构。其实现“机器学习”的方式是通过不断调整该计算结构中的参数以找出一组最佳的参数值（即所谓的“调参”），使得机器在该参数下运行时，可以针对输入数据运算得出符合人们要求的输出结果。例如，要让机器“学会”识别猫的照片，我们首先需要准备两组照片，一组为猫的照片，一组为其他物体的照片，并将这些照片都转换为计算机可读的特征向量形式。然后通过不断调整神经网络的参数值，使得在某一参数下运行时，每次输入猫的图片之特征向量，机器即计算输出“1”之结果，而输入其他物体图片之特征向量，机器即计算输出“0”之结果。这样，机器就“学习”（或者说“训练”）完成了。此后当我们再将一张新图片之特征向量输入给机器时，机器就可以根据其运算结

① 关于机器是如何“学习”的，周志华教授以如何训练机器挑选西瓜为例有一段直观清晰地解释，周志华：《机器学习》，清华大学出版社 2016 年版，第 1—9 页。

果是“1”还是“0”判断该图片是否为猫了。可见，这一“深度学习”过程的最终成果只是一套参数值固定的神经网络。而“深度学习”中的“深度”一词仅仅是“深度神经网络”的一种简称，用以表示神经网络的层次叠加更多，相应地，该函数模型将可以设置更多参数，其计算结果的准确性也可能更高，除此之外并没有任何其他特别含义。

换言之，今天被舆论推上风口浪尖的“人工智能”，即数据驱动型智能，本质上其实就是一种数据的统计分析。只不过与传统由人类手工进行的统计分析相比，其处理数据的能力有了大幅度提升，可以应用的实践场景也更为宽广。受惠于硬件性能与算法的提升，与以往相比，其在发现规律、作出预测时的表现得到了大幅提高，仅此而已。人工智能的工作目标是人类为其设定好的，其工作能力来源于从人类给定的数据中分析习得一个确定的、数学意义上的函数，其工作方式则是运用该函数处理新接收到的输入数据。这才是人工智能真正的底层逻辑。在这样的技术路径下，人工智能根本谈不上具有“独立思考能力”、“自主选择能力”，充其量只能基于更强大的计算能力在完成人类为其设计的具体任务时取得更为良好的表现，与具有“主体性、人格性”更是相去甚远。

（二）问题意识梳理

除了认为当前阶段人工智能已经具有了很强的主体性特征外，支持论者普遍喜欢采用的另外两种论证方法是历史类比和举例佐证。例如，以历史上奴隶、法人等原本不具有主体资格的实体被确立为法律主体，说明人工智能主体资格的创设也存在制度空间且有迹可循；① 以欧盟议会的“电子人”提议、沙特授以机器人索菲亚公民身份为例，说明赋予人工智能主体地位具有现实意义；② 乃至认为由沙特赋予机器人公民身份就可以推断出“在不久的将来，会有更多的国家或地区赋予智能机器人公民权、财产权等权利”。③ 然而，这些论证不仅欠缺说服力，且都存在着问题意识不清的弊病。

---

① 张玉洁：《论人工智能时代的机器人权利及其风险规制》，《东方法学》2017 年第 6 期。

② 郭少飞：《“电子人”法律主体论》，《东方法学》2018 年第 3 期。

③ 刘宪权：《涉人工智能犯罪刑法规制的路径》，《现代法学》2019 年第 1 期。

法律是立法机关意志的载体，立法机关的任何意志都有可能成为法律。因此，只有“良法”与“恶法”的区别而不存在“可能法”与“不可能法”的分野。具体到主体资格问题，任何实体都具有被拟制为法律主体的现实可能性，这点是显而易见且无需赘言的。如果从类比角度寻求依据，我们真正需要考量的是，历史上那些曾经不具有法律主体地位的实体后来被拟制为法律主体时所想要满足的需求和希望解决的问题，对于人工智能而言是否同样存在。历史地看，奴隶制的废除是人文主义思潮背景下黑人反抗运动与白人废奴运动共同作用的结果，其核心价值在于对“人”的平等关怀。[①] 而作为“数据统计分析计算器”的人工智能显然并无这一需求。公司等自然人团体作为“法人”被拟制为法律主体则更多出于经济目的方面的考量。单数的个人在资金、知识等方面的局限使得个人需要结成团体以实现共同目的，公司即在此背景下产生。[②] 而让公司作为法律主体独立承担责任则可以使设立公司的自然人得以承担有限责任，进而最大限度地鼓励创新、分担风险。正因如此，有限责任公司也常被形容为“现代社会最伟大的发明”。然而，将人工智能拟制为法律主体明显并不具有类似的功能。不仅如此，让人工智能产品作为具有独立身份的“电子人”承担责任可能反而会造成法律上的漏洞，使真正躲藏于幕后的人得以逃脱责任。[③]

同样，单纯以其他国家的实践作为论证依据也是苍白无力的。欧盟议会的“电子人”提议只代表了其一种观点，实际上关于如何具体落实“电子人”的民事行为能力与责任能力，欧盟议会在报告中也没有作出任何解释，我们不能仅仅以其官方属性就无条件肯定其合理性。至于沙特在没有任何相关立法的情况下直接授予机器人索菲亚公民身份，与其说是在探索人工智能的法律地位问题，不如说是沙特进行的一次营销宣

---

① 金海：《十七至十八世纪英属大西洋世界的奴隶制度与废奴运动》，《北京社会科学》2018 年第 9 期。

② 朱庆育：《民法总论》，北京大学出版社 2016 年版，第 419 页。

③ Joanna Bryson1, Mihailis Diamantis and Thomas Grant, “Of, For, and By the People: The Legal Lacuna of Synthetic Persons”, *Artificial Intelligence and Law*, 2017 (3), pp. 289.

传以及背后机器人企业的炒作噱头。[①] 事实上，机器人索菲亚并没有取得任何技术方面质的突破，其底层逻辑依然没有超出上文所提到的技术原理。因此，对于该事件，很多人工智能专家都表达了严厉的批评。被誉为“卷积神经网络之父”的人工智能学者杨立昆（Yann LeCun）就在推特上表示“机器人索菲亚是一场彻头彻尾的骗局”。[②] 李开复也在微博中表示“授予这样一台只会模式识别的机器‘公民’身份，是对人类最大的羞辱和误导。一个国家用这种哗众取宠的方式来推进人工智能科研，只会适得其反。”[③]

在已有讨论中，支持论者所提出的真正基于问题导向的考量不外乎认为赋予人工智能主体资格可以更好地解决其造成损害的侵权责任承担以及人工智能创作物的知识产权归属等问题，然而其所提出的具体方案却难以让人信服。例如，有学者提出，人工智能虽然不具有人身性人格，但可以具有财产性人格。为了统一化解人工智能致损的损害赔偿以及人工智能创作物的收益分配等问题，可以将人工智能拟制为法人之一种，作为“电子法人”按营利性社团法人的模式运作。具体而言：由开发制造者、购买者以及国家等利益相关主体以股东名义出资，以出资为限承担责任，并按出资比例分配收益。而为了避免责任人逃避责任以及充分救济人工智能致害之受害人，在设定电子法人时，相关主体还应按其利益相关度进行相应比例的出资设立赔偿基金，基金数额应当超过估算的足额赔付范围。[④] 这一主张实难让人信服。其一方面主张将人工智能拟制为“电子法人”，进而使得人工智能背后的相关主体得以承担有限责任，另一方面，又要求这些相关主体出资设立不少于“估算的足额

---

① 《机器人索菲亚成为沙特公民专家：沙特意在打造国家新形象》，http：//china. cnr. cn/yaowen/20171031/t20171031_ 524006263. shtml，最后访问时间 2019 年 12 月 12 日；《人类首个机器人公民，“索菲亚”是真是假》，https：//www. sohu. com/a/215524022_ 116132，最后访问时间：2019 年 12 月 12 日。

② 《暧昧骗局：机器人索菲亚》，http：//www. sohu. com/a/214875045_ 413980，最后访问时间 2019 年 12 月 12 日。

③ 李开复 2017 年 10 月 29 日微博，https：//www. weibo. com/1197161814/FsAnUBbB6？from = page_ 1035051197161814_ profile&wvr = 6&mod = weibotime&type = comment，最后访问时间：2019 年 12 月 12 日。

④ 张志坚：《论人工智能的电子法人地位》，《现代法学》2019 年第 5 期。

赔付范围”之基金以救济受害人，其实等于无限加重了他们的实际责任，且几乎不具有现实可操作性。这也使得“电子法人”之设立显得有些不伦不类。正如学者所指出的，如果要从功利角度出发考虑是否需要拟制法律主体，这种必要性就需有实践的基础并得到充分的论证，且这种论证责任应该在主张拟制法律主体的一方。① 而至少就目前看来，所有此类主张都显得牵强生硬，难以自圆其说。

（三）伦理视角的反思

还有一些论者提出，虽然今天的人工智能仅仅具有工具属性，尚不具备拥有主体资格的条件，但我们应当对此保持开放态度，未雨绸缪，做好理论准备甚至立法准备，等到将来人工智能真正拥有自主意识、自主意图时再赋予其法律主体地位。② 然而，这种讨论思路不仅是偏颇的，甚至是有些危险的。首先，如果沿着当前主流的人工智能技术研发路径，所谓拥有“自主意识”“自主意图”的人工智能并不会自己出现。其次，从原则上而言，即使未来科技发展真的让我们看到了实现此种人工智能的可能性，我们也应当像禁止克隆人一样禁止这样的人工智能研究。

在讨论人工智能的“智能水平”时，我们常常会使用“弱人工智能与强人工智能”、“专用人工智能与通用人工智能”两组概念，而这些概念在使用过程中的混乱也一定程度上造成了人们对于人工智能研究现状与方向的误解。弱人工智能与强人工智能的区分是美国哲学家约翰·塞尔（John Searle）于1980年提出的，用以反思人工智能是否可以拥有与人类类似的“心智”。根据最初的定义，弱人工智能与强人工智能的本质区别在于机器是否能够“理解”自己所做的事情，拥有类似于人类的认知状态。而塞尔区分这两个概念的初衷则是对“强人工智能”

① 冯珏：《智能机器人还不能成为法律上的人》，《经济参考报》2019年6月19日第008版。

② 代表性论述可以陈吉栋：《论机器人的法律人格：基于法释义学的讨论》，《上海大学学报》（社会科学版）2018年第3期；刘宪权：《人工智能时代的刑事责任演变：昨天、今天、明天》，《法学》2019年第1期；徐昭曦：《反思与证立：强人工智能法律主体性审视》，《中共中央党校（国家行政学院）学报》2019年第3期。

的概念进行证伪。[①]“专用人工智能”（narrow AI）概念最早由美国学者雷·库兹韦尔（Ray Kurzweil）于 2005 年提出，用以指称可以在特定领域完成一定工作任务的人工智能系统。[②]“通用人工智能”（Artificial general intelligence）则是 2007 年以本·戈策尔（Ben Goertzel）为首的一小部分人工智能学者基于对当前主流人工智能研究过分专注于特定领域的不满而提出的一种人工智能研究的新的努力方向，其目标在于研发能够在不同环境下跨领域完成任务的智能机器。[③]目前而言，主流的人工智能研究都是以“弱人工智能”“专用人工智能”为目标导向的，仅有一小部分学者致力于研究“通用人工智能”，几乎没有严肃的人工智能学者声称自己从事的是“强人工智能”研究。因此，在学界主流的研究方向下，不论通过前述规则驱动或数据驱动的方法，人工智能都只是完成特定领域工作的计算工具。即使是能够跨领域作业的通用人工智能在今天看来依然遥远，拥有“自主意识”的强人工智能更不可能自发产生。

龙文懋教授曾精辟地指出，作为主体的人必然是有欲望的人，因为只有拥有欲望的人才能负担利益，法律的奖惩机制才能发挥作用。而主体的欲望机制，与人类的心智整体相关，无生命的人工智能不可能具备，也无法模仿这样的机制，因而也无法成为适格的法律主体。[④]这一论点十分具有启发性。不过，同样需要指出的是，人工智能无法成为法律主体并不仅仅是因为技术的局限使其难以成为欲望主体，即使未来有一天，科技的发展真的让我们看到了让人工智能成为欲望主体的可能，我们也应该像禁止克隆人研究一样禁止这样的人工智能研究。正如学者所言，无论何种智能程度的人工智能都意味着在一定程度上接管人类处

---

① See John Searle, “Minds, Brains, and Programs”, *Behavioral and Brain Sciences*, 1980 (3), p. 417.

② See Ray Kurzweil, The Singularity is Near: When Humans Transcend Biology, Penguin (Non-Classics) 2006, pp. 229. First Published in 2005 by Viking Penguin.

③ 关于“通用人工智能”概念的内涵及其术语提出历史，可以参看 Ben Goertzel, “Artificial General Intelligence: Concept, State of the Art, and Future Prospects”, *Journal of Artificial General Intelligence*, 2014 (1), p. 2.

④ 龙文懋：《人工智能法律主体地位的法哲学思考》，《法律科学》2018 年第 5 期。

理事务的控制权，这种分权只能以有益于人类为目标，而不能是为了人工智能自身的利益。[①] 然而，一旦人工智能拥有了自己的欲望机制或自主意识、自主意图，也就意味着其具有了自身的利益立场，我们很难保证其利益能够永远与人类的利益保持一致。此时，其可能带来的风险也将是无法估量的。正是出于上述种种考量，我国知名人工智能学者周志华教授曾经有过一段振聋发聩的提醒：

凭什么以为有自主心智和独立意识，且智能全面达到甚至超越人类水平的机器，就不会把这些约束改掉呢？即便它是善意的，人类又凭什么认为它会同意比它“愚蠢”的人类的判断？例如它会不会以为把人类全部关进监狱就可以避免人类互相残杀，这才是对人类整体最好的？至于说，到时候人类如果觉得危险了，可以把机器的电源断开——这只是开个玩笑吧，真到那个时候，机器恐怕早就能采用其他的方式摄入能源了。总之，强人工智能出现的那一天，恐怕真的就是人类面临最大生存危机的时候。所以，对严肃的人工智能研究者来说，如果真的相信自己的努力会产生结果，那就不该去触碰强人工智能。[②]

2014 年，知名学者迈克斯·泰格马克（Max Tegmark）、史蒂芬·霍金（Stephen Hawking）等人联合一批人工智能学者创立了“未来生命研究院”，致力于应对人工智能技术可能带来的未来风险。2015 年 1 月 11 日，在研究院发表的一封公开信中，明确提出了未来人工智能研究的“有益性原则”（beneficial to society）与“可控性原则”（our AI systems must do what we want them to do）。[③] 2017 年 1 月，在阿西洛马会议签署的 23 条人工智能原则中，更是把“构建有益的智能，而不是无向的智能”确立为纲领性原则。[④] 而如果要确保人工智能是有益并且可控的，就应当绝对禁止强人工智能成为现实，更遑论等到强人工智能出现后再

---

① 皮勇：《论人工智能的刑法立场》，载《互联网法律大会论文集（人工智能与法学论坛）》，杭州，2018 年，第 186 页。

② 周志华：《关于强人工智能》，《中国计算机学会通讯》2018 年第 1 期。

③ See Stuart Russell，Daniel Dewey，Max Tegmark，“Research Priorities for Robust and Beneficial Artificial Intelligence”，available at：http：//futureoflife. org/static/data/documents/research _ priorities. pdf.

④ See “Asilomar AI Principles”，available at：https：//futureoflife. org/ai-principles/。

赋予其法律意义上的主体资格了。事实上，即使在“弱人工智能”语境下，智能机器已经足以为造福人类做出巨大的贡献。这个世界上还有更多有意义的目标值得追求，我们完全没有必要为了猎奇、为了标新立异或是为了追求极致的效用而承担如此巨大的风险。

综上所述，本文认为，人工智能进入法律世界的方式只能以被动的法律客体形式，而不应成为作为自主行动者的法律主体。这一点不应随着技术水平的发展而有任何改变。无论将来技术如何先进，伦理视角的考量已经为我们划定了人工智能法律地位设置的绝对禁区。在需要的时候，我们甚至有必要基于此种伦理考量来规范人工智能发展的技术路径，而不是反过来被技术发展所影响，改变我们对于人工智能的定位。

二　人工智能仅仅是普通“物”吗?

既然人工智能产品在任何时候都不应被拟制为法律主体，那么是否意味着人工智能的法律地位只能是一般意义上作为“物”的法律客体呢？当前一些学者在讨论人工智能的法律地位问题时即秉持着这一非此即彼的立场。例如，有学者在否定了人工智能的主体资格后，就参照传统法学理论中对于“物”的理解，对人工智能的属性进行了归纳。[①] 还有学者进一步认为“机器人是机器，不是人。故人如何对待机器人，严格说来都不存在任何伦理问题。”[②]

然而，近年来西方学界对机器人伦理问题的讨论启发了我们以一个不同的视角重新审视这一问题。随着宠物机器人、看护机器人等智能机器人技术的发展与应用的普及，我们与智能机器之间的关系可能会远较我们与其他一般“物”之间的关系更为复杂。如果有一天人工智能产品在我们生活中所扮演的角色超出了一般意义上的工具范畴，成为承载我们情感寄托的“伙伴”，或是具有了特殊的社会意义，那么此时认可这些智能产品具有某种被“善待”的伦理价值也并非天方夜谭。如果这一

① 朱程斌、李龙:《人工智能作为法律拟制物无法拥有生物人的专属性》,《上海交通大学学报》(哲学社会科学版) 2018 年第 6 期。

② 甘绍平:《机器人怎么可能拥有权利?》,《伦理学研究》2017 年第 3 期。

考量是合理的，那么在此意义上，我们是否可以说这些人工智能产品享有了某种“权利”呢？这似乎又为我们确定人工智能的法律地位提出了新的问题。

（一）社交机器人的兴起

虽然真正拥有类似人类心理与情感机制的机器人只存在于科幻小说中，但“看起来”拥有上述能力的机器人已经离我们越来越近。自二十世纪九十年代以来，一些美国科学家与日本科学家开始致力于研究模拟人类心理与情感机制的智能机器人。这种新类型的智能机器人以与人类开展交流、交往为目标，因此又被称之为“社交机器人”（social robots）。[①] 从研究人员的早期论述看，这一研究的初衷并非是为了迎合特定的现实需求，而只是为了探索人类“智能”的一般原理，并通过这一研究检验已有的认知科学理论。[②] 不过，随着第一代社交机器人产品的问世，人们似乎很快就找到了这一新型机器人的应用场景。一些社交机器人被用于陪伴养老院的老人，还有一些被用作自闭症儿童的治疗性玩具。虽然这种新型智能机器的底层逻辑依然没有超出上文所介绍的冷冰冰的数据计算，但它们对人类社交行为的模仿却可以给人类带来温暖的感受，对于不了解技术原理的老人和小孩而言尤其如此。

社交机器人在投入应用后不久就招致了批评。有学者提出，试图以“人造陪伴物”（ersatz companions）代替原本应该由人类承担的社会交往与情感联络功能是有违伦理的，因为这些智能机器人发挥作用的前提条件是人们将它们视为真正的自主生命体，而这等于是在鼓励人们进行“自我欺骗”。[③] 然而，接下来的一系列研究似乎表明，社交机器人在实际应用中确实取得了较好的效果。在养老院中，社交机器人的应用规避了饲养宠物可能带来的一系列风险，成为老年人的安全玩伴。社交机器

① 对于“社交机器人”概念的梳理，可以参看 Frank Hegel，Claudia Muhl，Britta Wrede et al，“Understanding Social Robots”，Second International Conferences on Advances in Computer-human Interactions，2009.

② See Bryan Adams，Cynthia Breazeal，Rodney Brooks et al，“Humanoid Robots：A New Kind of Tool”，IEEE Intelligent Systems，2000（4），pp. 25 – 31.

③ See Robert Sparrow，“The March of the Robot Dogs”，Ethics & Information Technology，2002（4），pp. 305 – 318.

人作为一项共同话题使得老人们之间的交往比之前更加频繁了，老人们的健康状况也得到了一定程度的改善。[①] 在自闭症治疗的案例研究中人们同样发现，以社交机器人作为纽带，自闭症儿童与成年人之间的交流更多且形式更加丰富了。[②] 此后，主流观点对社交机器人的态度渐渐发生了转变。一些在早期对社交机器人表达过伦理担忧的学者也开始认为，只要加以必要的限制与指导，社交机器人的应用是可以取得利弊平衡的。[③]

在陪伴老人与自闭症儿童的场景中，社交机器人所扮演的角色更类似于一种电子宠物，而这仅仅是社交机器人进入人类社会的一种可能。事实上，以模仿人类社交行为为主要特征的人工智能可以嫁接到诸如教育、看护等诸多已有的机器人应用场景中去，构成这些服务型机器人的升级版本。[④] 而社交机器人应用最为极端的场景则是彻底取代人类伴侣的性爱机器人。当然，对于这种过于极端的应用形式，除了极少数鼓吹者之外，大多数学者都表达了坚决的反对态度。[⑤] 但就整体趋势而言，以与人类进行交往互动为目标导向的社交机器人正在向人类社会慢慢渗透似乎已是不争的事实。在这一现象背后或许也不乏其更深层次的需求逻辑。有学者就指出，在当今社会，虽然人们对于亲密关系的需求并没有改变，但构建与维系亲密关系所需付出的时间、精力和情感却似乎变得“昂贵”了，以至于很多人更希望寻求替代性的方式付出与取得回

---

① See Kazuyoshi Wada and Takanori Shibata, “Living with Seal Robots in a Care House-Evaluations of Social and Physiological Influences”, IEEE International Conference on Intelligent Robots & Systems, 2006.

② See Ben Robins, Kerstin Dautenhahn, Paul Dickerson, “From Isolation to Communication: A Case Study Evaluation of Robot Assisted Play for Children with Autism with a Minimally Expressive Humanoid Robot”, Second International Conferences on Advances in Computer-human Interactions, 2009.

③ See Amanda Sharkey and Noel Sharkey, “Granny and the robots: ethical issues in robot care for the elderly”, Ethics and Information Technology, 2012 (1). 作者早期对智能机器人应用将“鼓励欺骗”的批评 Amanda Sharkey and Noel Sharkey, “Artificial Intelligence and Natural Magic”, *Artificial Intelligence Review*, 2006 (1-2).

④ 对社交机器人应用场景的归纳与展望，可以参看 Terrence Fong, Illah Nourbakhsh, and Kerstin Dautenhahn, “A Survey of Socially Interactive Robots”, Robotics & Autonomous Systems, 2002 (3).

⑤ 《与机器人的爱与性——人机关系革命》，https://36kr.com/p/5063802.html，最后访问时间：2019年12月12日。

报。在此意义上，人类对于社交的需求渐渐转变成了对服务的需求，社交机器人的出现恰逢其时。[①] 或许正是因为这一需求逻辑的存在，即使从问世伊始就饱受争议，至今仍然有很多伦理问题有待解决，社交机器人的继续研发与普及应用趋势似乎仍然难以阻挡。

（二）关系主义视角下的机器人伦理关怀

在过去，当我们听到"机器人权利"命题时，首先想到的往往是机器人拥有自主性之后由人类赋予其一定的权利，或是在它们拥有自主意识后觉醒向人类索取权利。[②] 这些考量都建立在机器人自身已经具备较强"主体性"的基础之上，因而又可以被概括为基于"属性"视角的伦理关怀。然而，正如本文之前已经明确指出的，包括社交机器人在内的所有人工智能应用，其底层逻辑都是对数据的统计分析，因此，所有这些讨论或者是没有实际意义的科幻式想象，或者其本身就是危险的。但另一方面，随着社交机器人在人们日常生活中得到越来越广泛的应用，其所扮演的角色似乎将渐渐超出普通意义上的"工具"范畴，成为人们的情感寄托。那么，此时继续把这些机器人视为不具有伦理价值，可以任意对待的"物"是否仍然合适？我们是否有必要肯定某些特定的社交机器人产品具有被善待的"权利"，或者至少承认它们具有特殊的伦理地位呢？

针对这些困惑，荷兰学者考科尔伯格（Mark Coeckelbergh）提出了考量机器人伦理问题的关系主义进路，引发了学界对于机器人伦理研究从"属性论"到"关系论"的范式转换。[③] 考科尔伯格指出，当我们思考是否有必要给与机器人伦理关怀时，需要关注的重点不应仅仅是机器人自身的内在属性，而更应该是我们与机器人之间形成的具体关系。[④]

---

① 赵璐、涂真等：《机器人的技术伦理及影响》，《电子科技大学学报》（社科版）2018 年第 4 期。

② See Peter Asaro, "What Should We Want from a Robot Ethic?", *International Review of Information Ethics*, 2006; David Levy, "The Ethical Treatment of Artificially Conscious Robots", *International Journal of Social Robotics*, 2009 (3); 张玉洁：《论人工智能时代的机器人权利及其风险规制》，《东方法学》2017 年第 6 期。

③ David Gunkel, "Mark Coeckelbergh: Growing Moral Relations: Critique of Moral Status Ascription", *Ethics & Information Technology*, 2013 (3), p. 239.

④ See Mark Coeckelbergh, "Robot Rights? Towards a Social-Relational Justification of Moral Consideration", *Ethics and Information Technology*, 2010 (3), pp. 209 – 221.

换言之，当我们认定机器人的伦理地位与法律地位时，重要的并不是它们“是”什么，而是它们对于我们来说“意味着”什么。在关系主义视角下，一些学者也对“机器人权利”命题进行了重新阐释。麻省理工学院的人工智能学者凯特·达琳（Kate Darling）就提出，赋予机器人“法律权利”将可能成为保护人类自身情感与维护社会价值观念之需要。例如，当一些人将外在表现越来越像真正生命体的机器人视为自己的宠物甚至伙伴时，如果看到这些机器人被故意伤害虐待，将会产生心理上的不适。事实上，人类对于动物的保护在很大程度上也是受到这种同理心的驱使。在此意义上，对机器人的保护与人类对动物的保护十分类似。此外，对儿童而言，无论实施或目睹他人实施对机器人的虐待行为，都会给其心理发展带来不利影响。因此，如果我们仍然将社交机器人仅仅视为一种作为工具的普通“物”，进而对故意伤害、虐待机器人的行为不作任何干预，将很有可能造成恶劣的社会影响。①

这些顾虑并非是杞人忧天。在社交机器人应用最为广泛的日本与韩国，人们确实发现了青少年往往对社交机器人存在着欺凌、施虐的倾向。② 有学者专门针对这一现象展开了田野调查。在从2013年6月至2014年7月之间的周末与节假日中，调查者选取了13天对过往儿童与一个商场社交机器人之间的互动进行了观察。结果发现，在被观察的13天中，有9天都看到了儿童“欺凌”（bullying）机器人的现象，如反复击打机器人、故意挡住机器人的行动路线乃至进行言语上的辱骂。在事后进行采访时，这些儿童对于自己行为动机给出的解释是：好奇、获得愉悦感以及受其他孩子的影响。在被问到关于机器人的看法时，大多数儿童表示并没有把社交机器人看成是一台机器，而把它们当成了一种“类人实体”（human-like entity）。此外，大约有一半的儿童都认为社交

① See Kate Darling, “Extending Legal Rights to Social Robots”, *SSRN Electronic Journal*, 2012.

② See Pericle Salvini, Wonpil Yu, Gabriele Ferri et al, “How Safe Are Service Robots in Urban Environments? Bullying a Robot”, *IEEE international symposium*, *Viareggio*, 2010; Drazen Brscic, Hiroyuki Kidokoro, Yoshitaka SuehiroH et al, “Escaping from Children's Abuse of Social Robots”, ACM/IEEE International Conference, Portland, 2015.

机器人能够“感受”到被欺凌的行为。[①] 这一现象值得我们警惕与反思。

在现实生活中，确实有一些儿童甚至成年人表现出通过欺凌弱小获得成就感的倾向，而越来越像人且仅仅顺从于人的社交机器人似乎成为了一个绝佳的被欺凌对象。在此背景下，如果我们不赋予智能机器人任何伦理地位，仅仅将其视为与普通“物”没有任何区别的纯粹工具，那么势必将会助长或至少是放任这一欺凌心理的养成与发展。此外，当机器人被制造的越来越像人时，可能还会带来一些额外的社会影响。例如，如果未来人形机器人产品被制造的足以以假乱真，那么当有人在公开场合恶意殴打、虐待这些机器人时，可能还会造成公众恐慌，危害公共秩序。因为过于逼真的外形可能已经让旁观者难以分辨受害者是人还是机器人。因此，从保护人类自身情感与维护社会公共利益的角度考量，我们似乎确实有必要对某些特定的机器人产品进行适当保护。

当然，是否这种保护需要上升到“法律权利”的高度是值得商榷的。在传统法学理论中，“权利”概念往往与法律主体资格紧密联系在一起，因为只有具有法律主体资格的自主行动者才能主动行使权利，享有权利才具有现实意义。[②] 但正如上文已经明确指出的，人工智能产品无需被拟制为财产性主体，更绝不应该被拟制为人格性主体。因此，除非我们对传统的法律权利理论进行根本改造，否则，即使我们认为某些智能机器人产品应当拥有被善待的“权利”，这种“权利”也仅仅是一种道德权利，而非法律权利。事实上，为了应对人工智能产品作为“物”可能具有的特殊属性，我们完全没有必要对现有的法学理论进行如此大的改革，再创造出“机器人权利”这一全新概念。只需要借用民法学界早有讨论的“物格”理论，我们同样可以妥善处理上述问题。

---

① Nomura Tatsuya, Uratani Takayuki, Kanda Takayuki et al, “Why Do Children Abuse Robots”, ACM/IEEE International Conference, Portland, 2015.

② 虽然学者对于法律权利的概念还存有争鸣，但几乎所有观点都无一例外地将“主体性”定义为权利概念的核心要义。系统性地梳理与讨论可以北岳：《法律权利的定义》，《法学研究》1995年第3期。

三　人工智能的准确定位：基于“物格”理论的构想

（一）重新认识“物”的内涵

“人”与“物”的割裂二分似乎是西方二元论哲学传统的一种具体体现。早在公元前 2 世纪，盖尤斯就在《法学阶梯》中将法律体系概括为“人、物、诉讼”三个部分，体现出了“人”“物”二分的朴素直觉。18 世纪，康德提出“人是目的而非手段”的经典命题，其论证正是建立在对“人”“物”区分的基础之上。康德认为，“人”与“物”之间最大的区别在于人是有理性的，可以为自己设定目的，具有“自主性”，因此，人具有绝对的价值，其存在自身就是目的；而物并不具有理性，仅承载着人类行动的可能性，因而它们只具有相对的价值，只能作为“手段”。[①] 这一论述将“人”与“物”的区别引入道德哲学维度，凸显了人之价值，对后世产生了极为深远的影响。卡尔 · 拉伦茨就曾指出，正是在康德哲学的影响下，强调对“人”之尊重的人文主义精神成为了德国《基本法》与《民法典》的重要气质。[②] 但另一方面，或许同样是受康德命题的影响，“人”与“物”在伦理地位上的绝对割裂似乎也成为人们心中根深蒂固的观念。可以说，正是在这种“人”“物”二分的道德哲学立场下，我们将会得出人工智能不是拥有道德意义的法律主体，就是不具有任何伦理价值的纯粹工具之结论。

然而，进入二十世纪以来，伴随着现象学思潮的兴以及科学技术的发展，越来越多的哲学家对“物”之本质展开了反思。有学者将这种对“物”之认识的转变概括为从对象性物论到物性存在论的转向。[③] 即由传统二元论观念下仅仅将“物”视为人类认识之对象、支配之工具，转

① ［德］康德：《道德形而上学原理》，苗力田译，上海人民出版社 1986 年版，第 79—88 页；俞吾金：《如何理解康德关于“人是目的”的观念》，《哲学动态》2011 年第 5 期。

② ［德］卡尔 · 拉伦茨：《德国民法通论》（上），王晓晔等译，法律出版社 2003 年版，第 45—47 页。

③ 张进、李日容：《物性存在论：海德格尔与拉图尔》，《世界哲学》2018 年第 4 期。

变为将“物”视为与人类共同存在、相互影响之实体。当代荷兰哲学家维贝克（Peter-Paul Verbeek）在整合前人洞见基础上所提出的“技术中介”（technology mediation）理论较为系统地概括了这一认识视角的转变。技术中介理论指出，过去仅仅从功能性视角去认识物，进而对技术物的伦理评价仅仅从功能主义的角度进行展开是有缺陷的。在事实层面上，现实世界中的技术物不仅是帮助人类实现特定目的的工具，在很多时候还参与、共塑（coshape）着人们的行为选择与行为方式。[①] 虽然技术中介理论关注的重点并不在于认定技术物的法律地位问题，但它也从侧面启发了我们以一个全新的视角重新理解“物”的内涵：与传统观念中仅仅将“物”视为一种“中立”的工具相反，现实世界中的“物”其实扮演者人与人之间、人与世界之间的“中介”角色，其本身就承载着一定的伦理意蕴。与此相应，不同的“物”由于其所扮演的角色不同、与人类之间的关系不同，也可能具有完全不同的伦理地位，需要我们区别对待。换言之，在“物”之概念范畴下，其并不是铁板一块的整体，而可能需要更为精细的区分。

（二）物格理论框架与人工智能的法律地位

事实上，早在十余年前关于动物法律地位的一场大讨论中，杨立新教授就曾富有洞见地提出过对不同类型的“物”予以分类规制的“物格”理论。[②] 杨立新教授认为，民法上的“物”可以分为“伦理物”“特殊物”与“一般物”三种。“伦理物”是指具有生命伦理价值的物，主要包括人体变异物（如脱离人体的器官、组织）、动物、植物三大类；“特殊物”是指具有特殊法律属性并应建立特殊法律规则的物，主要包括自然力、虚拟物等特殊无体物以及海域、空间、货币、证券等特殊有体物；“一般物”就是指除伦理物与特殊物以外的其他物。[③] 而建立物格制度的一项重要意义就在于对分属不同物格的物进行区别化的对待保

---

① See Peter-Paul Verbeek, "Materializing Morality-Design Ethics and Technological Mediation", Science, Technology, &Human Values, 2006 (3), pp. 361 -368.

② 杨立新、朱呈义：《动物法律人格之否定——兼论动物之法律“物格”》，《法学研究》2004 年第 5 期。

③ 杨立新等：《民法物格制度研究》，法律出版社 2008 年版，第 41—47 页。

护。[①] 可以说，物格理论的提出有力回应了彼时盛行的“动物法律人格”说，为民法理论打开了一扇全新的窗口。而借用物格理论的框架，我们也恰好可以对人工智能的法律地位做出妥善安置。[②]

在当前阶段，虽然社交机器人已经呈现出兴起之势，但从其普及程度及“以假乱真”程度看，明显还没有上升到需要立法予以特别保护的阶段。因此，本文认为，当前阶段包括社交机器人在内的所有人工智能产品，其法律地位只能是一种“普通物”。对于上文中提到的一些问题，在当前阶段只有先通过道德手段予以回应了。例如，儿童对于社交机器人的欺凌问题，更多需要由家长进行正确引导和教育；如果有成年人表现出欺凌、虐待机器人的行为，目前看来至多也只能给予道德上的谴责，或追究其损坏财产的责任。但未来，随着智能机器人技术的发展与应用的普及，如果有一天机器人产品真的在外在表现上做到了与生命体相比可以“以假乱真”，在日常生活中与我们建立起了更为紧密的关系，那么将这些具有特殊伦理意义的智能机器产品从“普通物”升格为“伦理物”亦是一种可能的选择。此时，虽然这些智能产品并非享有权利的法律主体，但却可以成为受到法律保护的特别客体。例如，基于社交机器人的特殊伦理意义，对于在公开场所恶意虐待机器人或将虐待机器人的行为以视频等形式记录并在网上传播造成恶劣社会影响的，向行为人课以罚款、拘留等行政处罚或追究行为人的刑事责任或许亦为必要。

通过物格理论的框架，一方面，我们可以实现在理论自洽的前提下，对将来可能出现的具有伦理意义的特定人工智能产品进行特殊立法保护；另一方面，又可以省去创造“机器人权利”这一新概念或对传统的法律权利理论进行大的变革，更加符合“奥卡姆剃刀原则”。此外，这一新的视角也启发我们对于物格理论建构做出些许调整。杨立新教授在提出物格

---

① 杨立新等:《民法物格制度研究》，法律出版社 2008 年版，第 56 页。

② 杨立新教授最近也撰写了一篇探讨人工智能法律地位问题的文章，认为智能机器人“有一定的意识能力和意志，能够充当一定的社会角色”，因而属于“具有人工类人格的伦理物”。杨立新:《人工类人格：智能机器人的民法地位》，《求是学刊》2018 年第 4 期。笔者认为，这一论断同样存在对人工智能技术的高估之嫌，且没能完全逃出“属性论”的桎梏。因此，笔者在借鉴了杨立新教授提出的物格理论后选择“另起炉灶”，最终也得出了一个与杨立新教授有所区别的结论。

理论时，主要回应的是对动物法律地位的困惑，因此其在进行分类时，将“生命伦理”定义成了“伦理物”的核心特征。这本质上还是一种基于属性的分类思路。而智能机器人的兴起以及技术中介理论则提醒我们：“物”所具有的特殊伦理意义并不一定出于其内在的生命属性。当技术物以一种不同的关系客体身份，作为“他者”出现在我们的生活中时，同样可能具有与普通物不同的伦理意义。因此，我们在定义伦理物时似乎可以将“生命伦理”这一标签揭下，使其具有更广的外延，这样作为人造非生命物的人工智能产品亦可纳入其中。此时，在“伦理物”的概念范畴下也将包含“生命伦理物”与“关系伦理物”两个子项。

在物格理论框架下重新理解人工智能的法律地位问题至少可以给我们带来以下几点启示：首先，不同类型的人工智能产品可能具有完全不同的法律地位。在当前阶段，所有人工智能产品的法律地位均为“普通物”；在未来，诸如社交机器人等具有特殊伦理意义的智能产品可能需要升格为“伦理物”进而得到立法的特别保护，而诸如自动驾驶汽车等不具有伦理意义的纯工具性质智能产品则或许依然停留于“普通物”。其次，“伦理物”应当是人工智能法律地位拟制的“天花板”。即使未来部分人工智能产品的法律地位可能需要由“普通物”升格为“伦理物”，也并不改变其作为法律客体的本质属性。作为一种人造“产品”，人工智能不享有权利，同样也无须成为责任主体。当人工智能产品致人遭受损害时，若损害之发生系由产品自身瑕疵造成，则应由该产品的设计者、制造者承担相应的民事甚至刑事责任；若损害之发生并非产品自身原因而系产品使用不当所造成，则应由该产品的所有人或实际使用人承担相应责任。[①] 随着未来智能产品的构造日益复杂，一些人工智能产

① 有学者提出，人工智能是由“系统”所操控的，因此不应定性为“产品”，而是一种具有“近人性”的客观存在。能被定性为“产品”的只有人工智能的有形设备及零部件，当这些产品有缺陷时，才适用产品责任追责（张志坚：《论人工智能的电子法人地位》，《现代法学》2019年第5期，第85页）。笔者认为，这一观点似乎过于拔高了“系统”的地位。事实上，从空调到电热水器，几乎今天我们身边所有的日常电器都是由系统所操控的。人工智能作为一种“系统”虽然拓展了传统电器的工作场域，但并不改变其作为“产品”的本质属性：规则驱动型智能的技术本质与普通电器其实没有多少区别，数据驱动型智能虽然能够通过“学习”发现新规律，但依然属于人工“训练”之下的“产品”。

品所造成的损害可能难以追溯出明确的原因，此时，通过完善保险机制应对人工智能产品所带来的社会风险或许是最好的选择。

四 结语

科技水平的飞速发展似乎已经渐渐让人类拥有了打开潘多拉魔盒的能力。今天，与“有所作为”相比，有时候更加困难的反而是克制住我们的猎奇心与虚荣心“有所不为”。不久前，国内科学家刚刚实践了世界首例基因编辑婴儿，引发了科学界的集体批评。笔者更愿意将其称之为“实践”而非“实现”，原因就在于该项操作至今无人实施并非是因为技术上的困难，而更多出于伦理上的敬畏。与之类似，沙特在没有任何国内立法的情况下直接授予机器人公民资格，其实也是同样的闹剧。

如果说基因编辑带来的伦理风险是由内而外的，人工智能所带来的风险则是由外而内的。当前而言，人工智能仅仅是拥有强大运算能力的统计分析工具，赋予其法律主体资格没有任何意义。面向未来，我们更应该预防拥有欲望机制或自主意图的强人工智能产生，而不是考虑在其出现后再赋予其主体资格。作为一种人造物，人工智能产品无须被拟制为财产性主体，更绝不应被拟制为人格性主体。随着社交机器人技术的发展与应用的普及，人类与智能机器之间的关系可能会远较人类与其他一般物之间的关系更为复杂。出于保护人类自身情感与维护社会公共利益之需要，未来一些与我们建立了特殊关系或具有特殊社会意义的智能产品可能需要由“普通物”升格为“伦理物”，进而得到立法的特别保护。对此，我们应当保持审慎的观察态度。

(责任编辑：胡 凌)

区块链融入社会治理体系的法律审视

焦园博

（湘潭大学法学院博士研究生）

内容摘要 区块链作为互联网时代的新技术，其将带来的影响不容法律忽视。区块链技术将使社会治理的各个领域增进互信，并且从其去中心化属性出发，区块链可为社会治理中民主化治理愿景与社会治理效率之间的去中心化/中心化矛盾提供有效的社会信任机制，然而其融入社会治理体系存在困境，对此应从技术层面与社会层面予以审视。针对其共识机制所表现出来的局限性，无论从技术内还是技术外角度都应保证区块链在楔入社会治理的道路上受到法律的规制与保障；针对区块链“价值无涉”属性所表现出来的局限性，当前应当更专注于区块链楔入社会治理时的“事实化”方面，以区分于法律作为社会价值维系机制的定位。为更好的楔入社会治理，区块链在取得公众信任方面应受到法律约束，法律应当对区块链在技术设计阶段的标准化及责任问题进行规范，并通过开发区块链作为监管工具的潜力对区块链在应用阶段的活动予以规范。

关键词 区块链 法律 社会治理 去中心化 事实化

网络技术是人类在探究增进社会互动效率方面的重大变革，当互联网成为人类社会运作的重要基础设施时，人们对互联网的期待已经不再止步于其沟通效率。从最初标榜自由的网络自由主义到如今主权国家对互联网的普遍性规制,[①] 互联网逐渐开始走向有序，区块链技术的诞生正是互联网走向有序化的重大革新。

区块链技术当前尚处于发展初期，对其技术前景的看好使大量资本涌入区块链领域，“区块链 +”不断落地生根，与多种多样的社会领域构造起关联。当前区块链对社会各领域的融入已是箭在弦上，其中对社会治理体系的介入也是诸多学者关注的重点方面。当前国家提出推进国家治理体系与治理能力现代化议题，社会治理作为国家治理的重要组成部分意义重大，而有了科学的社会治理体系才能孕育高水平的治理能力。[②] 在万物互联的时代，科学的社会治理体系便需要依托区块链等新技术来创新治理举措。

区块链如何影响当前的社会治理体系，区块链与传统治理体系中的法律体系存在何种纠缠？对于上述问题，我们需要依据区块链的技术特性对其进行精准定位，在明确区块链可以做什么、不能做什么的基础上，来审视其与法律体系之间的关系。对于上述问题的分析应当契合于区块链技术特征来讨论，此种分析也将有助于更清晰地勾画出区块链的社会角色，为区块链合理、有效地融入社会治理体系铺平道路。

一　当区块链遇到传统社会治理体系

区块链（blockchain）可界定为一种在对等网络环境下，通过透明和可信规则，构建不可伪造、不可篡改和可追溯的块链式数据结构，实现和管理事务处理的模式。[③] 简单来说，即区块链技术可以在不依靠中心化机构的前提下，在互联网环境中实现事务管理，且此种管理因在运作中排除人为因素而具备较高的可信度。区块链因此可以视为一种为陌

---

① 约翰 · P. 巴洛曾于 1996 年发表《网络独立宣言》，成为网络自由主义先驱，约翰 · P. 巴洛：《网络独立宣言》，李旭、李小武译，高鸿钧校，《清华法治论衡》2004 年第 4 辑；如今各国都在对网络活动乃至于数据流动进行规制，如欧洲的《通用数据保护条例》（GDPR）以及我国的《网络安全法》。

② 徐猛：《社会治理现代化的科学内涵、价值取向及实现路径》，《学术探索》2014 年第 5 期。

③ 中国区块链技术和产业发展论坛：《区块链——参考架构（CBD-Forum－001－2017）》，http://www.cbdforum.cn/bcweb/index/article/bzwrr－1.html，第 2 页，最后访问时间：2019 年 10 月 9 日。

生人之间建立公开可信的事务账本的技术，此种记录不再需要传统的第三方介入。[①]

从技术架构来看，区块链本身并没有创造全新的网络技术，而是对多种已有网络技术的有机整合，因此集合多种技术的区块链也存在着多重复合属性：去中心化、匿名化、可追溯性等。作为区块链根本性基础的技术在于其中的数据层、网络层及共识层。[②] 数据层对应区块 + 链式的基础技术架构，[③] 数据层设计使得区块链得以通过安全的方式重现历史；[④] 网络层对应 P2P（Peer-to-Peer）分布式沟通机制，强调网络节点的对等沟通，使上述可信的历史记录得以在不依赖中心化机构的前提下进行流转；共识层则对应网络层背景下的共识塑造机制，为使节点能够信任来自其他节点的记录，在节点的互动层面还需要遵循一定的规则以保证记录在流转中的真实性，[⑤] 此难题即由共识机制来解决，现已有多种可用的共识机制。[⑥]

技术层面的创新将使得区块链塑造出更为可信的互联网，使得互联网可以更好介入社会生活的方方面面。事实上，当前对于区块链的应用构思也已经划分出多个层面，分别称其为区块链 1.0（可编程货币）、

---

① Deloitte：Blockchain：Enigma Paradox Opportunity. https：//www2. deloitte. com/uk/en/pages/innovation/articles/blockchain. html. p. 7. 最后访问时间：2019 年 10 月 9 日。

② 袁勇、王飞跃：《区块链技术发展现状与展望》，《自动化学报》2016 年第 4 期。

③ 以比特币为例，比特币系统大约每十分钟创建一个区块，其中包含这段时间里全球范围内发生的所有交易。新区块将链接于上一区块之后，从创始区块开始形成链式结构，其中较为重要的技术是加密算法（encryption algorithm）与时间戳（time-stamped）技术，加密算法通常为安全散列算法（SHA），由美国国家安全局（NSA）开发，又称哈希（Hash）算法，比特币技术中较多使用 SHA256 算法，区块链的应用开发中亦存在使用其他算法的情形；时间戳则可唯一地标识数据存在的时间刻度，广泛地运用在知识产权保护、合同签字、金融账务、电子报价投标、股票交易等方面。See Wulf A. Kaal，Craig Calcaterra. Crypto Transaction Dispute Resolution. Business Lawyer，2017，Vol. 73，p. 118.

④ 袁勇、王飞跃：《区块链技术发展现状与展望》，《自动化学报》2016 年第 4 期。

⑤ 比即点对点通信中的“拜占庭将军问题”，其本质在于“如何让众多完全平等的节点针对某一状态达成共识。”

⑥ 如 PoW（Proof of Work）、PoS（Proof of Stake）、DPoS（Delegated Proof of Stake）、PBFT（Practical Byzantine Fault Tolerance）、POOL 验证池等。

区块链 2.0(可编程金融)和区块链 3.0(可编程社会),① 其中 1.0 阶段的典型应用"比特币(bitcoin)"引领全球虚拟货币的风潮,② 为区块链技术推广奠定坚实基础,更有最新研究指出区块链 4.0 可能是区块链与人工智能的结合。③ 如今无论是银行业、证券业、数字版权认证、司法存证等诸多领域都在布局区块链生态,其应用范畴依次从数字加密货币延伸至金融、经济、科技、政治乃至整个社会领域。④ 区块链之所以引起如此大的关注,核心关键就在于它解决了基于互联网的信任问题,其最大的应用价值即在于增强社会共识与社会信任,降低社会合作的成本;塑造开放、透明的公共服务流程,提高政府治理的效率;创新全球价值传递的新途径,提供全球治理的新工具。⑤

作为社会治理工具,区块链的潜力无疑是巨大的,2016 年工信部指导发布的白皮书中也指出,区块链可以为社会管理和治理水平的提升提供技术手段。⑥ 然而不容忽视的方面在于,区块链将为当前社会治理的中心化范式带来"去中心化"(decentralization)的革新。此种革新正如中本聪在比特币的"创世区块"留言中所展示的:"财政大臣正处于实施第二轮银行经济援助的边缘",⑦ 中本聪以隐喻的方式对传统中心化货币体系予以讽刺,颇有以比特币的诞生宣告货币体系去中心时代到来的意思,"比特币区块链形成的是软件定义的信用,标志着中心化的国家信用向去中心化的算法信用的根本性变革。"⑧ 作为比特币的技术基础,

---

① 大数据战略重点实验室:《块数据 3.0:秩序互联网与主权区块链》,中信出版集团 2017 年版,第 60—61 页。

② 中本聪在 2008 年发布的论文"Bitcoin:A Peer-to-Peer Electronic Cash System"中向世人展示了一种不依赖中心化银行体系而运作的货币系统,即比特币。See Satoshi Nakamoto. Bitcoin:a peer-to-peer electronic cash system. https://bitcoin. org/bitcoin. pdf. 最后访问时间:2019 年 10 月 9 日。

③ 吕乃基:《区块链 4.0》,《系统科学学报》2019 年第 1 期。

④ 袁勇、王飞跃:《区块链技术发展现状与展望》,《自动化学报》2016 年第 4 期。

⑤ 熊健坤:《区块链技术的兴起与治理新革命》,《哈尔滨工业大学学报》(社会科学版)2018 年第 5 期。

⑥ 中国区块链技术和产业发展论坛:《中国区块链技术和应用发展白皮书(2016)》,http://www. cbdforum. cn/bcweb/index/article/rsr-6. html,第 38 页,最后访问时间:2019 年 10 月 9 日。

⑦ 该留言是《泰晤士报》于 2009 年 1 月 3 日头版所刊发的文章的标题:The Times 03/Jan/2009 Chancellor on Brink of Second Bailout for Bank。

⑧ 袁勇、王飞跃:《区块链技术发展现状与展望》,《自动化学报》2016 年第 4 期。

不少人对区块链也充满期待，认为区块链是人类信用进化史上继血亲信用、贵金属信用、央行纸币信用之后的第四个里程碑。[①] 从区块链快速扩展其适用的趋势来看，此种观点则预示着区块链在依赖“去中心化”方式塑造社会信任的过程中，将对作为社会管控机制的中心化法律体系形成挑战。

对于区块链与当前法律体系间关于塑造社会信任的冲突，若从社会信用方面溯源，可以看出区块链与传统中心化法律体系所塑造的信用实质上皆依赖于群体共识，不同之处则在于将此种信任共识置于何处，中心化法律体系的群体共识是由集中行使国家权力的职能部门背书，区块链则以其技术构造进行背书。然而应当看到区块链的技术背书带来诸多新的问题，毒贩、黑客等群体在不断利用区块链逃避政府监管，[②] 使其不得不依赖于法律的监管以保障其长远发展。以比特币为例，比特币在货币去中心化方面达成的成就亦为违法行为提供了天然的温床，[③] 为深网中诸多涉及违法犯罪行为的交易提供了极安全的交易代币。从遏制区块链所带来的负面影响的角度来说，倘若不能从与中心化法律体系的关系视角分析认识区块链，进而深入挖掘区块链信任塑造过程的实质，将极大地影响区块链作为社会治理工具的发展进路，同时对于我们当前社会治理方式的革新而言也将会是极大的损失。

二　中心与去中心范畴下的区块链审视：法律的隐没？

在区块链技术进入人们视野之前，互联网去中心化话题已然引起关注。互联网本身存在去中心化的潜力，互联网的体系结构就是互联网去中心化特征的根源所在[④] TCP/IP 协议的核心价值观即在于提供一个非传

① Swan M. Blockchain：Blueprint for a New Economy. O'Reilly Media Inc. 2015.

② Nathaniel Popper. Wall Street Takes a Keen Interest in Bitcoin's Technology. New York Times，Vol. 164（2015 - 08 - 28），B1 - B5.

③ 杨晓晨、张明：《比特币：运行原理、典型特征与前景展望》，《金融评论》2014 年第 1 期。

④ 王世华、冷春燕：《互联网再认识：去中心化是个伪命题？——兼与李彪先生商榷‘中心化’问题”》，《新闻界》2013 年第 20 期。

统中心化因素可控制的全新空间。[①] 然而处于中心化治理体系下的互联网后续演变为去中心化与中心化同时存在的体系，即互联网环境下的节点分布及其表达是去中心化的，而节点影响力及其话语传播是中心化的，[②] 此种状态也引发对互联网去中心化的质疑。[③] 可以说在区块链进入人们视野之前，互联网的去中心化并未得到切实实现，区块链的出现才使得互联网的去中心化潜能得以真正落地。

随着网络技术水平的提升，代码与法律、市场、准则共同对网络空间的各种行为进行调整，基于代码的软件或协议会决定人们利用互联网的方式，[④] 由代码构成的区块链技术也在致力于借由去中心化方式塑造可信的互联网环境。区块链与法律同样作为信任机制，[⑤] 其间存在的问题在于区块链以技术进行背书的去中心化信用与现行中心化体系下的法律信用之间可能存在竞合：以去中心化为特征的区块链若要楔入当前社会之中，或许在愿景上将更接近人类社会的民主化治理追求，然而从现实角度来看却将与中心化社会体系下的法律体系之间产生冲突。

从社会演进的历程来看，中心化社会体系下的法律在社会扩张过程中有效地维持着社会信任，时至今日依然是中心化社会治理的关键环节：从乡土社会向都市社会的演化，促使人类社会的形态走向陌生人社会，[⑥] 为适应从熟人社会向陌生人社会的转型，人们将社会交往关系中的信任从基于人身的“亲密关系”转向基于共同价值的“法律制度”，此过程中也使社会丧失熟人人际中相对明显的点对点特征。在乡土熟人

---

① ［英］安德鲁·查德威克：《互联网政治学：国家、公民与新传播技术》，华夏出版社2010年版，第55页。

② 王世华、冷春燕：《互联网再认识：去中心化是个伪命题？——兼与李彪先生商榷“中心化”问题》，《新闻界》2013年第20期。

③ 李彪：《网络事件传播空间结构及其特征研究——以近年来40个网络热点事件为例》，《新闻传播研究》2011年第3期。

④ ［美］劳伦斯·莱斯格：《代码2.0：网络空间中的法律》，李旭、沈伟伟译，清华大学出版社2009年版，第140页。

⑤ ［美］凯文·沃巴赫：《信任，但需要验证：论区块链为何需要法律》，林少伟译，《东方法学》2018年第4期。

⑥ 龚长宇、郑杭生：《陌生人社会秩序的价值基础》，《科学社会主义》2011年第1期；张康之：《“熟人”与“陌生人”的人际关系比较》，《江苏行政学院学报》2008年第2期。

社会中点对点交流模式意味着对中心化机制的弱需求，相对直接的民主化治理可使民众免于权力被滥用的担忧。问题在于熟人社会交往无法超越邓巴数限制，[①] 超越邓巴数将使熟人社会点对点交往中的分布式记录功能显著弱化，个体节点将无法承担超出其记忆能力的事务记录，即熟人社会的治理手段无法在效率层面跟进民主管理。因此，在社会交往层面不断扩展的前提下，民众只能依赖权威中心化法律体系的背书以应对社会扩展中的陌生人交往。总结而言，民主化治理追求去中心化的社会治理模式，陌生人社会现状则导致社会在追求治理效率方面依赖于中心化法律体系，由此引申出民主化治理愿景与社会治理效率之间的悖论，本质上即去中心化与中心化之间的矛盾。

对于上述矛盾，区块链的介入使社会治理在一定程度上得以兼顾两者：区块链在回归点对点社会环境以规避中心化缺陷的同时，还可以超越人际交往的邓巴数限制进而在整个陌生人社会层面实现高效的管理。区块链可以妥善的应对民主化治理愿景与社会治理效率之间的矛盾，但也可能因此与中心化法律体系构成竞合关系，在当前区块链楔入社会治理所展现的强大竞争力之下，中心化法律体系的困境已然显现，甚至有观点以“法律重构”的概念表述区块链给法律带来的影响。[②] 区块链极具潜力，正因如此我们更需要对区块链进行冷思考，明确它作为社会治理工具到底能做些什么，其融入社会治理体系的关键疑问在于两点：第一，区块链带来的社会民主化治理路径在技术层面是否可靠？若在技术层面不过关则对区块链功能性的讨论就是无意义的，尤其对技术不断更新迭代的忧虑将使人们更加担心区块链的技术坚实程度；第二，区块链参与社会治理是否意味着对中心化法律体系所维系的主权信任的彻底颠覆？若存在此种解构，那么可以达到何种程度？在塑造社会信任方面，区块链对中心化的法律体系的冲击程度决定着人们将如何在社会治理中定位区块链。

对于第一个问题，虽说区块链在普遍社会领域中的民主化治理愿景

---

① 即每个人与之维持持久关系的熟人数量通常只有 150 个左右。

② 曹勉之：《法律与区块链：共同进化的生态变迁》，《中国社会科学报》，2018 年 8 月 24 日。

方面富有效率，但其在部分关键技术环节仍未达到相对安全高效的标准，此环节即共识机制。在区块链节点之间实现可信共识的阶段，当前的共识机制未能给予塑造共识的区块链各节点以完善的独立性保障。从P2P分布式协议的角度看，参与区块链的每个节点在自然属性上当然独立，然而共识机制的不完善使得节点在沟通过程中未能保障其独立地位，此种不独立既来自于非刻意的节点垄断行为，也来自于刻意为之的节点集中化设计。

对于第二个问题，无疑区块链技术的广泛应用将对法律和信任之间的关系产生重要的影响，[①] 然而区块链的能力更多表现在对事实的忠实记录方面，其可贵之处在于以其技术手段解决受信事实的背书问题。对于社会中非事实的价值关系来说，信任的形成并非简单的对客观世界的确认，对于价值关系的信任需要耗费大量时间成本，对于社会整体而言，此过程乃是社会总体价值观的沉淀过程。法律体系作为中心化体系所建立的信用即是特定地域中的长期价值共识，对此种法律体系之信任是从宏观社会层面对整体社会价值抽象并加以固化的结果，从效果而言，法律体系可以告诉人们应当怎么做。目前区块链作为治理工具而言，人们还未将其视为凝合社会价值的载体，当其在社会治理体系中承担一定的功能时，至少其还无法告诉人们应当做什么。

三　区块链以技术措施融入社会治理的法律背书

在互联网数据爆炸式增长的背景下，区块链通过自身的技术实现去中心化属性，构造出全新的信用模式，使互联网从大数据信用走向区块链信用。[②] 然而其共识机制的不成熟，使其技术措施遭受诟病，区块链共识机制的缺陷使本应独立的节点缺乏独立性，导致节点垄断与节点集中状态，从法律所致力于维持的自由独立的价值取向来说，此种状态应予规制，借助当前成熟的中心化法律体系进行监管势在必行。

① 鑫苑集团：《技术信任创造价值——区块链技术的应用及监管》，中国经济出版社 2018 年版，第 179 页。

② 长铗、韩锋：《区块链：从数字货币到信用社会》，中信出版集团 2016 年版，序 XV 页。

对于节点垄断问题，以当前采取较多的共识机制为例，工作量证明机制（PoW）因比特币的盛行而成为较早受关注的共识机制，PoW 机制为实现共识而引入算力竞争机制。[①] 算力竞争引发的问题在于部分算力通过合作提升算力规模，企图垄断共识形成过程，例如比特币链条下的矿机与矿池的出现即在破坏算力均衡。[②] 此种节点算力被刻意集中的情形将导致节点独立性受到节点垄断行为的严重侵害，成为被集中算力所操控的工具，进而导致区块链记录的安全性受到极大威胁。[③] 节点垄断的行为危害与经济法上所规制的垄断行为的危害如出一辙，法律对此问题应予以关注。

对于非刻意的节点集中问题，现阶段的区块链共识机制为追求效率主动回归中心化，在“不可能三角”[④] 中全部或部分舍弃去中心化，以当前较多被采用的 POOL 共识机制为例，[⑤] 其本质上是为增进效率而达成的节点中心化设计，此类半中心化共识机制在应对中心节点可能带来的作弊及故障问题上仍不完善，此种节点集中化设计也背离区块链去中心化的初衷。区块链为实现落地而部分甚至全部滑向中心化体系，此种新的中心化体系的权力如何约束成为问题，由此可见当前区块链共识机制亦牵涉与传统中心化体系相似的权力集中问题。当前区块链应用转向中心化引发的问题无法诉诸区块链自身去解决，法律无疑应介入其中。

---

① 众多节点参与某种具有一定难度且易于验证的计算工作，先得出者广播其结果并由其他节点验证，一旦证明为正确，其他节点则直接记录该节点广播的结果，See Fan Jie，Yi Le-Tian，Shu Ji-Wu. Research on the Technolo-gies of Byzantine System. Journal of Software，2013，Vol. 6，pp. 1346 - 1360.

② 矿机即采用专业的挖矿晶元，采用烧显卡的方式工作以赚取比特币的电脑；而将少量算力合并联合运作建立的网站便被称作“矿池”（Mining Pool），亦即多人合作挖矿，获得的比特币奖励也由多人依照贡献度分享。

③ 此即所谓的 51% 攻击问题：当某一参与者的算力超过 51%，就能对整个系统发动攻击，这个系统就存在中心化或者被攻破的可能性。即使在 PoW 的基础上发展出的 PoS（Proof of Stake）以及 DPoS（Delegated Proof of Stake）机制亦不例外。袁勇、王飞跃：《区块链技术发展现状与展望》，《自动化学报》2016 年第 4 期。

④ 当前区块链技术的应用开发在“去中心化”（decentralization）、“安全”（security）与“效能”（scalability）之间寻求平衡，当前的技术水平无法总是同时达成三种目标，更多的是寻求其中两者实现，陈一稀：《区块链技术的“不可能三角”及需要注意的问题研究》，《浙江金融》2016 年第 2 期。

⑤ 刘童桐：《区块链共识机制研究与分析》，《信息通信技术与政策》2018 年第 7 期。

区块链所引领的“去中心化”是社会治理模块扁平化的路径，但仍须正视其技术局限性。区块链在自身技术无法补足的部分都将由当前的法律体系所弥补。法律旨在维持社会的秩序化运作，唯有法律介入区块链之中，区块链在技术层面的隐患才有可能在法律背书的前提下得到控制并取得公信力，进而成为社会治理体系中可信的一部分。当前法律体系在民主化社会管理的浪潮下，也在不断致力于将公权力装进制度的笼子里，此种自我抑制倾向使法律体系在实现更长久治理的同时，也使之得以累积更多约束中心化权力的治理经验进而达至社会治理的平衡状态。无疑半中心化的区块链也应当成为法律的治理对象，无论是有意识的节点垄断行为还是无意识的节点集中化，都说明区块链作为社会治理工具与人们的预期尚存在差距，其无法完全自洽的特性使得外部法律规制成为必要，以保障区块链技术在走向社会治理的道路上不会偏离人们的预期。

从区块链的技术内环节来看，当前大量半中心化的区块链开发尝试使法律监管成为必要，此种情势成为法律介入的内部契机。区块链对其去中心化属性的折减势必也将折减其技术背书的公信力。当此种情形出于应用场景的需要而发生时，区块链如何保障自身已经中心化的部分能够实现规范运作，当然需要依托既有的中心化法律体系来约束其设计及应用方式，使区块链中算法权利的集中及其影响得到有效控制，以保证区块链技术结构的相对安全性；此外，从网络技术发展的角度来说没有永远安全的算法，即使当前区块链技术架构中所适用的当前认定为安全的算法亦不能保证今后是绝对安全的。法律介入区块链的价值不仅在于确立当前可信的区块链设计与应用，还在于引导区块链技术走向更安全的技术架构，通过“规制”与“引导”并行的法律规范，法律将塑造出值得信赖的社会治理工具。

从区块链的技术外环节来看，区块链无法掩盖其在技术末端保护措施的单薄程度，此种情形成为法律介入的外部契机。区块链也为参与者带来一系列问题，[①] 其设计理念中隐含着风险自担的思想，在缺乏中央

① Ian Bogost. Cryptocurrency Might Be a Path to Authoritarianism. The Atlantic：Tech（2017－5－30）. http：//www. theatlantic. com/technology/archive/2017/05/blockchain-of-command/528543. 最后访问时间：2019年10月9日。

监管和仲裁机制、信息验证只涉及有效性而不验证合法性等问题中不能给用户提供任何保障，诸如数据的被遗忘权也无法在区块链环境下得到有效保护。① 应当看到在长期的社会发展中，社会个体逐渐习惯于受到法律的完整保护，为此甚至可以牺牲部分其他权利，这也符合社会活动的风险规避需求以及社会个体的风险厌恶思维。② 既有法律体系在社会治理链条的绝大多数环节已然建立起有效的监管与保障体系，在区块链生态尚不成规模的发展初期，区块链在末端保护的不足势必需要法律治理予以填补。

区块链的技术潜力将使其成为未来社会去中心化治理的开端，然而想要真正的解决民主化治理愿景与社会治理效率之间的矛盾，区块链在较长时期内仍要受到其技术局限的困扰，唯有在技术层面做到足够坚实，区块链才有可能走的更为长远。在这一方面，既有法律体系将成为现阶段区块链技术尚未完全成熟时期的主要监管力量。

四　区块链以事实化属性融入社会治理的法律定位

区块链因其在构造社会信用体系方面的极大潜力而延伸出“价值互联网”的概念。③ 不过应当看到区块链所致力于塑造的陌生人社会中的信任并不及于社会领域的方方面面，其“价值无涉”的属性使其无法替代所有的信任机制，尤其是法律机制。事实规定与价值判断是两个根本不同的问题，④ 对两者所涉及的信任问题也应当有所区分，看待区块链

---

① Reggie O'Shields. Smart Contracts: Legal Agreements for the Blockchain. North Carolina Banking Institute, 2017, Vol. 21, p. 177; Wulf A. Kaal, Craig Calcaterra. Crypto Transaction Dispute Resolution. Business Lawyer, 2017, Vol. 73, p. 114.

② 损失厌恶理论指出，个体在得失权衡中对损失的感受更为显著，See Daniel Kahneman & Amos Tversky. Prospect Theory: An Analysis of Decision under Risk. Econometrica, 1979, Vol. 47, pp. 263 – 292; George A. Quattrone & Amos Tversky. Contrasting Rational and Psychological Analyses of Political Choice. The American Political Science Review, 1988, Vol. 82, pp. 719 – 736.

③ 周平、唐晓丹：《区块链与价值互联网建设》，《信息安全与通信保密》2017 年第 8 期。

④ ［德］马克斯·韦伯：《社会科学方法论》，韩水法、莫茜译，中央编译出版社 1999 年版，第 146 页。

在社会治理中所塑造的信用，不仅要做事实层面的考察，还需深入到价值层面予以分析。

从维系社会价值的角度看，法律本身即是主权国家对社会关系的价值判断，国民之所以对主权法律如此信任，正是在于主权国家在塑造其国民的价值观的同时，以法律形式构造适应于上述价值的社会环境，以维系社会运作所必需的价值氛围。如萨维尼所指出的："可以把任何法律关系区分为两部分：'第一个组成部分，我们可将之称为法律关系的实质要素，或者称为在此法律关系之中的单纯事实；第二个组成部分，我们称之为法律关系的形式要素，即事实关系被提升为法律形式所依据的东西。'"① 我们通常将后一种称为"规范关系"，此种规范关系实质上代表着符合社会普遍价值的行为指引，其连接词并非是"是"，而是"应当"，② 因而此种规范关系是一种价值关系，与前一种所谓的经验（事实）关系形成区分。

区块链无疑将对事实确认相关的法律关系带来极大影响，③ 依据区块链所记录的事实，类似智能合约的区块链应用或许可以机械适用已导入其中的法律，直接导出法律适用的结论，进而实现法律的规范性功能。然而当下社会治理中的法律规范何以如此，以及未来的社会需要什么样的法律规范，区块链无法给出答案，区块链无法代替行为人进行思维并做出价值判断，它可以告诉我们"是"什么，而无法告诉我们"应当"是什么。总结而言，区块链进入社会信用体系的切入点在于构建新的事实预期而非新的价值预期，区块链的价值更多体现于互联网环境下对已数据化社会事实的信任体系之塑造，而无从涉及对社会价值的信任体系之塑造。

在中心化的法律信用及其所代表的主权信用仍然稳固的今天，与其关注区块链的价值潜力，不如更注重其在社会事实忠实记录与管理方面的极大潜力，塑造其可靠的"事实化"形象。即使只是作为事实关系的

---

① ［德］弗里德里希·卡尔·冯·萨维尼："萨维尼论法律关系"，田士永译，《法哲学与法社会学论丛》2004 年第 00 期。

② 朱虎：《法律关系与私法体系—以萨维尼为中心的研究》，中国法制出版社 2010 年版，第 31 页。

③ 尤其体现在与互联网相关的证据性规定以及公证活动中。

技术性背书，区块链所能发挥的作用仍然不可限量：区块链塑造的技术信任本质上是一种“去信任的信任（trustless trust）”,[①] “去信任”意味着去除事实关系中的人为因素，充分尊重事实关系的客观属性，在社会事实层面塑造诚信环境，而几乎所有的产业场景都有优化产业诚信环境以降低成本、提高效率的需求。[②] 若中心化法律治理的事实部分转向区块链，有关事实认定、拟制的相关法律条文及机构的运作实施效率将可能因区块链的广泛应用而大为改观。区块链以“事实化”的定位介入社会治理中，将使法律无须过分关注各类社会事实的举证状态。

区块链对社会事实关系的关注将使得未来社会的法律治理方式发生变化，在大量简单法律关系的处理上，未来甚至可能存在依据区块链记录的事实以及已有法律条文直接实现法律裁判的可能性，然而上述模式一旦涉及价值判断，尤其在处理重要社会关系时，须将价值判断部分分割出来，交由法律体系来完成。从这个意义上说，国家的立法职能与价值判断之间的高相关性使区块链对立法部门产生的影响较小；行政职能与司法职能在依法行政、依法裁判的结果定夺方面或许仍存在相当程度的价值判断，但在事实举证方面将成为区块链技术落地的重要切入点。2018 年 6 月杭州互联网法院即对一起侵害作品信息网络传播权纠纷案公开宣判，在此案中我国法院首次对采用区块链技术存证的电子数据的法律效力予以确认。[③] 最高法于 2018 年 9 月 3 日通过的《最高人民法院关于互联网法院审理案件若干问题的规定》第 11 条也确认：当事人提交的电子数据，通过电子签名、可信时间戳、哈希值校验、区块链等证据收集、固定和防篡改的技术手段或者通过电子取证存证平台认证，能够证明其真实性的，互联网法院应当确认。[④] 区块链技术将来可用以构建

---

① Ed Featherston. Blockchain：You Want Me to Trust a “Trustless Trust” System? Cloud Tech Partners（2017 - 11 - 15）. http：//www. cloudtp. com/doppler/blockchain-you-want-me-to-trust-a-trustless-trust-system. 最后访问时间：2019 年 10 月 9 日。

② 工业和信息化部信息中心：《2018 年中国区块链产业白皮书》，http：//xxzx. miit. gov. cn/n586856/c614035/content. html，第 8 页，最后访问时间：2019 年 10 月 9 日。

③ 浙江省杭州市互联网法院民事判决书（2018）浙 0192 民初 81 号。

④ 最高人民法院：《最高人民法院关于互联网法院审理案件若干问题的规定（法释［2018］16 号）》，http：//www. court. gov. cn/zixun-xiangqing – 116981. html，最后访问时间：2019 年 10 月 9 日。

国家职能部门所需要的、包含众多手段的监管工具箱，以利于实施精准、及时和更多维度的监管，[①] 进而成为辅助社会治理的重要环节。

未来区块链治理与法律治理间的关系应定义为事实确认与价值判断的分工，其在社会治理中的潜力定位即“事实化”，两者间的合理关系模式在于：以区块链塑造的技术信任为社会事实背书，增进社会效率；以主权法律塑造的社会信任完成价值判断，维系社会价值。作为“价值无涉”的互联网技术，区块链的“事实化”定位将使其在社会治理体系中更多的处于工具地位，但其在事实关系记录层面塑造的新生态将成为中心化社会体系革新自身的重要因素。为更好发展区块链进而革新社会治理体系，区块链应当受到既有法律体系的约束，从法律体系处受到的规制将使区块链更为可控、可信，此种约束在另一层面上亦是对区块链构造的社会事实信任体系的增强。

五　区块链融入社会治理的法律约束

随着区块链应用的扩展，与区块链相关的安全事件数量呈增长趋势。白帽汇安全研究院发布的《区块链产业安全分析报告》显示，2011年到2018年4月，全球范围内因区块链安全事件造成的损失多达28.64亿美元。[②] 作为新兴技术，区块链对既有社会体系的楔入程度尚且不足，无法构建相对安全自足的社会治理生态，对于大多数的中心化机构而言更像是双刃剑。[③] 区块链楔入社会治理还应由法律体系进行背书，消除社会公众对于区块链的各类疑虑。“网络解放和政府架空无异于天方夜谭，法律和监管介入的需求毋庸置疑。”[④] 法律约束下区块链去中心化将

① 中国区块链技术和产业发展论坛：《中国区块链技术和应用发展白皮书（2016）》，http：//www.cbdforum.cn/bcweb/index/article/rsr-6.html，第26页，最后访问时间：2019年10月9日。

② 白帽汇安全研究院：《区块链产业安全分析报告》，http：//fofastatic.ufile.ucloud.com.cn/blockchainsecurity_ v1.pdf，第11—13页，最后访问时间：2019年10月9日。

③ Deloitte：Blockchain：Enigma Paradox Opportunity. https：//www2.deloitte.com/uk/en/pages/innovation/articles/blockchain.html. 第8页，最后访问时间：2019年10月9日。

④ ［美］凯文·沃巴赫：《信任，但需要验证：论区块链为何需要法律》，林少伟译，《东方法学》2018年第4期。

更为可信，反过来更可靠的区块链又将反哺于法律，协助法律塑造更可靠的治理体系，通过减少中心化机构在运作中的不必要人为因素，从而增强法律关系运作中的确定性，使法律更有效地实现社会事务的有序管理。同时也应当看到，未来随着区块链应用去中心化性征的凸显，现有实在法甚至无法在基于区块链应用的社群中正常运作，[①] 针对区块链社群的新特征可能需要制定全新的法律规范。

（一）区块链技术设计阶段的法律约束

区块链应用在运作中隔绝人为因素干涉，因而应用设计阶段成为关键环节，甚至可以认为区块链将“中心化”的过程从运行时转换到了系统设计时。[②] 由于互联网技术的黑箱特征明显，[③] 社会大众对于区块链技术细节的不可知性使其在设计阶段受到约束越发重要。在技术治理成为热门议题的当下，技术人员所掌握的技能不再是单纯的技能，当技术参数的设定权力集中于程序员等技术人员时，亦代表着社会权力向技术人员的集中，将产生对于技术人员滥用权力的担忧。区块链应用的设计亦不例外，区块链的应用或许具备去中心化特质，然而在施行前的技术设计阶段仍不能逃脱中心化特质。法律需要对区块链的应用前阶段予以治理，区块链应用在设计阶段应保证技术的可靠性，技术设计应无任何偏私，如此区块链技术的施行才会为社会民众所信赖。

技术标准化措施是关键环节之一，技术标准化既是防止技术权力滥用的手段，亦是保证区块链技术稳定可靠的措施。标准化措施从区块链自身发展角度来说，有助于统一对区块链技术的认识，从而促进区块链技术在不同行业的具体应用形成统一而完善的技术前提，成为更优质的

---

① Bidzina Savaneli. The Co-Existence of Public Positive Law and the Private Normative Order: The Constant Spiral of the Developing Interaction and Mutual Transition Between Positive Law and Normative Order. Journal Jurisprudence, 2010, Vol. 6. p. 247, 257.

② 陈一稀：《区块链技术的“不可能三角”及需要注意的问题研究》，《浙江金融》2016 年第 2 期。

③ 即对于普罗大众而言，无须知晓技术细节，仍可通过交互了解技术的基本规律，黑箱特性在互联网技术中体系尤为明显，例如即使不懂得互联网技术的具体运作方式，社会大众依然可以正常使用互联网并发现其运作规律，大数据、人工智能等新技术都存在黑箱问题，许可：《人工智能的算法黑箱与数据正义》，《社会科学报》，2018 年 3 月 29 日；张淑玲：《破解黑箱：智媒时代的算法权力规制与透明实现机制》，《中国出版》2018 年第 7 期；杨东：《Facebook 泄密事件暴露大数据背后“技术黑箱”》，《证券日报》，2018 年 4 月 14 日。

监管工具；从规避社会风险的角度来说，通过对区块链技术在法律政策层面予以规范，能够从根本上减少区块链技术被滥用、错用的可能性。[①]国际标准化组织（ISO）已于2016年成立区块链和分布式记账技术委员会（ISO/TC 307）对十项区块链基础标准展开研究。[②] 在这一方面，目前工信部已经在筹建全国区块链和分布式记账技术标准化技术委员会。[③]在此之前，中国区块链技术与产业发展论坛已发布《区块链参考架构》，可作为今后制定区块链国家标准的参考依据。区块链国家标准的制定包括基础标准、业务和应用标准、过程和方法标准、可信和互操作标准、信息安全标准等方面，技术委员会应在上述各个方面跟进区块链各个基础技术的革新，对区块链标准时时予以审订更新，在区块链技术架构尚未完全稳定的发展初期尤其应注意标准规范的时效性。技术为保持其有效性必然存在以技术升级应对社会变化的倾向，若排除社会性因素在缓和此种影响方面的作用，新技术对先前技术效果的破坏极有可能是毁灭性的，因而在针对技术的治理中将法律等关键要素剔除是极其危险的。区块链的设计阶段集中体现着其技术逻辑，对其设计阶段诸种要素的变更应及时予以回应，才有可能保障区块链技术的有序进化。

行业自律性规范则是另一关键环节，考虑到技术设计中的专业性，在此阶段的约束更需要以行业自律为主，行政监管为辅。2019年颁布的《区块链信息服务管理规定》第4条规定："鼓励区块链行业组织加强行业自律，建立健全行业自律制度和行业准则，指导区块链信息服务提供者建立健全服务规范，推动行业信用评价体系建设，督促区块链信息服务提供者依法提供服务、接受社会监督，提高区块链信息服务从业人员的职业素养，促进行业健康有序发展。"上述规定中同时涉及对主体和行为的规制，尽快完善其中的诸多细节性规定势在必行，而且要保证上

---

① 工业和信息化部信息中心：《2018年中国区块链产业白皮书》，http：//xxzx. miit. gov. cn/n586856/c614035/content. html，第103页，最后访问时间：2019年10月9日。

② 国际标准化组织—区块链和分布式记账技术委员会，https：//www. iso. org/committee/6266604/x/catalogue/p/0/u/1/w/0/d/0，最后访问时间：2019年10月9日。

③ 中华人民共和国工业和信息化部：《全国区块链和分布式记账技术标准化技术委员会筹建方案公示》，http：//www. miit. gov. cn/n1146295/n1652858/n1653100/n3767755/c6237840/content. html，最后访问时间：2019年10月9日。

述行业自律规范与国家法律规范相衔接，行业自律性规范建立行为约束机制，国家法律规范建立行为责任机制。尤其当区块链作为社会治理的工具时，区块链技术的应用更易涉及国家权力运行，在法律规范层面建立责任机制的意义由此凸显，例如央行或将在未来采用数字货币体系，此种情形下技术设计中的纰漏带来的负面影响将更为严重，职能部门对类似此类区块链技术设计的安全性应负有行政责任。考虑到设计阶段可能存在的某些更为恶劣的行为，例如恶意在区块链技术设计阶段编程未经许可的后门等行为，则应根据刑法追究责任，以计算机相关罪名予以追诉并惩处。

（二）区块链技术应用阶段的法律约束

区块链技术的潜能更多的表现在对应用场景的管理上，银行业尤其热衷于区块链应用的开发。[①] 在区块链技术之上构造的智能合约（Smart Contract）则将区块链的管理潜能发挥至极致，智能合约有助于促进区块链技术在各类分布式人工智能系统中的应用，构建各类去中心化应用（Decentralized Application），[②] 乃至走向社会物理信息系统 CPSS（Cyber-Physical-Social Systems）。[③] 对于法律而言，各领域生态框架的更新势必改变法律规制的基础，法律不应与事实管理技术化的潮流相违背，对法律而言更重要的是维持自身的价值判断功能，而非如何维持自身对社会的规制权力。

区块链应用开发所涉及的方面已遍及社会各个领域，区块链即服务（BaaS）的出现已成为孵化助推区块链应用产业发展的重要平台。从区块链应用产业的源头规制来说，应当警惕资本市场的过度炒作，防范畸高估值以及借壳融资，金融监管部门应当首先把好区块链产业的资本关。2018 年 8 月，银保监会、网信办、央行等五部门已经针对基于区块

① 瑞银成立区块链金融研发实验室，重点探索区块链在支付、电子货币和结算模式等方面在商业银行的应用；纽约梅隆银行已尝试将比特币的点对点模型基础运用到银行系统，并在其员工内部系统中推出 BK Coins 数字货币。

② 袁勇、王飞跃：《区块链技术发展现状与展望》，《自动化学报》2016 年第 4 期。

③ Wang Fei-Yue, Wang Xiao, Yuan Yong, Wang Tao, LinYi-Lun. Social Computing and Computational Societies: The Foundation and Consequence of Smart Societies. Chinese Science Bulletin, 2015, Vol. 60, pp. 460 –469.

链的资本风险发布“关于防范以‘虚拟货币’‘区块链’名义进行非法集资的风险提示”文件，在区块链应用落地生根的关键时期，国家各相关部门今后对于借区块链之名进行非法融资的行为要常抓不懈，避免使区块链沦为资本运作的牺牲品，从源头上保护区块链产业的健康发展。

从监管对象的角度来看，区块链参与节点越多，全链对抗恶意篡改的能力越强、区块链本身的系统性安全越有保障，但庞大的节点数量也导致每个节点的规范化更为困难。尽管适用区块链技术所建立的系统本身是诚实可信的，但这并不意味着各个节点及其所输入的信息就是善意诚实的，区块链的属性更多的表现为诚实记录并存储数据。[①] 当前公有链技术与中心化环境下多种领域的社会治理需求相距较远，联盟链与私有链成为创新社会管理的优先选项，这两种形式的区块链较多采用门槛准入筛选成员，使得节点规范化问题尚且可控。在规范节点准入方面，法律应保证链条管理方的节点资格设定不存在歧视，《区块链信息服务管理规定》第 5 条要求：“区块链信息服务提供者应当落实信息内容安全管理责任，建立健全用户注册、信息审核、应急处置、安全防护等管理制度。”管理方根据区块链应用领域的不同应及时制定接入规范并予以公开，管理方应对链上信息的真实性承担责任；法律在规范信息输入方面，应确定节点于链上进行信息录入至少应符合接入规范，鼓励引导链条管理方建立负面清单制度规范节点行为，对于恶意录入虚假信息等行为，国家网络监管部门应联合各链条管理方建立黑名单制度予以惩戒。

区块链技术甚至在国际事务中也有极大的应用潜力，成为创新全球价值传递的新途径。[②] 区块链可使世界各地区的社会信任在技术层面走向趋同，即使地区及国家间存在价值观分歧，技术却能突破多样化价值的代沟成为全球通行的信用根源，在国际事务应用区块链技术将有利于人类社会在全球层面的一体化，只是构建全球统一的区块链网络还有较

① 长铗、韩锋：《区块链：从数字货币到信用社会》，中信出版集团 2016 年版，第 49—50 页。
② 熊健坤：《区块链技术的兴起与治理新革命》，《哈尔滨工业大学学报》（社会科学版）2018 年第 5 期。

长的路要走。[①] 区块链在一些超主权的事务方面将发挥不可估量的价值，例如区块链可用于全球互联网的域名管理服务，以应对当前根域名解析体系高度中心化所蕴含的权力滥用风险。[②] 区块链在各类国际场景中的应用优势将更甚于国内场景，对于改善无政府背景下的国际社会治理状态而言意义重大。

（责任编辑：张金平）

① 龚鸣：《区块链社会》，中信出版集团 2016 年版，第 25 页。

② 庄天舒、刘文峰、李东：《基于区块链的 DNS 根域名解析体系》，《电信科学》2018 年第 3 期。

Exterritorial Experience
域外经验

美国版权局关于《数字千禧年版权法》之第 512 条报告摘要*

王 伟 译

（香港大学法律学院博士研究生）

作为《数字千禧年版权法》（DMCA）的一部分，第 17 编第 512 条自 1998 年订立以来，既为互联网的发展提供了重要的指引，同时也引发了对其自身运作的争论。本报告首次全面分析了第 512 条是否有效地实现了在线服务提供商（“OSP”）① 和创作者之间的利益平衡。

在制定第 512 条时，国会试图在以下两个立法目的之间取得平衡。其一，是为在线服务提供商提供重要的法律确定性，以便互联网生态系统能够蓬勃发展，而避免因为用户的活动而发生版权侵权责任，进而受到潜在的、破坏性的经济影响；其二，是保护作者和其他权利人的合法利益，使其免受猖獗的、低门槛的在线侵权的威胁。为了平衡这些利益，美国国会建立了这样一个制度——在这一制度中，以满足一定的条

* 报告英文摘要和全文，可参见：https：//www. copyright. gov/policy/section512/section - 512 - full-report. pdf。

① 本局意识到，许多利益相关方和公众通常不区分地交替使用在线服务提供商（Online Service Provider，“OSP”）和互联网服务提供商（Internet Service Providers，“ISP”）这两个术语。但鉴于第 512 条对“纯粹提供管道”（mere conduit）的服务提供商（属于第 512（a）款所涵盖的服务提供商）和其他类型的在线服务提供商的处理方式有法定的差异，本局认为，有必要将“纯粹提供管道”的服务提供商与其他类型的在线服务提供商区分开来。因此，本局在此使用互联网服务提供商“ISP”一词仅指第 512（a）款下的“纯粹提供管道”的服务提供商，而使用在线服务提供商“OSP”则指第 512 条所涵盖的所有在线服务提供商，包括“纯粹提供管道”的那一部分。译者注：“纯粹提供管道”，即只涵盖通信的中间载体，而不包括通信的发送者或接收者。服务提供商不得选择、更改或保存通信中的材料。（17U. S. C. §512（k）（1）（A））

件为前提，在线服务提供商可以享有版权侵权责任的例外（称为“避风港”），同时为权利人提供了一个快速的、非司法的方法来应对侵犯其版权的行为。因此，对某些类型的在线服务提供商来说，“避风港”原则要求服务商接到权利人通知后迅速删除侵权内容。

在第 512 条生效以来的 20 多年里，人们经常会问，国会寻求的平衡是否得以实现，特别是考虑到互联网已经经历了巨大的变化。事实上，正是这个问题推动了此项研究报告的撰写。根据 2015 年时任众议院司法委员会委员的请求，本局进行了一项为期多年的研究，最终释出了两份调查通知、数万份书面答复、九项实证研究，以及在纽约、旧金山和华盛顿特区举行了公开的圆桌会议。

通过上述努力，本局收到了关于第 512 条是否达到了预期的利益平衡的意见，然而这些意见大相径庭。粗略地说，许多在线服务提供商认为：第 512 条是成功的，其使这些服务商能够得以快速发展，为公众提供服务的同时，不至于面临令人挫败的诉讼；相关权利人的看法则截然不同：他们对于个别创作者是否有能力有效利用第 512 条构建的制度处理侵犯版权的问题，以及侵权内容被删除（take-down）后反复出现的“打地鼠游戏”（“whack-a-mole”）现象，表示深度关切。根据对第 512 条目前实践的有效性之分析，本局得出结论认为：国会原本试图实现的利益平衡已经出现了偏差。

本局进行此项研究的目标之一——是就如下议题提供建议：如果最初的利益平衡对所有利益相关方都不再行之有效，那么国会应该如何修改法规[①]。下文概述了本局的结论和建议，但此前需要先简要叙述本局开展研究和提出建议时所遵循的指导原则。第一，互联网版权保护必须是有意义和有效的，以便权利人在权利被侵犯时能够适当地行使其权利；第二，必须为诚信经营的在线服务提供商提供法律上的确定性和创新的余地，这不仅有利于各方当事人，也有利于公众和内容产业；第三，虽然国会的目的是鼓励在线服务提供商和权利人之间的合作，但此

① 请注意，在本报告中，本局仅限于检视现行的第 512 条相关制度。本局不论及有关在线服务提供商的适当责任机制（the appropriate liability scheme）等更为宏大之议题。

种合作并非唯一选择；自愿性的举措当然有其价值，但经验表明，它们无法取代那些寻求利益平衡的立法；第四，政府的决策应该尽可能以事实为基础。但是，由于许多第512条制度运作所依赖的数据（主要是私人机构的）仍然无法获取，这限制了政策制定者有效分析这些数据以便提供信息和制定解决方案的能力；第五，也是最后一点，21世纪的互联网政策不能一刀切。政策制定者必须解决利益相关方群体内部和利益相关方之间的摩擦与分歧。

根据上述指导思想，本局从以下十二个方面提出结论和建议：

- 关于适格的在线服务提供商的类型化。国会试图将四类在线服务提供商的涵盖范围规定得相当宽泛，以适应新的、不可预见的技术。目前看来，法院对“避风港”类型化的解释大多符合国会的原意。然而，本局注意到，第512（c）款所涉避风港的现有规定与国会最初寻求实现的利益平衡之间存在矛盾。具体而言，第512（c）款所涉避风港规避了“根据用户的指示在其运营或者控制的网络中存储材料而发生的版权侵权行为”①，而使在线服务提供商免于承担金钱救济责任。按照目前的解释，“由于存储的原因”（“by reason of the storage”）已被扩大解释到包括许多“涉及”（“related to”）托管行为的活动，而国会可能并未预料到这一点。国会可能希望厘清的其他适格性问题也陆续出现，包括第512（b）款所涉避风港的“暂时性”具体所指的时限长短，以及提供互联网基础设施以外的技术服务（例如点对点P2P系统和支付处理系统）是否应适当地被涵盖至第512（a）款之下等等。
- 关于“重复侵权”的政策。虽然利益相关方之间对“重复侵权者”的含义有很大的分歧，但第四巡回法院认为，第512条规定的“重复侵权者”是指重复被控侵权者（repeat alleged infringer），而不是指重复被裁定侵权者（repeat adjudicated infringer）。本报告指出了第512条对在线服务提供商的“重复侵权者”涉及的另外两个问题，希望国会对这两个问题进行检视，并最终予以处理。首先，为了符合“避风港”之条件，在线服务提供商必须“采用并合理地执行……规定在适当的情

① 17U. S. C. §512（c）（1）.

况下，终止作为‘重复侵权者’的用户账户之政策”①。按照目前的解释，如果在线服务提供商采用并合理地执行一项不成文的政策，而其具体内容从未与该服务提供商的用户分享，则可能被认定为符合规定。本局认为，这种不成文的、未公开的政策不大可能起到国会最初预期的对侵权行为的遏制作用。考虑到避风港的范围之广，为了与法规相称，并对侵权行为起到威慑作用，制定明确的、成文的、公开的“重复侵权者”政策似乎是一种最低限度的要求。其次，国会不妨考虑是否应该进一步提供立法指导，阐明什么是基于重复侵权行为而终止用户账户的“适当情形”，以及在权利人没有正式地删除通知的情况下，此种“适当情形”是否有可能发生。

- 关于在线服务提供商的“知情”要求。本报告指出了目前关于第512条对在线服务提供商的知悉要求的解释范围比国会最初预计更窄的三个领域：

首先是“实际知情”vs.“红旗标准”的问题。在研究期间，本局就这个议题收到大量的反馈。法规要求，为了满足第512（c）或（d）款避风港的适用条件，在线服务提供商必须既不知道使用其服务的用户的侵权内容或行为，又“未意识到有明显的侵权活动的事实或情形”，这就是所谓的“红旗标准”②。本局认为，这个问题尤其应当得到国会的关注，以重申或厘清“实际知情”与“红旗标准”的区别。与此相关的是，本局注意到，法院一直试图阐明第512（m）款关于避免对在线服务提供商施加监督义务的意图与第512（c）和（d）款的知悉要求之间的适当关系。更全面地阐述这一条款与第512条其他条款之间的利益平衡之趣旨，对利益相关方和法院来说都是很有价值的。本局还注意到，如果在法定措辞中纳入合理性标准（reasonableness standard），以明确考虑在线服务提供商之间的差异，则更有助于完善知悉要求的适用。

本局考虑的第二个知悉要求问题涉及“有意无视”标准（willful blindness）的适用。这是一种普通法上的理论，探讨的是在线服务提供

① 17U. S. C. §512 (i) (1) (A) .

② 17U. S. C. §§512 (c), (d) .

商是否故意对用户的侵权行为知情不报。如果发现在线服务提供商被认定存在“有意无视”行为，将被控以等同于“实际知情”，并丧失“避风港”适用之例外。本局特别指出，法院对“有意无视”的标准是在传统的普通法标准基础上修正的，要求“有意无视”涉及故意的特定侵权行为之规避，而不是通常意义的侵权行为之规避。虽然法院为了使该理论与第512（m）款相协调而得出这一结论，但其结果可能与国会的初衷相矛盾。本局认为，国会若进一步厘清“有意无视”的法定范围以及这一学说与第512（m）款之间的相互作用，则可以使第512条的适用更为清晰。

本局考虑的第三个知悉要求问题涉及普通法中的替代责任标准，该标准通过第512（c）（1）（B）项的规定被引入《数字千禧年版权法》，“在服务提供商有权和有能力控制侵权活动的情况下，如果服务提供商没有获得直接归因于用户的经济利益，则托管服务提供者不承担因用户指示的存储而侵犯版权的责任”①。目前，法院要求证明“不仅仅是具备删除或阻止访问（侵权）材料的能力”②。虽然本局不赞成大幅收紧这一标准，但国会应当评估目前的此种解释是否符合预期的利益平衡。

- 关于代表性清单和定位的确定。在发送合规的删除通知时，权利人必须确定被指控侵权的作品，“或者，如果一个在线网站上有多个受版权保护的作品被包含在一个通知中，则必须提供该网站上的代表性作品清单”③。权利人还必须提供合理的足以让服务提供商找到侵权素材的信息④。因此，国会应当考虑提供更为清晰的法律解释。类似地，本局还注意到，国会在“合理充分的信息……以用于定位”条款背后的意图与许多在线服务提供商和一些法院要求的具体明确性程度之间存在着矛盾。本局的结论是：国会不妨考虑“合理充分的信息……以用于定位”的规定，是否可以适当地解释为要求权利人必须为在线服务提供商的每一例侵权材料提交一个独特的、特定于文件的URL。

---

① 17U. S. C. §512（c）（1）（B）.

② Viacom Int’l, Inc. v. YouTube, Inc., 676 F. 3d 19, 38（2d Cir. 2012）.

③ 17 U. S. C. §512（c）（3）（A）（ii）.

④ 17 U. S. C. §512（c）（3）（A）（iii）.

- 关于明知故犯的虚假陈述和滥用通知或反通知。针对删除通知和反通知的发出者，如果其对将要删除的材料是否侵权，或是否因错误或误认而已然被删除或禁用①，做出明知故犯的重大虚假陈述，通知和反通知的发出者皆应承担损害赔偿责任。法院已对这一规定做出了适当的解释，要求其“实际知情”或“有意无视”虚假之处，而不仅仅是过失或不合理的虚假陈述。不过，本局发现，许多利益相关方呼吁加大对失实陈述的处罚力度，以起到威慑作用。

- 关于明知故犯的虚假陈述和合理使用。本局质疑 Lenz 案法院采用的第 512（f）款所规定之关于“明知故犯的虚假陈述”的测试，该测试实际上将针对“通知发出”（notice sending）行为的第 512（c）（3）项中所列的诚实信用标准纳入到对第 512（f）款中“明知故犯的虚假陈述”要求的法律论证框架之下②。此种论证可能使得那些发送删除通知之前未能进行合理使用之适用可能性检讨的权利人承担潜在责任，而不论该素材是否实际侵权。本局建议国会审慎检视 Lenz 案的影响，并考虑任何可能需要厘清之法律上的措辞。

- 关于标准和非标准通知的要求。根据研究过程中获得的资料，本局注意到，近年来许多大型在线服务提供商所采用的提交删除通知的机制，已不再与第 512（c）款规定的通知要求保持一致。新的网页提交表格和在线服务提供商为确保该过程的效率而规定关于证明删除通知的实质性证据要求的现象激增，使较小的权利人必须花费更多的时间和精力来发出删除通知。同时，第 512（c）款中规定的一些现行通知标准可能即将面临淘汰。因此，本局建议国会考虑将所要求的删除通知的最低通知标准改为行政监管程序，使本局能够制定更灵活的规则和“防患于未然”的法规，以应对时刻发生着变化的通信方式。

- 关于第 512 条规定的时限。法院在考虑到每宗个案的不同情况后，通常以灵活的方式就在线服务提供商须在知悉侵权内容后“迅速”删除或禁止访问侵权内容的这一法定规则进行解释。本局大体上认同这

---

① 17 U. S. C. §512（f）.

② Lenz v. Universal Music Corp.，801 F. 3d 1126，1154（9th Cir. 2015）.

种灵活性的必要性。但是本局强调，鉴于目前的商业模式和联邦层级的诉讼的现实情况，在收到反通知后恢复提供内容访问权限的法定时限对用户和权利人皆有不利。十到十四天的时间对于封锁合法内容来说太长；而对于权利人来说则太短，他们来不及准备和提起联邦层级的诉讼来阻止这些侵权内容的恢复。有鉴于此，国会不妨研究一种替代性的争端解决机制来应对这些问题。

- 关于法院传票的问题。第 512（h）款允许权利人传唤在线服务提供商以查明被指控的侵权者。然而，事实证明，这一条款很少被权利人使用，一部分原因是法院对该条款的解释过于严格，另一部分原因是从这些传票中费力收集到的信息往往没有什么用处。此外，第 512（h）款是否适用于“纯粹提供管道”的互联网服务提供商，这一点并不明确，因为这些服务商可能是从事 P2P 文件共享等活动的用户的身份信息的唯一标识来源。有鉴于此，本局建议国会考虑厘清第 512（h）款的措辞。

- 关于禁止令的问题。第 512 条虽然禁止对在线服务提供商施加金钱救济责任，但确实允许采取第 512（j）款规定的有限的强制救济形式。然而，法院对第 512（j）款规定的禁令救济形式的解释基本上是对“通知—删除”制度的延伸。虽然这种解释相比国会的意图显得更加狭窄，同时第 512（j）款规定的几种形式的禁令救济在通知删除后仍可使用，本局认为，目前这个问题不需要国会干预。但是，如果国会认为权利人可以获得的禁令救济的范围应比目前的范围更广，那么国会应当清楚说明“通知—删除”救济与第 512（j）款禁令救济之间的区别。

- 关于非法定途径的问题。除了上述国会可能希望考虑的途径之外，本局强调，还有其他一些不需要国会干预的方法尚未被完全挖掘。因此，本局计划筹备并推出有关教育资源，向第 512 条机制的所有参与者说明他们的权利和责任，并鼓励利益相关方参与其中。此外，本局还将研究如何促进其他自愿性举措，以解决网上侵权问题，并帮助确定在部分领域可以采取的标准技术措施。

- 利益相关方的替代性建议。本报告载有关于其他国家涉及网上中介责任的发展情况的说明资料。本报告还确定了受访者提交的几项关于新方法、新途径的建议，本局认为这些建议超越了《数字千禧年版权法》的原始框架。对于这些问题——特别是“通知—维持删除状态”（notice-and-staydown）和“网站屏蔽”（website blocking）——本局认为，需要在公众的参与下进行更多的研究，包括对潜在的非版权意义上的影响进行研究，以探讨未来此类建议的可能轮廓和架构。

本局不建议对第512条进行全面的修改，而是提出国会可能希望对第512条目前的运作方式进行微调之处，以便更好地平衡创意产业中的在线服务提供商和权利人的权利和责任。如果国会选择继续推进其设计的DMCA之利益平衡机制，并在本报告指出的问题的基础上取得更多进展，那么本局对寻得途径以重建第512条所追求的利益平衡持乐观态度。

最后，本局还充分意识到，在线环境中的所有创作者（不论大、中、小）、在线服务提供商（不论大、中、小）和用户（各种规模和诸多部门领域）今天所面临的机遇和挑战与1998年相比已有很大的不同。国会也可以选择重新评估其如何看待当前环境中的利益平衡制度设计，以及其他超越第512条现有框架的举措。此类立法决定权在国会手中，本局不对未来可能形成的利益平衡机制等更大的问题提出建议。但本局随时准备继续开展工作，向国会提供更多的其他建议。

（责任编辑：刘灿华）

Contents and Abstracts

Decision-making balance between "Privacy" and "Public Health" —— 10 Consensus, Differences and Challenges of Personal Information Protection in Various Countries during the COVID – 19 Epidemic

Wang Rong; Yan Jinlin

Abstract: The global outbreak of coronavirus (COVID – 19) in 2019 poses continuous challenges to the health care systems and public safety of many countries. The rapid collection and analysis of personal information, especially personal health information and location information, can help control and actively response to the outbreak. Meanwhile, privacy, personal data protection and other issues have also become lingering concerns. The authors combed and analyzed the rules and practices concerning the processing of personal information during the epidemic in more than 40 countries and summarized 10 categories of the consensus about personal information protection, the remaining differences and the common faced challenges. Data protection laws will not hinder outbreak control measures. However, the basic principles of data protection laws should still be followed during the information collection of the employers and the cross-departmental data sharing. As the epidemic escalates, more controversial measures are put into use and online services are normalized, which bring privacy challenges. The decision-making balance between "Privacy" and "Public Health" during the epidemic deeply reflects a country's culture and social recognition traditions. If countries cannot withdraw from the "privacy controversial" management measures in the short term, it is particularly important to adhere to the basic principles of data protection laws.

Keywords: Public health, Personal data protection, COVID – 19

A Discussion of the Definition of "Personal Information" in the Network Security Law

Fang Yu

Abstract: Personal information is defined in the Network Security Law by both ways to summarize and enumerate, but there are still confusions. The definition itself, and the words of which, "including but not limited to" combination "and" recognition "have rich perspectives to understand. This article tries to analyze the definition itself as well as the Keywords in the definition to reasonably distinguish personal information from non-personal information, and to describe the legal scope of the Network Security Law by considering the legislation objective. From the perspective of keeping the balance of rights protection and industrial development, based on the analysis of practical application scenarios, this paper puts forward some suggestions for reasonably defining the scope of personal information.

Keywords: Personal data protection; Definition; Including, but not limited to; Recognition

Platform Liability in Internet Governance: Dilemma of Typification and Development

Sun Yiwu

Abstract: Internet platform economy has become a new organizational mode of productivity. Traditional internet platform only provides online market of information intermediary and transaction matching services. With the development of the internet economy, new industries, products and services of the platform emerge in an endless stream, and the statutory laws could not make an exhaustive and accurate definition and classification of the platform. Platform liability is closely related to the type of platform. The foresight ability and control ability of different platforms vary greatly. The size of platform management and control ability determines the legal liability. From the perspective of network security obligations, each network platform has the "subject responsibility" to ensure network security. When the platform type is uncertain, the "Notification-Deletion Rule" applicable to content platforms should be revised to the "Notification-Necessary Measures Rule" applicable to all platforms, and the "Necessary Measures" are different due to the platform type, platform control capability and other factors.

Keywords: Internet Governance; Platform Liability; Subject Responsibility; Notification and Deletion Rules; Safe harbor

Research on the Application of Copyright Rights Law Miscellaneous Provisions in the Network Environment

Song Yaxin

Abstract: In the era of rapid development of internet communication technology, domestic copyright legislation has been obviously unable to keep up with the pace of progress. In the cases which involving network communication, domestic courts have applied the miscellaneous provisions when there is no corresponding right item in the current law. This clause may be a sharp weapon to ease the contradiction of legislation lag. This paper analyzes the conditions of the application of the miscellaneous provisions of copyright right law from the perspective of judicial practice, and discusses the relationship between the implementation of international treaty obligations and the principle of technology neutrality. Also, the author probes into the necessity and rationality of the existence of miscellaneous provisions of copyright rights law in the network environment.

Keywords: Miscellaneous provisions for copyright rights law; Numerus clausus; Principle of technology neutrality

The Dilemma and Path Exploration of Criminal Governance of Cyber Evil Force Crime

Xu Chi

Abstract: Cyber evil force crime is the result of organized crime with the help of information network technology, big data, cloud computing, artificial intelligence and other latest technological achievements iterative alienation, manifested as increasingly deep integration with information network technology, and linked cross-border transnational organized crime to each other. Network "set loan", network gambling, network extortion, network "water army" has become the worst-hit area of cyber evil forces crime. The criminal governance of the criminal forces of the network evil forces has difficulty in investigating, collecting evidence, investigating the source crime, and the recidivism rate is high. It is necessary to improve the supply of criminal legal system, further clarify the scale of adjudication, construct the pattern of social co-rule, and explore the rule of law path to completely eliminate the cyber evil force crime.

Keywords: Cyber evil forces crime; Cracking down on gang crime and evil forces; Cybercrime; organized crime; Criminal governance

Criminal Regulation of Cyber Rumors in China: Innovation, Dilemma and Optimization

Xu Yangyang; Liu Shixuan

Abstract: Cyber rumors refer to rumors in cyberspace. The nature of cyber rumors is rumors, but they are different from traditional rumors. Cyber rumors are fast, concealed, low cost, wide in scope, and harmful. The criminal regulation practice of cyber rumors shows that compared with the high incidence of cyber crimes, cyber rumors constitute a low proportion of crimes; the charges apply to diversification, but are relatively concentrated on defamation, provocation, and fabrication, intentionally spreading false information ; The content and channels of Internet rumors are diversified; there is a big difference between the actual and supposed crimes. Facing the ever-expanding online speech, China's criminal legislation and judicial response have been positive. Although this is a "must-have" and a countermeasure in a problematic way of thinking, at the same time it also marks that China has realized a change in the concept of rights protection to risk control at the level of the national legal system. The use of criminal methods to combat online rumors has dilemmas at the three levels of philosophy, system, and technology. From the perspective of ideas, the modest nature of criminal law has been stranded. From the perspective of systems, criminal legislation and justice lack systematic thinking. From the perspective of technology, the criteria for judging "serious public order in cyberspace" are not clear. The improvement of national (social) governance capacity and governance level is concrete, not abstract. Because the governance of cyber rumors involves the balance of multiple values (at least two values of freedom of speech and social order), from a fundamental perspective, we must look at the governance of cyber rumors from a higher perspective. The optimization of the cyber rumor governance model should be carried out from two levels: the first level is to distinguish between the inside of the law and the outside of the law; the second level is to distinguish between the inside of the criminal law and other legal norms.

Keywords: Cyber rumor; Crimina regulation; Provocation trouble; Freedom of speech social governancef

Coupling and Decoupling: The challenge to Sovereignty order posed by Libra

Liu Gang

Abstract: The author aims to discover the political implication of Libra which was claimed by Facebook to be a pure business project. Libra would, if carried out as planned, produced a far-reaching impact not only on financial infrastructure, but also on the domestic and international political order based on sovereignty. The public law theory is facing a seriously challenge posed by

Libra.

Keywords: Coupling; Decoupling; Sovereignty

Research on Algorithm Regulation in Internet Precision Marketing

Lun Yi

Abstract: Precision marketing can greatly improve the efficiency and effectiveness of internet advertising. Machine learning algorithms have been broadly used in collecting user's initial personal information, producing user portrait, and pushing advertisements of products and service which meet users' need. As precision marketing effectiveness continues increasing, the risk of personal information protection continually roaring. Precision marketing can be simply divided into 3 phases, which are data collection, data processing and data use. With regard to the regulation types, there are two main kinds of ideas—regulating data processing and regulating algorithm itself. The current governance model has problems in dealing with regulatory content and object complexity, low participation of third-party organizations, and uneven data protection responsibility. Considering the reality of development of digital economy of China, it is suggested to take the risk control perspective, consider the different application scenarios and regulatory purposes, and adopt a 2-phased legislation and regulation pace, in order to better balance the relationship between security and development.

Keywords: Algorithm; Precision Marketing; User Portrait; Algorithm Governance

LawTech: a New Choice to Realize Justice and its Shortcomings—From the Perspective of Three Internet Courts

Chen Xuhui

Abstract: With the development of the times, LawTech has gradually emerged and become the top priority of the current judicial system reform. As a new choice to achieve justice, from the perspective of procedural justice,

LawTech can improve judicial efficiency and promote the openness and transparency of procedures; from the perspective of substantive justice, LawTech can help to achieve the same case and the same sentence, and promote the norms and unity of legal application. However, LawTech is not a "panacea" to achieve justice and cure the stubborn judicial diseases. On the one hand, it has "genetic defects" at the beginning of its birth, on the other hand, it conflicts with judicial concepts in its operation. We should face up to the "ceiling" of judicial science and technology, define the position, limit the scope, strengthen the relief, and serve for the reform of judicial system.

Keywords: Lawtech; Kudicial reform; Artificial intelligence; Algorithm; Big data analysis

Legal Regulation Path of Enterprise Data Competition——From the perspective of corporate data competition refereeing rules

Ge Ying

Abstract: With the booming of data industry, the existing laws can no longer accurately settle the allocation of data property rights. As the "new oil" in the era of intelligent Internet, data triggers a tussle in the field of enterprise data competition. Different from the disputes over the theoretical construction and the scattered absence of the legislative system, the court gave a judicial solution to the distribution of data property rights in front of the legal principle of "not to refuse the trial", which provided an effective reference for the construction of data property rights. Distinguishing between "authorized data acquisition" and "unauthorized data capture", judicial practice implies the judging rules under the path of inductive unfair competition, and also exposes its weakness in dealing with the diversified development of the data industry. To solve the problem of data competition, it is necessary to give the data controller reasonable data property rights while optimizing the judicial application of anti-unfair competition laws

Keywords: Data competition; Data property rights; Data capture; Unfair competition

From Computational Social Science to Computational Law: Examining the Causality-Oriented Legal Research

Wang Wei

Abstract: Law has seldom been viewed as a complex system in the physical sense until computational law emerged to reflect on ontological, ethical and methodological debates over legal text as data. The judiciary system has embraced a surging datafication of court decisions; the legal profession has encountered the soaring demands for legal technology that predicts, secures and scrutinizes onsite and offsite dispute resolutions; and the academia has looked into the emergence of computational legal studies with data science. The article thus draws attention to the quick advent of computational law and its global educational landscape, thereby answering how a substantial toolkit of data science can inform the modern and next-generation legal education. The article aims to bridge the following gaps: First, it introduces the system of empirical research in social sciences and explores whether and how empirical methods can alleviate the controversy as mentioned earlier. Second, it explains how to build a legal research paradigm based on the causality endowed by computational intelligence, instead of the interpretation and correlation. Third, it illustrates how to use the methods of computational social science (data capture, online experiments, network analysis, text mining and content analysis, spatial-time analysis, etc.) to derive micro-level metadata from the law as a social fact that characterizes the macroscopic whole. Finally, this article proposes a teaching framework of and a learning pathway towards computational law that will likely be a mainstream law-school course very shortly.

Keywords: Computational Social Science, Computational Law, Legal Doctrine, Legal Text as Data, Causality

The Legal Status of Artificial Intelligence: A Perspective from The Theory of Legal Objectivity

Wang Zixun

Abstract: As one type of artefact, artificial intelligence shall never get the fictional status as legal agency. On the other hand, as social robot prevalent in our daily life, our relationship with intelligent robots may become much more complex than that with other object. Thus, the moral consideration for some certain types of robots may be necessary in the future. To handle this problem, we could establish the theory of "legal objectivity" to distinguish the "moral object" which may need special protection due to their ethic meaning from the "normal object". Today, artificial intelligence is just one of "normal object". In the future, we may need to elevate it from the rank of "normal object" to the rank of "moral object". But it will never be the case where artificial intelligence shall become legal agency.

Keywords: Artificial Intelligence; Moral Status; Legal Objectivity

Legal Review on the Integration of Blockchain into Social Governance System

Jiao Yuanbo

Abstract: As a new technology in the Internet era, the influence of blockchain cannot be ignored by law. Blockchain technology will enhance mutual trust in all fields of social governance, and from the view of its decentralization nature, blockchain can provide an effective social trust mechanism for the decentralization/centralization contradiction between democratic governance desirability and social governance efficiency. However, there are difficulties in integrating it into the social governance system, which should be examined from the technical and social levels. In view of the limitations of its consensus mechanism, we should ensure that blockchains are regulated by law from inside and outside of technology; in view of the limitations of its "value free" attribute, more attention should be paid to the "factualization" of blockchain, so we can distinguish it from legal system as the maintenance mechanism of social value. In order to better wedge into social governance, blockchain should be subject to legal in gaining public trust, law should regulate the standardization and responsibility of blockchain in period of its technology design, and regulate the activities of blockchain in period of its application through developing potential of blockchain as a regulatory tool.

Keywords: Blockchain; Law; Social Governance; Decentralization; Factualization

《网络信息法学研究》征稿启事

为推进网络信息法治建设，提升网络信息法学研究水平，推进中国特色新型智库建设，推动相关优秀成果的现实转化，《网络信息法学研究》现面向社会公开征文，诚邀国内外专家学者踊跃投稿。

一　概要

中国法学会网络与信息法学研究会是中国法学会直属的全国性一级研究会，是中国网络与信息法研究的核心和中坚力量。《网络信息法学研究》作为中国网络与信息法学研究会会刊，汇集国内外网络信息法领域理论性、前瞻性、创新性研究成果，引领、推动、服务中国网络信息法发展。

二　主题

本刊注重对网络发展突飞猛进背景下网络与信息领域的法治研究，探讨解决理论与实务界的最新问题，交流国内外最新理论研究成果及实践经验。辑刊的栏目设置有：共享经济与政府规制、个人信息保护、网络监管与网络治理、人工智能与法治、大数据与网络安全、互联网全球治理等。欢迎有独立见解、反映网络信息法学最新理论与实务动态的文章。

三 投稿要求

1. 稿件内容应与网络信息法学密切相关，要求学术主题明确，结合实务，具备创新理念，符合学术规范。

2. 向本刊投稿时，请作者在正文外另附一页详细写明作者信息，正文中不出现作者信息以便匿名审稿。作者信息须完整准确，包括姓名、中英文工作单位、学位、职称、通信地址、邮编、联系电话及电子信箱；文章为得到基金项目资助的，请注明。

3. 论文类稿件一般应在 8000 字以上（含脚注），须有英文标题、200 字左右的中英文摘要、3—5 个中英文关键词。摘要应简明扼要地陈述文章内容，不宜用“我认为”、“本文认为”等写法，不加注释和评论。

4. 论文引证体例参见《网络信息法学研究体例规范》。不符合本刊规范化要求的来稿，将视为不合格稿件。

5. 投稿采用电子版形式。来稿一律不退，请作者自留底稿；本刊对所有来稿一律实行三审，匿名审稿；凡投稿三个月内未收到用稿通知的，即为不予采用。

6. 翻译稿投稿需译者提供明确的作者授权函。

7. 对拟采用稿件，在尊重作者原意的前提下，本刊有权进行技术处理。作者如不同意，请在来稿时书面声明。

8. 本刊鼓励首发，反对抄袭、剽窃等侵犯他人著作权的行为。由此给本刊造成不良后果的，本刊将追究责任。

四 联系方式

投稿信箱：cyberlawjournal@126. com（长期有效）
来稿邮件标题格式：作者姓名 + 作者手机号 + 稿件题目

中国法学会网络与信息法学研究会
《网络信息法学研究》编辑部
2020 年 6 月 1 日

附

《网络信息法学研究》体例规范

一　篇章结构与标题

书稿篇章的设置须逻辑紧密、结构合理、层次清晰，标题序码一律用中文标示，如：第一编、第一章、第一节；节下如有小标题，标题序码仍用中文，如：一、二、三……；再下面的标题序码，依层次分别用（一）（二）（三）……，1. 2. 3. ……，（1）（2）（3）……标示。

二　引文

重要文献均须校核，并以人民出版社、中央文献出版社、人民日报、新华网等最新版本为准。旧时作者的著作或文章结集出版，可依当时的版本。

三　注释

1. 著作

标注顺序：①责任者与责任方式/书名/卷册/出版者、出版时间、版次（初版除外）/页码。〔注：责任方式为著时，“著”字可省略，其他责任方式不可省略（下同，不再标注）；同一页所引文献相同且注释顺序相邻时，责任者、书名可省略为“同上书”；同一页所引文献相同、

页码相同且注释顺序相邻时，责任者、书名、页码可省略为“同上”；责任者本人的选集、文集等可省略责任者〕

示例：

余东华：《论智慧》，中国社会科学出版社 2005 年版，第 35 页。

同上书，第 37 页。

同上。

刘少奇：《论共产党员的修养》，人民出版社 1962 年第 2 版，第 76 页。

《毛泽东选集》第 1 卷，人民出版社 1991 年版，第 3 页。

2. 译著

标注顺序：责任者国别、责任者与责任方式/书名/其他责任者与责任方式/出版者、出版时间、版次（初版除外）/页码。

示例：

［美］弗朗西斯·福山：《历史的终结及最后之人》，黄胜强等译，中国社会科学出版社 2003 年版，第 7 页。

3. 析出文献

标注顺序：①责任者/析出文献题名/所载文集责任者与责任方式/所载文集/出版者、出版时间、版次（初版除外）/页码。

示例：

刘民权等：《地区间发展不平衡与农村地区资金外流的关系分析》，载姚洋《转轨中国：审视社会公正和平等》，中国人民大学出版社 2004 年版，第 138—139 页。

4. 期刊、报纸

标注顺序：责任者/所引文章名/所载期刊名、年期（或卷期、出版年月）。责任者/所引文章名/所载报纸名称/出版年、月、日及版别。

示例：

袁连生：《我国义务教育财政不公平探讨》，《教育与经济》2001 年第 4 期。

杨侠：《品牌房企两极分化　中小企业“危”“机”并存》，《参考消息》2009 年 4 月 3 日第 8 版。

5. 转引文献

标注顺序：责任者/文献题名/转引文献责任者与责任方式/转引文献题名/出版者、出版时间、版次（初版除外）/页码。

示例：

费孝通：《城乡和边区发展的思考》，转引自魏宏聚《偏失与匡正——义务教育经费投入政策失真现象研究》，中国社会科学出版社 2008 年版，第 44 页。

参见江帆《生态民俗学》，黑龙江人民出版社 2003 年版，第 60 页。

6. 未刊文献

（1）学位论文、会议论文等

标注顺序：责任者/文献题名/论文性质/地点或学校/文献形成时间/页码。

示例：

赵可：《市政改革与城市发展》，博士学位论文，四川大学，2000 年，第 21 页。

任东来：《对国际体制和国际制度的理解和翻译》，全球化与亚太区域化国际研讨会论文，天津，2006 年 6 月，第 9 页。

（2）档案文献

标注顺序：文献题名/文献形成时间/藏所/卷宗号或编号。

示例：

《汉口各街市行道树报告》，1929 年，武汉市档案馆藏，资料号：Bb1122/3。

7. 电子文献

标注顺序：责任者与责任方式/文献题名/获取或访问路径。

示例：

陈旭阳：《关于区域旅游产业发展环境及其战略的研究》，2003 年 11 月，中国知网（http：//www. cnki. net/index. htm）。

李向平：《大寨造大庙，信仰大转型》（http//xschina. org/show. php? id = 10672）。

8. 外文文献

（1）专著

标注顺序：责任者与责任方式/书名/出版地/出版者/出版时间/页码。书名用斜体，其他内容用正体；出版地后用英文冒号，其余各标注项目之间用英文逗号隔开（下同）。

示例：

Seymou Matin Lipset and Cay Maks, *It Didn't Happen Hee*: *Why Socialism Failed in the United States*, New York: W. W. Norton & Company, 2000, p. 266.

（2）析出文献

标注顺序：责任者与责任方式/析出文献题名/所载书名或期刊名及卷册/出版时间，页码。析出文献题名用英文引号标示，期刊名或书名用斜体，其他内容用正体。

示例：

Christophe Roux-Dufort, "Is Crisis Management (Only) a Management of Exceptions?" *Journal of Contingencies and Crisis Management*, Vol. 15, No. 2, June 2007.